世界中国学概论

王战 褚艳红/著

INTRODUCTION TO WORLD CHINESE STUDIES

上海社会科学院出版社

序

周　武

这部《世界中国学概论》,是在王战院长为上海社会科学院全体博硕士生开设的"世界与中国"通识课讲稿和为世界中国学研究方向博士生开设的"世界中国学导论"专业必修课讲义的基础上几经修订、打磨而成。可能因为我比较了解王战院长和褚艳红博士合著此书的用意所在,以及这部著作的成书经过,王院长邀我写序。作序当然是不敢当的,不过我很乐意就此书谈点我读后的感受。

"世界中国学"这个概念是2004年在上海社会科学院举办的首届世界中国学论坛上正式提出,并被广泛接受的。2012年又依托世界中国学论坛而设立世界中国学研究所,冀为论坛提供学术支撑。当初创设这个以中国研究为主题的学术论坛和研究所,并以"世界中国学"命名这个论坛和研究所,主要是基于两个考虑:一是伴随新中国的成立特别是改革开放以来的快速崛起,中国日益成为备受国际社会关注的热词和海外各界竞相研讨的焦点,除了海外中国研究的传统重镇如日本等中国周边国家和法国、俄国、美国等欧美国家外,原本被视为中国研究"荒村"的亚非拉国家也越来越多地开始关注中国、研究中国,也就是说,中国研究已日益显示出真正意义上的世界性。二是世界各地的中国研究植根于各自的精神传统，各有自己的学术语境和学脉传承谱系，对中国的认识和理解，彼此之间往往存在着明显差异，不免互为"他者"，各说各话。而在解释中国的世界学术版图中理应拥有更大话语权的中国却往往处于"失语"状态，未能充分发挥其应有的作用。因此，为世界各国的中国学家搭建一个相互沟通、交流与对话的学术平台，让不同的观点在这里争鸣，不同的思想在这里交锋，不同的文明在这里对话，并在这种争鸣、交锋和对话中，减少误读，化解歧见，凝聚共识，不但必要，而且紧迫。世界中国学论坛正是在这种背景下应运而生，论坛会标取《周易》中的"同人"卦，表达的就是中国与世界交流互鉴、融汇发展的愿望，希望通过这个常设的论坛，让世界更好地了解中国，也让中国更深入地了解世界，进而推动全球范围内方兴未艾的中国研究向纵深方向发展。这样的旨趣因其契合海内外中国研究学界加强互动、增进彼此了解的迫切愿望而受到广泛认同，每届论坛都得到世界各国中国学家的积极响应和鼎力支持，迄今为止已成功举办了八届，第九届也已准备就绪。主论坛之外，从2015年起，世界中国学论坛开始走出国门，创办每年一届的海外分论坛，先后在美国、韩国、德国和阿根廷等国成功举办美国分论坛、东亚分论坛、欧洲分论坛和拉美分论坛，受到举办地所在区域社会各界和媒体的广泛关注，反响热烈。据不完全统计，已有超过100个国家和地区的学者先后参加过论坛，这些学者遍及全球，除了来自欧美、日本等传统中国研究大国外，也有相当比例来自拉美、非洲、中西亚等地。其中既有享誉国际的中国学大家、资深学者，也有刚冒尖的新生代"中国通"，可谓群贤毕至、少长咸集，共同就中国研究的热点问题和核心议题展开面对面的交流与对话，并借助这种交流与对话，一方面逐步破除海外中国学研究无所不在的"西方中心论"和近年来逐渐流行的"中国中心论"的认知迷思，在学理上重构世界的中国形象；另一方面揽镜自鉴，为本土的中国研究提供更深广的"他者"视角，提升"向世界说明中国"的能力、层次和水准。

王战先生长期从事世界经济研究与国内决策咨询研究，是国内屈指可数的在基础理论研究和决策咨询研究两个不同领域均有重要建树的"跨界"权威专家。他涉猎的研究领域至广，但思考和关怀的重心始终都落在中国问题研究并加以理论化上，这一点恰好与世界中国学论坛的旨趣不谋而合，因此，他一直密切关注论坛的发展，并曾应邀在论坛上发表学术演讲。2013年初担任上海社会科学院院长后，他更对这个论坛，以及依托这个论坛设立的世界中国学研究所寄予厚望。他认为，社科院在举全院之力办好论坛的同时，在世界中国学理论研究和学科建设上亦应当有更大的抱负和作为。这个抱负和作为用他自己的话说，就是充分发挥社科院专业比较齐全的优势进行协同创新，希望在不太长的时间里形成一套对世界和中国的总体认识和逻辑分析体系，并在这个大的方向下开展各自的研究，敢于在学术上提出经得起实践检验的观点，花十年、二十年的努力，形成中国人文学科领域的"尚社"学派。他曾在《世界中国学刍论》讲义自序中写道："我们形成学派，需要有一个平台，我认为这个平台就是世界中国学。我们院16个研究所专业领域都非常清楚，只有世界中国学所是一个横向的、能推动我们整个学科协同创新的所。到目前为止，世界中国学还不能称为是一个学科，因为它并没有这方面的理论。原来有汉学，为什么现在又有世界中国学？汉学是外国人研究中国的历史文化，世界中国学是外国和我们自己对共同感兴趣但仍未有共识的中国问题研究。如果我们把中外的中国问题研究学者联合起来，大家找到共同感兴趣的问题，在这方面进行探索和突破，那我们世界中国学就会进一大步。"

但是，一个学派的形成往往需要一代人甚至几代人的接续努力，王战院长深知单靠整合现有的研究力量和学术资源是远远不够的，必须放眼长远，着力培养中国研究的后备力量。因此，他到社科院第一年，即把以往研究思考中的几个贯通古今中外的大问题串起来，亲自给全院研究生开设了一门"世界与中国"通识课。这门通识课共分五个单元，每个单元约三讲，主要围绕中华文明传承、中西历史大分流、康氏长周期律、社会主义之路和中国现代化道路等五大问题依次展开，王院长希望通过他的系统讲授，"引导学生进一步去思考这些问题，同时让学生对人类社会的过去、现在与未来，养成'知识树'结构系统的学习方法"。因为这些都是"外国和我们自己共同感兴趣但仍未有共识的中国问题"，因此大受欢迎。此后，王院长行政事务再忙，仍坚持每年给学生开课。相关讲课录音经整理、补充，于2016年12月打印成讲义，并定名为《世界中国学刍论》。2018年，又是在王院长的主导下，世界中国学研究所设立了世界中国学硕士点，并在马克思主义中国化博士点下设置世界中国学方向，开始招收世界中国学博士生和硕士生。王院长亲自担任博士生导师，并为世界中国学方向博硕士生开设"世界中国学导论"专业必修课，中国学所则委派褚艳红博士担任王院长的助教，协助参与课堂教学及《世界中国学概论》策划和组织编写工作。褚艳红博士是朱政惠教授的高足弟子，专门从事海外中国学研究，谙熟海外中国研究的历史和现状，经过两年多的努力，书稿终于修订完成，交付出版。

相比于《世界中国学刍论》讲义，这部著作除前言和后记外，头尾各新增了一章内容,即第一章"世界中国学的若干基本理论问题"和第七章"全球视野下的'一带一路'中国学",并对原讲义的五章内容做了不同程度的修订。经这次增补、修订,全书内容更加丰富、完整,相关问题的讨论更加系统、深入,整体架构也更加合乎逻辑,是一部别出心裁、易读又难读的著作。

单纯从书名看,这本概论很容易被理解为一本介绍或评述世界各地中国研究概况的书,最多也就是在介绍或评述的基础上再加点反思。但这本《世界中国学概论》完全不同。在这部著作中,王战院长对世界中国学重新定义,他认为,世界中国学应当联通世界与中国,聚焦世界各国普遍关注但尚未形成共识的"中国问题"进行深入的讨论和研究。在世界中国学领域中,这样的问题当然很多,要在一本书中面面俱到地加以讨论是没有可能的,实际上也没有必要。因此,本书仅选取过去一两百年里海外中国学家提出的七大带有全局性的"中国问题",包括解释中国的话语权问题、中华文明传承问题、中西历史大分流问题、康德拉季耶夫长周期律问题、社会主义制度及其未来前景问题、中国现代化道路问题,以及"一带一路"倡议问题,并将这些中国问题置于人类文明进程和世界格局变化进程中加以考察,然后再逐一提出自己的系统解释。与其说这是一本世界中国学概论,不如说是就这些中国问题与海外著名的中国学家展开的平等对话。

这本书讨论的七大中国问题,对读者而言并不陌生,而且以讲义的形式呈现,也不像纯粹的理论著作那样令人生畏,所以"易读"。但耳熟未必能详,书中针对的每一个问题大都具有相当的学理广度和学理深度,不是一般的泛泛而谈,需要细细咀嚼才能品味出个中的深意。譬如第四章讨论的康氏长周期律,最早是苏联学者康德拉季耶夫提出的,此后围绕着康氏长周期理论一直争议不断。书中回顾了这种争议之后,重新验证了康氏长周期,认为世界经济约每隔50年一次的大危机从没间断过,证明康氏长周期的确存在。作者指出,这种大的结构性经济危机不仅仅是一个经济现象,同时会伴随着世界政治格局和国际关系的动荡。以此为分析框架,作者把世界上的国家分为三类:第一类国家是有殖民地的,通过海外殖民地,通过投资和贸易来解决生产过剩问题;第二类国家是通过科技创新和产品创新,通过创造新的需求来解决产品过剩问题;第三类国家既没有能力去海外找殖民地,也没有能力提供创新的产品来替代生产过剩问题,于是就处在革命和战争的边缘。三种不同类型的国家形成了"二战"后的"三个世界"格局体系。在这一章中,作者还从长周期理论角度分析了社会主义运动从理论缘起、付诸实践至今250年的历史,认为社会主义运动的起伏跌宕亦与世界经济政治的每一次长周期密切相关。每次世界经济危机时期,都是社会主义理论创新与革命运动的高潮期,是社会主义政党团结民众力量,推动社会革命、民族解放、国家独立的伟大斗争期;同样在经济上升期,社会主义政党如果不能代表先进生产力方向,持续改进生产关系,也终会被抛弃在历史的洪流中,苏联解体与东欧剧变就是最大的教训。讨论到这里,作者笔锋一转,开始以前述内容为背景,分析康氏长周期与中国的对应关系,认为从第一个长周期中的清朝到第五个长周期中的新中国,尽管都有庞大的人口基础和自然资源,但采取不同的政治制度,实施不同的改革方式,对外开放态度和做法截然不同,科技进步和革新上也天差地别,这些叠加在一起,终于决定了在不同长周期时代,两者迥然相异的表现和命运。这样的结论不但具有说服力,而且极耐人寻味。

近年来，全国上下都在说要讲好中国故事，立意固然没错，但我认为光讲好中国故事是不够的，更重要的是要讲好中国道理。有个成语叫以理服人，只有讲深讲透中国故事背后的中国道理，这样的中国故事才更加引人入胜，发人深思。从这个意义上说，这本《世界中国学概论》就是讲好中国道理的一种可贵尝试。

目 录

前言 / 王战 　　　　　　　　　　　　　　　　　　　　　　　1

第一章　世界中国学的若干基本理论问题：兼答谭中之问　　9
　　第一节　中国学研究相关概念与世界中国学　　　　　　10
　　第二节　中国学研究的方法　　　　　　　　　　　　　22
　　第三节　我国海外中国学研究的历史发展和理论探索　　41

第二章　中华文明传承：兼答汤因比之问　　　　　　　　63
　　第一节　中西文明之差异　　　　　　　　　　　　　　65
　　第二节　文明演进中的中西分化　　　　　　　　　　　79
　　第三节　中华文明的江南现象　　　　　　　　　　　　83

第三章　历史大分流：兼答彭慕兰之问、李约瑟之问　　　96
　　第一节　土地制度与汉唐盛衰　　　　　　　　　　　　100
　　第二节　长子继承制与工业革命　　　　　　　　　　　106
　　第三节　人口迁徙与文明进步　　　　　　　　　　　　114

第四章　康氏长周期律：兼答康德拉季耶夫之问　　　　　120
　　第一节　创新、革命与长周期　　　　　　　　　　　　121

第二节　长周期与世界格局　　　　　　　　　　141

　　第三节　长周期与中国　　　　　　　　　　　　161

第五章　社会主义之路：兼答福山之问　　　　　179

　　第一节　社会主义的历史进程　　　　　　　　　180

　　第二节　跨越"卡夫丁峡谷"　　　　　　　　　183

　　第三节　和平长入社会主义命题　　　　　　　　194

　　第四节　历史终结：社会主义社会　　　　　　　203

第六章　中国现代化道路：兼答雷默之问　　　　211

　　第一节　海外学者关于"中国道路"的研究　　213

　　第二节　中国道路的历史选择　　　　　　　　　221

　　第三节　人地国情与复兴发展　　　　　　　　　239

　　第四节　社会主义与中国现代化　　　　　　　　257

第七章　全球视野下的"一带一路"中国学：兼答李希霍芬问题　　267

　　第一节　中华文明与延续千年的丝绸之路　　　269

　　第二节　"一带一路"倡议与世界　　　　　　286

　　第三节　海外社会关于中国"一带一路"倡议的研究及评析　　304

后记 / 褚艳红　　　　　　　　　　　　　　　　325

前　言

改革开放以来，伴随着中国经济的腾飞和国力的强盛，世界范围内形成了新一轮认识和研究中国的高潮，"中国"日益成为各国知识界和民间社会所关注的热点话题。对国人而言，如何看待和理解海外关于中国的观察产生较大世界影响的各种认知，这就涉及建立解释中国的知识体系和话语体系建设的问题。我们不但需要了解中国学的来龙去脉，还要对海外中国研究的代表性学者和观点进行梳理和研究，更要向世界传达真实的中国形象。因此，探索和构建世界中国学的学科体系，也就成为学术工作者在新时代的历史使命，本书就是在这方面的尝试。在本书完稿之际，我想从四个方面做概要说明，一是本书的成书缘由；二是世界中国学与新文科的关系；三是世界中国学的研究意义；四是本书的逻辑结构。

一、成书缘由

上海社会科学院是国家高端智库，自 2004 年 8 月 19 日举办第一届世界中国学论坛起，至今已成功召开了八届，在世界中国学论坛的基础上，于 2012 年 3 月成立世界中国学研究所。2013 年初，我来到上海社会科学院工作后，分管文史哲方面的工作，结合 10

年学习研究世界经济和 30 年从事国内决策咨询之经验，2013 年 9 月为全院研究生开设"世界与中国"通识课，基于课堂讲述形成了《世界与中国》的讲稿。随后在担任世界中国学博士生导师时，对讲稿加以补充整理，形成《世界中国学刍论》讲义。2019 年开设"世界中国学概论"课程之际，我院世界中国学研究所安排副研究员褚艳红担任本课程助教，协助参与课堂教学，并组织相关人员将《世界中国学刍论》讲义补充完善为《世界中国学概论》一书。2020 年 11 月，教育部组织启动了新文科建设，《世界中国学概论》的编撰就成为新文科建设的一个尝试。人才的培养要立足学科发展和智库建设的"双轮驱动"，从讲稿到讲义，再到书稿的完成，也是上海社会科学院双轮驱动、高端智库建设的理论成果之一。

二、世界中国学与新文科的关系

新文科的"新"主要体现在学科协同之新，其学科协同交叉融合的特征主要表现在两个方面，一是人文科学与自然科学的跨界；二是文科内部分科之间的跨界。世界中国学即是文科内部跨界的一个尝试。既然是跨界尝试，首先要建立在对其他学科基础知识的熟练掌握之上，其难度超乎我们想象。因此，在跨界和理论上仍需不断的探索与尝试。

既然是文科的跨界，就涉及世界中国学与传统文科研究方法的异同。世界中国学以其他学科为基础，但又不是完全意义上的其他学科，这就意味着我们需要在借鉴各学科研究方法的基础上实现研究方法的创新，即在开展本课题研究时，第一，从同一时段的横向角度来看，以中外比较的视野和方法开展研究，探索世界与中国的异同。第二，从时间发展的纵向角度来看，注重探索中西世界的分与合。首先从中西文明的分化写起，人类文明起源于轴心时代，东方的先秦文明和西方的希腊文明同时起步；而后考察历史分流，从土地制度到家庭财产继承权，再到工业革命。步入近现代以后，世界涌现社会主义思潮和运动，并且社会主义社会有望成为人类社会今后的发展方向，最终走向合流。这是本研究在方法和内容创新上尝试做的探索。

三、世界中国学的研究意义

开展世界中国学的研究，无疑具有重要意义。

首先，世界中国学是对新文科的探索。第一，新文科的重要特点之一就是超越西学，进行话语创新和重构。世界中国学立足中国，融通中外，致力于突破西方中心论框架下的西方中国学话语体系，以本土学术研究向世界展示真实的中国，具体表现在：回溯历史，探索导致中西文化和社会分流的历史演进脉络；聚焦当下，诠释西方概念理论所无法解释的改革开放 40 余年中国的发展现象。第二，新文科旨在解读传统文科所无法解答的重大问题，开展世界中国学研究，回应了新文科的这一内在要求。世界中国学尝试对世界著名中国学家关于中国的各种挑战性问题做出回答，诸如中华文明传承之谜、中西历史分流之谜、康氏长周期之问、社会主义道路之谜、中国道路之谜，以及丝绸之路传承发展之谜。第三，世界中国学回应了新文科打破学科藩篱、致力于学科交融的内在要求，倡导开展建立在人文科学、社会科学联合推进的学科群研究基础上的批评对话研究；结合马克思主义、经济学、历史学等传统学科理论，期望在学理逻辑层面探索有时代特征和中国特色的世界中国学学科体系。第四，世界中国学致力于中国"人文精神"的发现和培养，并体现经世致用的价值导向，正契合了新文科对传统人文学科精神的继承弘扬和对研究体现社会效应之价值导向的强调。

其次，世界中国学是对人类命运共同体的学术解读。2012年11月，以习近平总书记为核心的党中央在党的十八大明确提出"人类命运共同体"新理念。2013年3月，习近平在莫斯科国际关系学院演讲中第一次向世界提出："人类生活在同一个地球村里，生活在历史和现实交汇的同一个时空里，越来越成为你中有我、我中有你的命运共同体。"随后习近平主席在博鳌亚洲论坛年会、联合国等国内外公共场合多次深入阐述构建"人类命运共同体"的内涵。人类命运共同体意识为思考人类未来提供了全新的视角，为推动世界和平发展给出了一个可行的方案。人类命运共同体体现在各国社会的文化交融、经济共荣、价值认同、社会形态趋同等层面，一种以应对人类共同挑战为目的的理念开始在全球形成，并逐步获得国际共识。世界中国学即从中华文明对于人类文明的贡献、中国经济发展对世界经济发展的启示、世界未来的社会形态合流、"一带一路"倡议为后发国家发展提供的中国方案等层面展开理论探索，契合了"人类命运共同体"倡议及实践的内在要求。

最后，世界中国学是国际传播的中国话语、中国叙事。当前国内外关于中国学术界的一个问题即是解释中国的话语权为何由西方世界掌握的问题。近年来中国学术界已经在一些问题上揭示西方话语的局限与谬误，诸如结合各种新发现的历史文献材料，对雅斯贝斯"轴心时代"起始年代、摩尔根"文明与国家起源理论"等的有力质疑等。[1] 世界中国学的研究旨在改变中国19世纪与20世纪之交以来对西方话语亦步亦趋的自身"失语"状态。开展中国研究，只

---

[1] 易建平：《中国古代社会演进三历程理论析论》，《中国社会科学》2020年第11期。

有建立在真实详尽的中国相关文献和数据基础上、尊重中国的历史文明和当代发展事实,提出与中华文明和中国现代化建设更相契合的理论学说,方能摆脱西方中心论的窠臼。构建世界中国学研究体系,是从整体上把握中华文明的性格及其变迁,实现"文化自觉"的重要路径,也是我们推进哲学社会科学中国化、中国学术为世界学术作贡献的现实要求。因此,开展世界中国学的研究,是立足中国经验、讲好中国故事亟须开展的一项基础性工作。

四、本书的逻辑结构

本书包括七章,尝试探索七个"谜"。说是谜,是因为到目前为止还没有公认的答案,但又是大家所共同感兴趣的问题,希望提出和讨论这些问题,将其作为靶子引起读者的思考。

第一章是"解释中国的话语权之谜"。印度著名中国学家谭中在第六届世界中国学论坛上提出海外研究中国为何不看中国书的问题,即著名的"谭中之问"。什么是世界中国学?如何避免陷入西方话语解读中国的误区?怎样做到恰当、深入、准确地认识海外中国学?这就提出了探索建立"批评的中国学"之研究方法论的必要性和重要性。从中西双向比较的视野认识各种中国命题,有助于破除单纯以西方视角解读中国的思维局限性。本章正是从世界中国学的定义、研究方法和国内对海外中国学再研究的发展史这三节尝试做出探索和回答。

第二章是"中华文明传承之谜"。世界上四大文明中,只有中华文明几千年传承至今,没有中断,其中的原因是什么?中外学者都对此感兴趣,于是我们就要从国际比较的角度去看。本章讲的即是东西方文明演进的比较,第一节着重探讨文字因素、自然地理和宗教思想在东西文明传承中的重要作用。第二节以中华文明为参照，讲述西方文明发展的三个历史阶段。很多人认为中国文化的精髓是中原文化，有些江南人对江南文化的认识比较悲观，比如南宋偏安，歌舞升平，岳飞被杀，都城为临安，等等。其实从文化角度讲，我认为江南文化绝对是高峰。第三节即重点考察作为中华文明发展第三阶段的江南文化。

第三章是"历史大分流之谜"。国际学术界有这样一种观点：公元10世纪以前，中国比欧洲发达；公元11世纪以后，欧洲比中国发达。也有学者把分流时间点划到15世纪或19世纪鸦片战争以后。加利福尼亚大学的彭慕兰教授曾专门研究过该主题。[1] 中国曾经辉煌后又丧权辱国的原因是什么？历史大分流中规律性的东西是什么？到目前还没真正破解，也是世界中国学需要进一步研究的重要问题。本章包括三节，第一节探索土地制度与汉唐盛衰的关系。研究均田制对今天的中国有借鉴意义，因为家庭承包制类似于历史上的均田制。第二节考察长子继承权与欧洲近代社会变革之间的关系，认为均田制和长子继承权之别是中西历史分流的历史基因。第三节讲述人口迁徙与文明进步之间的关系。讨论该问题也是为了古为今用，因为市场经济实际上是建立在移民社会而非原住民社会基础之上。研究中国人口迁徙形成的移民文化，对研究今天社会主义市场经济制度很有帮助。

第四章是"康氏长周期之谜"。康德拉季耶夫长周期是我的研究专长，[2] 我认为不光要研究50年左右的经济长周期，也要研究康氏长

---

[1] Kenneth Pomeranz, *The Great Divergence*, Princeton University Press, 2001.
[2] 王战：《长波的周期性繁荣与环太地区经济前景》，《江淮论坛》1990年第3期。

周期和短期商业周期的关系，还要研究长周期和社会变革、战争与和平以及政治变动之间的关系，这对于掌握经济发展规律很有帮助。第一节探讨康氏长周期和科技革命之间的关系，这两者之间相关度可以达到80%，但为何不是100%？我们可从其中的特例破解很多问题。第二节分析康氏长周期与世界经济和政治的关系，从这个角度为不同专业读者研究政治和社会变革问题，提供一些规律性的线索。第三节考察康氏长周期与中国的关系，回顾长周期中的中国经济和社会变迁，分析中国当代经济增长动因，并提出如何持续保持增长的问题。

第五章是"社会主义之谜"。本章主要从资本主义向社会主义演化和世界体系重构的角度，来谈社会主义的未来。当前我们正处于一个伟大的变革时代，互联网经济如火如荼，新能源革命、新产业革命呼之欲出，生产力的飞速发展正在深刻地影响全球生产关系，资本主义开始出现向社会主义过渡的迹象，这很可能会影响全球的政治生态。如果说1848年鸦片战争标志着海洋文明对大陆文明的胜利，开启了近200年资本主义工业文明体系，那么在信息技术革命的全球化时代，大陆文明将迎来一次复兴机遇，资本主义将向社会主义演化，其中有哪些发展机遇？中国如何把握？我们将在这章进行探讨。

第六章是"中国道路之谜"。中国高速发展到现在为止，中外目前尚未给出一个令人信服的说法。关于中国道路和中国模式也有争论。我们对中国道路的讨论要揭示中国的独特性。本章首先概述国外关于中国道路、中国模式研究的现状；继而从长周期和资本积累角度探讨中华人民共和国成立后社会主义探索和建设的历程；接着聚焦中国现实人地国情的独特性，探索突破中国发展制约的可行方案和走向复兴的三大战略；最后阐述中国现代化与社会主义初级阶段的完成，包括中国共产党成立以来中国社会的三次历史转折、中国经济发展的新阶段特征、中国式现代化道路的主要特点及其世界意义。

第七章是"丝绸之路传承与当代发展之谜"。自从德国汉学家李希霍芬提出"丝绸之路"一词来，国内外学界对此均予以认可和沿用。丝绸之路延续长达两千年，和中华文明有关，中国文明的兴盛与延续性是保证丝绸之路历久不衰的文明基础；亦和中国农耕时代的手工业产出有关，尤其是江南文化和经济的发展与繁荣，成为丝绸之路的精神和物质基础。如何看待海外社会对中国"一带一路"倡议和建设的观察？今天的"一带一路"倡议对于世界意味着什么？其中暗含的中国经验对于世界各国发展又有哪些积极意义？本章即对如上问题做出探讨。

《世界中国学概论》作为国内中国学研究领域的第一本概论性专著，希望能起到抛砖引玉的作用。

王 战

2021年6月

第一章　世界中国学的若干基本理论问题：兼答谭中之问

当代印度华裔中国学家、第三届世界中国学论坛贡献奖得主谭中（Chung Tan）在第六届世界中国学论坛上明确而犀利地提出：海外中国研究为什么不看中文书？解释中国的话语权为何很大程度上由西方世界掌握？较早提出类似问题的还有美国华人考古学家张光直："20世纪的学术研究，中国对人文社会科学作一般性贡献的潜力完全不能发挥。"这不得不引起国内中国研究学术界的深入思考，并给我们提出了向世界讲好中国故事、建立中国哲学社会科学原创话语体系的重要性。当前，我国有识学人已提出，关于海外中国学的研究已经进入"批评的中国学"的新阶段，一味沿用西方话语解释中国的时代已经过去了，与西方展开平等对话的时代开始了。[1] 从中西双向比较的视野认识各种中国命题，有助于破除单向西方视角"以西格中"的思维局限性。那么如何破解陷入西方话语体系的迷思？如何恰当地认识海外中国研究，获得对象国关于中国研究的属性和观点的准确认识？国内中国研究学界如何与西方中国学

---

[1] 张西平：《建立一种批评的中国学》，《国际汉学》2020年第1期。

界展开平等、深入的交流？国内关于海外中国学的研究发展史又经历了怎样的探索过程？本章将从世界中国学的相关概念演变的发展史、中国学的研究方法，以及国内关于海外中国学研究的发展史三节展开论述。

第一节　中国学研究相关概念与世界中国学

一、汉学、中国学、国学、中国学研究

研究世界中国学，首先要了解中国学的相关概念及其前世今生。与中国学相关的概念主要包括国学、汉学、中国学、中国学研究、世界中国学等。我们必须对这些概念的联系和区别有清晰明确的认知，方可开展下一步的研究。

1. 国学

对于中国经史典籍之研究，称为"国学"。广义国学指中国古代的文化和学术，包括古代历史、哲学、地理、政治、经济乃至书画、音乐、易学、术数、医学、星相、建筑等。狭义国学是指古代中国的思想，如先秦诸子的思想及学说，包括儒家思想、道家思想、兵家思想、法家思想、墨家思想等，还包括后来的两汉经学、魏晋玄学、隋唐道学、宋明理学、明清实学和先秦诗、汉赋、六朝骈文、唐宋诗词、元曲与明清小说、历代史学等中国传统的文化、学术体系。

2. 汉学

英文为sinology。"汉学"（sinology）这一专有名词在19世纪末期开始第一次出现，40多年前德国汉学家傅海波（慕尼黑大学汉学教研室主任和东亚文化语言研究所所长）在其德文著作中所下

的定义至今依然有效,即"汉学是运用语言学方法,从中文史料来研究中国、中国历史和文明"。直到19世纪,欧洲设中国研究的教席都是关于汉语教学、对中国经典的翻译等,如理雅各翻译《中国儒家经典》《易经》《礼记》《道德经》等,不涉及对时事问题的讨论。传统汉学以欧洲汉学为代表,主要关注中国历史和古典文献研究。

Sinology 同时有德语 Sinologie、法语 Sinologie、俄罗斯语 Синология、葡萄牙语 Sinología、澳大利亚语的不同语言版本。欧洲各国在国情和文化上的不同,造就了各自汉学/中国学知识传统的差别。所以欧洲汉学有德国汉学、俄罗斯汉学、瑞典汉学、葡萄牙汉学、西班牙汉学、法国汉学、意大利汉学、英国汉学、挪威汉学、捷克汉学、匈牙利汉学、美国汉学、加拿大汉学等。由于所在国的中国学知识传统和学术谱系不同,各国的汉学有不同的内容、特点、表现形式和传承,汉学对应的词汇也不同。所以欧洲并没有统一的汉学,各国知识传统不同,汉学内容也不同。

汉学与国学的相同之处在于两者的研究对象都是中国古代的传统文化和学术,不同之处在于它们的研究主体,国学是国内学者做的研究,汉学是指国外学者的研究。欧洲学术界对中国研究有数百年的悠久历史,奠定了其"汉学"研究的主要地位。西方汉学经历了游记汉学、耶稣会士汉学到学院派汉学的发展阶段,重镇在西欧。1814年12月11日,法兰西学院建立第一个"汉语和鞑靼-满语语言与文学"讲座教席,标志着学院派汉学的兴起。[1] 此后俄国喀山大学、荷兰莱顿大学等先后设立汉语教席,欧洲学院派汉学逐渐发展起来。

总体上欧洲汉学是对中国古典文明的译介和研究,表现在四个

---

[1] 张西平编:《欧美汉学研究的历史与现状》,大象出版社2006年版,第109页。

方面：一是翻译儒释道经典，如儒莲翻译元杂剧《赵氏孤儿》《西厢记》等。二是研究中国语法，如马若瑟的《中国语札记》。三是编辑词典，1890年，顾赛芬出版汉法词典《中国古代语言词典》，是理解儒家经典文本的经典工具书。1892年，翟理思在上海出版《英汉词典》。四是中国传统文化研究，如耶稣会士汉学家钱德明神甫的《中国古今音乐篇》《满法字典》《文字字汇》等。

与此同时，西方汉学也呈现出时代性特征，即注重对当时中国的实录和观察，19世纪居住在中国的欧洲人出版更多的是描述性作品而非译著。如德国汉学家郭士立的论著《中国北方港口航行报告》（伦敦，1834）、《开放的中国：中华帝国地理、历史、风俗、习惯、艺术、制造、商业、文学、宗教以及法律等概览》（伦敦，1838）等。由其时代性特征而开启了对中国文明和文化的观察。汉学被逐渐接受为一门学科，并不是西方出于愿意更多了解中国文化、文明与历史的动机，而是出于其他考虑，归纳为三点：一是纯粹出于语言上的兴趣。二是由殖民扩张所唤醒的实际需要。只有这时才开始利用中文，作为了解中国文化和文明的途径，中国文献和历史发展才逐渐成为西方汉学研究的中心工作。三是为了在中国传教、布道，必须了解中国的语言和文化。

3. 海外中国学

英文为Chinese Studies/China Studies abroad，又称中国学。对于这一概念向来存在分歧和争议，它与汉学及国内的中国研究有何区别联系？我们首先回顾一下中国学发展的历程，从它的历程中来看其核心概念的发展演变。

"中国学"的母体是"汉学"。从汉学到中国学经历了一个漫长的发展过程，这个过程伴随着中西国力对比和历史分流而逐渐发生。

在中国国力强盛时，天主教徒观察的是中国传统文化，塑造的是比较正面、积极的中国观。在新航路的开辟、欧洲资本主义的兴起以及在世界范围内殖民扩张的历史语境下，中国逐渐衰弱，西方国家越来越深入地向非西方国家进行经济和思想渗透，中西方世界史无前例地纠缠在一起，在官方外交和民间社会两个层面的接触愈益密切深入。欧美传教士、商人、外交官来到中国，写下大量关于现实中国的观察研究，他们多观察中国现实的阴暗面，否定中国，逐渐产生了现当代中国学。由此可见，现当代中国学是近现代以来伴随着西方传教士进入中国而逐渐兴起的。

中国学与汉学有区别也有联系。一般来讲，"汉学"属于人文学科的一部分；"中国学"范围宽泛，包罗广博，属于社会科学研究，一般指对中国政治、经济、社会、军事、法律等方方面面的探讨。说"汉学"或"中国学"，一是因时间背景而异；二是"中国学"侧重现当代中国研究，可以涵盖"汉学"的含义，但"汉学"难以涵盖"中国学"的全部。

较早兴起的以欧洲汉学为代表的传统"汉学"，主要关注中国历史和古典文献研究；后起的以美国中国学为代表的"当代中国研究"，则对当下中国的经济、政治、文化、社会等方面兴趣更加浓厚。美国中国学兴起以后，成为海外中国学研究的重镇。20世纪30年代，汉学已进入美国各大学的"学术殿堂"，但未受到真正的重视。中国研究在第二次世界大战后的美国变得迫切需要，这首先归功于一系列国际政治形势的变化。中华人民共和国的成立、朝鲜战争、冷战等使得中国愈益受到西方世界的关注和重视。而此时美国政府对当时的中国却几乎一无所知。迫于形势，他们急需一批中国问题专家，以深入了解中国尤其是当代中国的情况。以研究现当代中国为目的的"中国学"就在这种"敌情研究"需要的基础上逐渐兴盛并逐渐成为主流。美国中国学的一个重要特征就是与国家政策结合，从单纯的学术探讨转向公开为美国全球战略和国家利益服务。

区域研究的兴起成为美国当代中国学发展的重要背景。20世纪50年代后期，基于冷战的现实需要，经过激烈争论，美国于1958年出台了旨在加强对非西方区域研究（area studies）的国防教育法。这部法案的出台，对美国非西方区域研究产生极大影响。在国防教育法的带动和影响下，美国中国学进入发展的"黄金"时期，在中国知识教育、汉语教育、人才培养、中国研究机构及服务设施建设等方面取得了跃进式的发展。参议员戈登·阿洛特（Gordon Allott）即认为："如果我们能够用他们的语言进行交流，便可以使他们理解我们的动机和目的；同时，我们可以对中东、远东和非洲等地区的思想和观念产生更大影响。"[1]

在传统汉学向现当代中国学演变的过程中，费正清是一位关键性人物。他对美国中国学的贡献主要表现在四个方面。一是打破传统汉学的束缚，改变以往汉学研究重历史、轻当代，重人文科学、轻社会科学，重西方观点、轻中国事实的状况，为建立一种全新的中国学研究而大声疾呼，撰写了大量具有开创性的著述。如专著或编著《中国沿海的贸易与外交》《冲击与回应：从历史文献看近代中国》《剑桥晚清史》《剑桥中华民国史》《剑桥中华人民共和国史》等。二是加强基础资料建设，编纂多种学术工具书，为中国学研究的深入开展打下坚实基础。三是提携后进，培养人才，造就了新一代中国学家。他的不少学生后来成为当代美国中国学研究队伍的中坚力

---

[1] 见吴原元：《隔绝对峙时期的美国中国学》第三章，上海辞书出版社2008年版。

量。四是致力于中国学的学科建设，于 1955 年在哈佛大学建立费正清东亚研究中心（The East Asian Research Center at Harvard），确立了当代中国学的学术标准。可以说，费正清是美国的"中国学之父"，他为美国中国学开创了一条与欧洲传统汉学完全不同的研究路向。

4. 国内的海外中国学研究机构

"中国学"后面加"研究"二字，一般是指国内对海外中国学的反思和再研究。据不完全统计，国内目前存在如下各具研究专长的中国学研究机构。一是传统汉学研究，以语言文献学方法开展的传统域外汉学、汉籍研究，如苏州大学海外汉学研究中心、陕西师范大学国际汉学院、同济大学海外汉学研究中心、北京大学国际汉学家研修基地、复旦大学中国学研究中心、中国石油大学海外汉学研究所、山东大学国际汉学研究中心、深圳大学海外中国学研究中心、上海外国语大学中国学研究所、南京大学域外汉籍研究所、上海师范大学域外汉文古文献研究中心、中国矿业大学国际汉文化比较研究中心、南京农业大学典籍翻译与海外汉学研究中心、武汉大学域外汉学与汉籍研究中心、中国社会科学院海外中国学研究室等。二是现当代中国学研究，探索海外中国道路研究、海外中国共产党研究，如北京联合大学海外中国学研究中心、复旦大学中国研究院和中央编译局海外当代中国学研究中心。三是国学和汉学相互沟通并进的研究机构，如中国人民大学国学院、复旦大学文史研究院、清华大学国学研究院、北京外国语大学比较文明与人文交流高等研究院、复旦大学中华文明研究中心。四是国外中国学跟踪和中国学研究学理逻辑探讨并重的中国学研究机构，包括华东师范大学海外中国学研究中心、中国社会科学院国际中国学研究中心。五是情报与资料研究机构，如国家图书馆海外中国问题研究资料中心。六是港澳台地区传统汉学和当代中国学并进关注的研究，包括香港中文大学亚太汉学中心、台湾大学中国学研究中心和台湾天主教辅仁大学华裔学志汉学研究中心等。七是注意高端学术平台建设，沟通中外中国研究的研究，包括中国人民大学汉学研究中心、上海社会科学院世界中国学研究所，等等。

二、世界中国学研究的内涵和外延

上述回顾了国外中国研究的相关概念、发展历程以及国内的主要中国学研究机构。世界中国学研究所作为国内唯一以中国学研究命名的实体研究机构，有着哪些区别于国内其他家研究机构的研究特色？世界中国学的定义是什么？有哪些领域和研究对象？要开展哪些方面的研究？

1. 关于海外中国学研究的学科探索

我们之所以要构建中国学研究学科体系，是因为国内现行的传统文科中除了现有的历史学、哲学、文学、社会学等学科，还没有中国学这门学科。国内关于海外中国学的研究分布在各个学科中，成为各学科研究的一个研究领域。

开展海外中国学研究的必要性。国内一直有研究海外中国学的传统，从近代中国国门打开以后，国内就开始了对海外中国研究的实质关注。直到现在经历了一个虽波折起伏，但总体上逐渐发展深入的过程，国内对其研究概念、方法、对象以及该领域研究状况的发展历程等的理论探索，将在本章第三节予以专述。伴随着全球一体化的加深、国际社会对中国兴趣的愈益浓厚，我国官方和知识界越来越重视开展海外中国学的研究，并在机制建设和学理探讨上不断完善和深入。习近平总书记于2016年《在哲学社会科学座谈会上的讲话》中明确提出:"发挥我国哲学社会科学作用,要注意加强话语体系建设。在解读中国实践、构建中国理论上,我们应该最有发言权,但实际上我国哲学社会科学在国际上的声音还比较小,还处于有理说不出、说了传不开的境地。要善于提炼标识性概念,打造易于为国际社会所理解和接受的新概念、新范畴、新表述,引导国际学术界展开研究和讨论。这项工作要从学科建设做起,每个学科都要构建成体系的学科理论和概念。要鼓励哲学社会科学机构参与和设立国际性学术组织,支持和鼓励建立海外中国学术研究中心,支持国外学会、基金会研究中国问题,加强国内外智库交流,推动海外中国学研究。"因应时代需要,中国学的学科体系建设愈益提上日程。

关于中国学的学科属性。当前国内学人围绕"中国学"研究和学科建设已展开很多讨论,取得丰硕研究成果。从当前对中国学研究学科属性的探索来看,在西方学界对"学科"的解释框架下,中国学研究的学科属性尚不明显。[1]

不可否认的是,海外中国学仍是一个包罗万象、大有可为的研究领域。之所以这样讲,是因为当前国际社会对中国的兴趣日益增多,其研究已经成为当代"显学"。面对这样海量、丰富的海外中国学成果,我们不能不加以关注和反研究。海外中国学涉及中国历史、哲学、政治、经济、社会等领域,诸如文学领域有宇文所安论著《盛唐诗》《晚唐:九世纪中叶的中国诗歌(827—860)》等,史学领域有柯文的《在中国发现历史——中国中心观在美国的兴起》、

---

[1] 唐磊:《改革开放以来"海外汉学/中国学研究"学科的自我建构》,《国际汉学》2016年第3期。

王国斌的《转变的中国》、彭慕兰的《大分流》等,哲学领域有鲍吾刚的《中国人的幸福观》、马克斯·韦伯的《儒教与道教》等。由于海外中国学涉及海外对中国方方面面、各学科领域的研究,因此对海外中国学家的中国观察需要结合各现有基础学科的方法开展研究。涉及中国研究的所有学科都可以介入对海外中国学的研究,即政治学、国际关系学科的同学,可借鉴比较政治学、国际关系理论开展对中美关系、中欧关系、中日韩关系、中外关系史的研究;外语专业的同学可以从文学和语言学的角度开展海外对中国文学的研究;西方文艺学专业的同学可通过比较的方法从事东西方文学的同质和异质研究;法学专业的同学可以考察海外对中国法律的观察研究;生物科学专业的同学可以介入对海外关于中国动植物、微生物、医学的研究领域,运用生物学理论方法开展研究;材料化工专业的同学可以考察海外关于中国古代和当代科技史的研究;等等。

2. 世界中国学是国际认识中国的综合性基础研究

近两年伴随着对传统文科的反思和推陈出新,"新文科"开始在国内教育界启动并得到蓬勃发展,从其学科属性特征、研究精神、价值导向等各组成要素来看,世界中国学可被视为新文科的重要组成部分。在全球视野中重新诠释中国传统和现代社会、破解西方话语迷思的学术实践中,作为新文科的世界中国学大有可为。

从更广泛的角度来讲,世界中国学有其定义和研究方法,是国内关于海外中国研究的综合性基础研究。之所以称世界中国学是综合性的基础研究,是因为海外中国学的多学科和跨学科特征决定了我们开展的反向研究也需采用多学科和跨学科联合研究的方法,在区域研究的框架内探索中国现实和历史问题。

世界中国学研究联通世界与中国,聚焦世界各国普遍关注,但尚未形成共识的中国问题,体现了一种通贯的大历史的视角和对人类命运的关怀。我们倡导建立的是一种中西会通、国内外兼容的世界中国学研究。其内涵是以中国为研究对象,挖掘中外文明中共通的部分,探索中华文明价值的普遍性和特殊性。比如讲江南文化时探索以中国为代表的儒释道等东亚文明中蕴含的对于全人类的普遍价值,儒家思想中仁、爱的学说对世界的借鉴意义,以及中国道路可为世界各国社会发展借鉴的各因素。通过这一研究,将民族主义情感和人类文明的发展统一起来。世界中国学的研究把中国与世界联结起来,与海外著名的中国学家对话,回应海外学者关于中国问题的重大关切。这些问题主要是指过去一二百年里,国外的中国学家们提出的诸多全局性的"中国问题",比如汤因比之问、彭慕兰之问、李约瑟之问、福山之问、雷默之问、李希霍芬问题等。

汤因比之问 关于中西文明比较,世界范围内很多中国学家有着诸多探索,以英国著名历史学家汤因比(Arnold Joseph Toynbee,1889—1975)提出的问题最有代表性。他提出,人类社会出现的 20 多种古文明,只有中华文明传承不衰,并预言中国文明将照亮 21 世纪。汤因比认为:西方无法引领人类未来文明;人类的希望在东亚,而中国文明将为未来世界转型和 21 世纪人类社会提供无尽的文化宝藏和思想资源。汤因比出生于 19 世纪晚期,生活的年代正是中国积贫积弱、战乱频仍乃至中华人民共和国刚成立不久百废待兴、恢复发展的时期。然而汤因比所心仪的人类文明,不是在那个时代经济上升和物质繁荣、科学技术高度发达的日本或欧美国家,而是物质生活相当匮乏的中国。

彭慕兰之问 关于中西历史的分流从经济学视角提出的解说,以美国加州学派为典型代表。美国著名历史学家、加州学派的代表性学者，彭慕兰（Kenneth Pomeranz）从经济史的视角探索中西历史发生分流的原因，他将西方近代的发展优于东方，归因于中西自然环境、资源禀赋的差异。正是煤炭资源的中西差异和新大陆贸易对自身土地、能源压力的缓解，使得中西方走上不同的发展道路。此类学者共同的基本认识是批判"西方中心论"主导下对非西方社会发展的历史解释，特别是中国经济在历史上长期停滞的说法。

李约瑟之问 世界中国学界普遍关注的又一问题是：为什么与古代和中世纪相对的现代科学只能在西方发展起来？对此，以英国著名汉学家、科技史家李约瑟（Joseph Needham）在其著《中国科学技术史》首卷序言中开宗明义地提出一连串问题为代表，他在10年后出版《文明的滴定：东西方的科学与社会》后将其凝练成两大问题：一是"为什么现代科学没有在中国（或印度）文明中发展，而只在欧洲发展出来？"；二是"为什么从公元前1世纪到公元15世纪，在把人类的自然知识应用于人的实际需要方面，中国文明要比西方文明有效得多？"[1]李约瑟问题并不像数学中那样存在定解乃至多解的智力问题，它只是一个高度凝练、借以展开宏大叙事的启发式论纲。借助于它，我们可以展开对中国科学、技术与社会这一宏大主题的思考，从而提出一家之言。

康德拉季耶夫长周期之问 关于中西社会步入近现代社会之后的经济形态和发展的分流，学术界有着广泛深入的探讨。国际学术界对中国经济的核心关注点是中国在晚清民国以来历经表现出色、失落和重新起飞的现象。中国和世界各国经济在长时段里的表现差异和分化在经济学理论中如何解释？长周期理论最早由苏联学者康

---

[1] ［英］李约瑟：《中国科学技术史》，张卜天译，商务印书馆2018年版，第176页。

德拉季耶夫提出，不仅可以系统解释过去两个半世纪以来全球科技创新、经济发展、政治周期、国际冲突、理论演进等一系列貌似分离、实则密切相关的重大历史事件，也对未来可能的全球格局演变方向提供思考分析的框架。

福山之问 关于中西社会制度的差异，历来中西学者有着热烈的争议。以著名政治学家、日裔美籍学者弗朗西斯·福山的研究最具代表性。1992年福山著成《历史的终结》，[1] 本书的核心观点就是：自由和民主将成为人类社会制度的终极形态，欧美的民主自由制度是最好的制度，这一民主—自由模式将成为历史的终结，已经不可能再有另外一种社会制度可以超过西方的这套自由民主体制。它认为每个选民都是理性的，能从这个国家当中选出最有能力的人来领导这个国家。如果国家政策出现偏差，这套制度也能够及时自我修正。这是一种社会制度的终结。福山在近年新冠肺炎疫情出现以后观点有所修正，他发表文章指出疫情在考验两件事情，一是政府处理疫情的能力；二是考验民众对政府信任的多寡，从这两个标准来，中国已经远胜于美国。[2]

雷默之问 中国综合实力与国际地位的显著变化，引来全球关注与重视。对中国现代化之路的讨论，始于"雷默之问"或"北京共识"。那么，"北京共识"有没有，是我们总结中国改革开放取得的巨大成就和成功经验时所需要思考的问题。在全球视野中重探改革开放以来中国的社会发展，并提炼出超越西方现代化理论、有效解释中国现代化道路的知识话语，探索"中国道路"的特殊性及其

---

1 Francis Fukuyama, *The End of History and the Last Man*, Free Press, 1992.
2 弗朗西斯·福山：《美国应对新冠不力是体制问题吗？我觉得不是》，参见：https://www.guancha.cn/FuLangXiSi-FuShan/2020_04_03_545248_s.shtml。

发展规律，便成为世界中国学的又一重大课题。

李希霍芬问题　自"丝绸之路"一词由德国汉学家李希霍芬提出以来，得到后来诸多海外中国学家的沿用和发展。丝绸之路从陆路到海上缘何传承千年未衰？中国的宗教文化、运河文化和江南文化在丝路传承中扮演什么角色？中华文明可为今天中国的"一带一路"倡议提供哪些精神财富？当今"一带一路"倡议对于世界意味着什么？如何看待海外关于中国"一带一路"倡议？从历史丝绸之路至当代"一带一路"的角度探索世界中国学的丰富内涵，成为世界中国学研究的题中应有之义。

第二节　中国学研究的方法

通过第一节的学习，我们了解了中国学研究的相关概念、从汉学到中国学的演进历程以及世界中国学的基本内涵，由此得知，海外中国学是在西方文化语境中产生、建构的关于中国历史、社会、哲学、经济等众多研究领域的统称。而世界中国学又具有了新时代的新内涵。认识世界中国学，首先要认识海外中国学。如何透过海外中国研究的表象认识其内在本质？这就需要借助于恰当的研究方法作为我们认识研究对象的有力工具，这是接近和获得真理的有效途径。本节即从历史学方法、比较研究方法和跨学科方法三个方面展开。

一、历史学方法

海外中国学肇始于中外交通史的开端。中外交通伴随着中西交流的密切和疏离而经历了漫长复杂的历史演进,迄今为止已有约两千年的历史。从汉学到中国学的发展历程亦可知,伴随着历史时空的变迁,其历史发展与中西发生的社会历史分流、中外交通的晴雨风云,以及中国命运的盛衰而共进退。当今的"中国"成为世界各国社会瞩目的热点话题,已成为时代显学的世界中国学恰恰承袭着历史而来,无论是海外关于中国研究中的各种现象和问题,还是当下中国呈现出的各种样态,皆系由过去发展而来,走到了今天。因此历史学的方法是我们考察海外中国学的基本方法,只有对海外中国学开展历史学的考察,才能把握它在不同历史时期、不同国家地区所展现出的特有风貌。历史学的方法,概括地讲就是开展文献史料的搜集整理,梳理海外中国学特定研究专题的学术脉络,并分析评估海外中国学的研究成果、资料来源、传播影响等相关问题。具体包括以下三个方面。

1. 外史的钩沉

"外史",是指将海外中国学放在宽广的社会、政治和人文环境等时空背景下加以理解认识,在外在、具体历史语境的关照下中加以考察,探究海外中国学特定研究对象形成的相关社会背景,使其与外部环境、学者生命、学术事件、文化交流等因素相联系。

马克思主义哲学将历史唯物主义作为认识事物的理论依据,认为物质决定意识、"经济基础决定上层建筑"。海外中国学作为西方学术谱系中的一个分支,是在西方国家的社会环境、经济基础之上成长起来的"上层建筑",故其发展状况和演变趋向必然会受到时代与历史背景的影响与制约。

我们要认识并评价海外不同国家、不同学者的"中国研究",需要将他们的研究放到特殊的历史环境中加以考察,理解当时的中国认识产生的宏观、微观方面的原因，这样不仅能帮助我们对某一具体的研究问题形成更加深刻的认知，而且还能帮助我们理解现实环境与学术活动之间微妙的互动关系。这种外史的研究进路，即将思想、人物、著作置于外在的政治、经济、社会等历史脉络中加以考量，强调的是外在社会环境，而非思想文本本身。

大致说来，以外史的路径开展海外中国学的研究，至少需从以下三方面加以把握。

首先，掌握特定历史时期的社会背景、文化思潮对其国中国学特征的影响。要把握具体情境下研究国的社会思潮、政治动向等，以了解海外中国学发展演变的社会根源。

这里以美国中国学为例。20世纪50年代初期，美国中国学出现了一个奇怪的现象，"二战"中迅速发展起来的现当代中国问题研究突然陷入停滞，中国学出现了回归"古典"的趋势。要弄清其背后的根源，就必须从当时美国的国内环境切入。20世纪50年代初期，在美苏"冷战"格局加剧的背景下，美国当局提高了对共产主义的警惕和敌意，美国国内掀起了一场"歇斯底里"的反共浪潮——麦卡锡主义，其支持者们一方面发起"谁丢失了中国"的拷问，抨击援共反蒋的言论，极力煽惑反共政策，制造对共产主义的恐惧；另一方面打着"忠诚调查"的旗号采用各种非常手段对国会议员、学术团体、自由学者进行长期的监视、调查、审问和迫害。麦卡锡运动共持续了4年8个月，最终无疾而终，但是这场运动对美国中国学的冲击是巨大的，它几乎使美国在"二战"期间迅速发展起来的现代中国研究陷入了停滞状态：政治上中立的太平洋关系学会被迫解散，一大批自由主义的中国问题研究专家如拉铁摩尔、谢伟思、戴维斯、斯诺、史沫特莱、费正清等受到牵连和迫害，学术研究陷入困境。正是在这样的时代背景下,美国仅存的中国研究又出现了向古典回归的倾向,学者们逐渐转向资料的考订、文献的翻译,或者倾向于进行与现实和政治的关系较为疏远的中国思想、宗教等研究。德效骞翻译的《前汉书》第三卷、顾立雅的《从孔子到毛泽东的中国思想》、舒尔曼的《元朝经济结构》、芮沃寿的《中国思想研究》以及冯友兰《中国哲学史》第 2 卷的英译本都是在这样的背景下产生。[1] 因此,如果不了解当时的时代背景,我们就难以把握和理解这一时期美国中国学的总体趋势。

美国中国学中的重要研究分支——美国中国妇女史研究在 20 世纪八九十年代以来也出现了新的转向,以往研究中的激进色彩退却,逐渐呈现理性和务实的探索;研究开始超越"西方中心论",着力从中国内部历史的境况探索中国妇女;由其原先致力于塑造"压迫-反抗的中国妇女形象"转而探索中国妇女的主体性。为何会出现这种新的研究特征呢?要弄清其背后的根源,还是必须从当时美国国内环境和世界语境切入进行分析。其一,20 世纪 80 年代后,美国国内的激进女性主义思潮和第二次妇女运动式微,此时期新保守主义思潮兴起。所谓保守主义,是 20 世纪西方重要政治思潮之一,指要求维护社会现状,反对激进的革命与革新,以妥协手段调和各种社会力量的理论思潮。新保守主义成为 20 世纪 80 年代占美国主导地位的意识形态。"美国社会出现了反女权主义的行为,激进女性主义遭到来自媒体、保守派和传统妇女的攻击。"[2] 在这种思潮的影响下,

---

[1] 陈君静:《大洋彼岸的回声——美国中国史研究历史考察》,中国社会科学出版社 2003 年版,第 105—106 页。
[2] 何念:《20 世纪 60 年代美国激进女权主义研究》,知识产权出版社 2010 年版,摘要第 3 页。

美国的中国妇女史研究也相应出现了研究基调的转变,从带有激进、狂热、理想色彩的研究,转向理性和务实的探索。这方面的代表作包括韩起澜、贺萧编著的《个人的声音：20世纪80年代的中国妇女》[1]。其二,80年代以后,中国对外开放的程度不断加深,为美国学者创造了进入中国内部的机遇,美国获取材料的渠道和范围加深,促使其在思想倾向与价值关怀等方面发生转变,实地考察促使美国学者开始移情中国、从中国视角出发开展对中国妇女和社会性别的研究。这方面的代表作包括理查德·桂索和斯坦利·约翰森的《中国妇女：当前史学研究的新动向》[2]、韩起澜的专著《姐妹与陌生人》等。中国的改革开放还促使美国学者使用人类学民族志的方法,深入中国内地,考察中国宗教、民俗和女性文化,这种实地考察促使其对中国妇女的认知趋于客观准确,有助于其在中国妇女研究方面逐渐摆脱西方视角先入为主的"西方中心论"基调,此方面代表作包括桑高仁的《中国宗教符号中的女性性别》、华如璧的《有名的和无名的：中国社会的社会性别和个人》等。[3] 由上述两例可知,美国的中国研究打上了时代发展的深刻烙印。把中国研究放在具体社会思潮和历史语境中考察,有助于我们把握特定国家中国学发展的传承脉络,深入理解该国中国学的特征和倾向。

1　Emily Honig, Gail Hershatter, *Personal Voices, Chinese Women in the 1980's*, Stanford University Press, 1988.
2　Richard W. Guisso and Stanley Johannesen, *Women in China: Current Directions in Historical Scholarship*, Philo Press, 1981.
3　Steven Sangren, "Female Gender in Chinese Religious Symbols: Kuan Yin, Ma Tsu, and the 'Eternal Mother'," *Signs*, Vol.9, No.1, Women and Religion (Aut., 1983), pp.4—25; Rubie S. Watson, "The Named and the Nameless: Gender and Person in Chinese Society," *American Ethnologist*, Vol.13, No.4 (Nov., 1986), pp.619—631.

其次，厘清海外中国学家的生命轨迹，以探索其研究中体现的学术思想、学术特征之所以形成的诸多具体因素，这有助于从微观上进行研究突破，见微知著，在对该国中国学宏观把握的基础上准确认识其在该国中国学中所处的位置。海外关于中国知识的生产是跨越中外的社会、历史、文化、政治等大语境下的产物，同时也凝结着研究者个人的思想结晶，特定中国学家的中国学特点与其个性、爱好、境遇、师承甚至是生长环境存在必然的千丝万缕的联系，可能某一本书、一位人物、某一段偶然的经历或者某一个突发事件就是触发学者研究某一问题、观点发生转变的动因。关键的中国学家对其所在国的中国学都会产生重要影响，构成中国学史上的重要组成部分。所以我们有必要从学者的人生经历去探究其学术思想的来源，发掘其研究形成的具体背景。

此处以美国著名中国学家费正清为例进行分析。第一，费正清的一个重要学术贡献在于改变欧洲汉学传统，开创了美国的现当代中国学，这与他早年在中国的求学生涯关系密切。费正清在哈佛大学学习文科时曾受过历史学、政治学和经济学等社会人文科学的训练，但他对汉学几乎不感兴趣，直到从哈佛毕业，他都未接触中国语文和古典文献的训练，这决定了他不可能走欧洲汉学研究的老路。1932年费正清来到中国开展博士课题研究，遇到了他的三位导师，即中外关系史专家马士、提出"地缘概念"的边疆史家拉铁摩尔，以及引导费正清进行《筹办夷务始末》的档案研究并启发他关注"朝贡体系"和"条约制度"的清华大学历史系主任蒋廷黻。在三位导师的影响之下，费正清开创了一条不同于欧洲古典汉学研究的中国近代史研究之路。费正清是对建立美国中国学范式起到关键性作用的中国学家，如果不了解费正清年轻时的学术训练经历及其导师对他的影响，我们就难以理解费正清学术发展的内在取向和演变逻辑。第二，费正清的学术倾向体现为知华、友华的特征，他从事的中国研究工作对于美国当时甚嚣尘上的反华浪潮无疑是一剂清醒剂，这与其在华的境遇及其对中国的深刻了解不无关联。费正清于1932年来中国，1935年离开中国返美，在华期间结识包括林徽因夫妇在内的众多中国知识精英并有着亲密友好的往来。正是梁思成给费正清夫妇取了中文名字——费正清、费蔚梅。费蔚梅曾回忆道："婚礼后大约两个月，我们遇见了梁思成和林徽因夫妇，谁都没料到这段友谊日后会持续如此长久，我们一见钟情。"而林徽因亦曾给费蔚梅去信，如1935年的一封信中说："最最亲爱的蔚梅，寄给你这只红色的皮箱，这个红色美人看上去是不是可爱至极，她在我们林家已经68年了，现在她要漂洋过海去到你的身边，度过她以后的日子，直到有朝一日成为一件古董。"[1] 费正清本人亦在其回忆录中说："我们在中国最亲密的朋友便是梁思成和他的妻子林徽因……中国对我们产生巨大的影响，而梁氏夫妇在我们旅居中国的经历中起着重要作用。如果把维尔玛和我当作中美间文化交流的使者，那么就必须把他们包括进去。此外还有他们亲密的朋友和邻居——金岳霖教授。"[2] 1973年费正清夫妇再次来华并与周恩来总理、乔冠华外长合影留念。美好的感情带来心灵的联结，与中国有关的真挚情谊引发的是费正清内心对中国的热爱。本着对中国的怀念，回国以后的费正清在冷战高潮的20世纪50年代中期力排众议，包括不顾当时甚嚣尘上的"麦卡锡主义"对他的审查，在哈佛首创"中国学"

---

[1] 费赫莉（费正清女儿）的口述回忆："林徽因给费蔚梅的信"，纪录片《梁思成林徽因》第一集。
[2] ［美］费正清：《费正清对华回忆录》，陆惠勤等译，知识出版社1991年版，第121页。

课程，建立费正清东亚研究中心，开展了一系列卓有成效的活动。费氏的又一贡献还在于，出于对中国的真实了解而不是出于西方的固有偏见开展中国研究，这样的研究前提使得日后有了扎实丰厚的收获，从而奠定了美国中国学的坚实基础。费正清的这些中国学特点和贡献与其在华境遇密不可分。费正清曾为美国中情局工作，美国总统尼克松访华前夕曾阅读他的中国研究论著。由此可知，国外"中国通"的中国研究影响到两国关系和国外对华政策的制定，而海外"中国通"的人生经历往往对其中国认知的倾向和基调起到非常大的作用，我们开展海外中国学研究不能忽略对这一方面的考察。

最后，发掘通过丝绸之路开展的中外器物和人文交流的具体情况。海外中国学诞生于中外异质文化的不断交融，因此我们必须重视中外文化往来状况。中国历史上开辟和发展的陆路和海上丝绸之路是一条商业和人文的通道，使得中外世界的物品有了交流渠道，中西的思想也沿着延绵不绝的丝绸之路得以在对方国家传播。往返丝绸之路的，还有作为主体的商人、传教士、外交官和学者等各类人群。因此，关于中西的器物、思想以及汉学家的交流，都应该成为我们探究的对象。对这些问题方方面面的解读，可为揭示海外中国学发展的状况趋势增添一个新的分析维度，有助于深入把握特定时期的海外中国观、汉学家及汉学学派的中国学思想。

以海外中国观为例。此处的海外中国观，是指以丝绸之路为通路，以西方人士为媒介，中国的器物文化、人文思想在西方得以传播并产生影响，西方知识政治精英和民间社会由此产生的对中国的总体观感和印象。在西方中国观的形成过程中，来华商人、传教士先后扮演着十分重要的角色，游记汉学时期的马可·波罗的游记就给西方的中国认知带来轰动效应，进而成为引起15世纪新航路开辟等一系列世界历史事件的重要动因。明清之际的耶稣会士不仅将西方的基督教思想和自然科学带入中国,同时在华期间翻译汉籍经典,并将原典和译本带回西方,推动了西方世界之中国观的形成。由此可见,往来丝绸之路上的西方人士发挥着双向沟通的纽带作用。近现代的欧美传教士、商人、外交官、学者等来华传教、经商、从政或科考并就中国主题撰写大量著作,同样也极大促成了西方中国观的转型。他们的中国观察和研究对于西方和中国都产生了不可忽视的影响,所以我们有必要通过搜集史料去发现他们的整体生命轨迹及其与中国相关的事件。

概言之,外史的进路是我们开展海外中国学研究的基础方法,只有考察海外中国学所处的具体时代语境,探究其人文环境、世界背景、政治氛围、社会思潮,把握中国学家的个体生命境遇,并且在以丝绸之路为媒介开展的中西交往中考察海外中国学,我们才能准确把握特定国家和时代中国学的学术生态和研究状况。

2. 内史的爬疏

所谓内史,是指关注学科理论本身的独立发展,注重其研究发展中的逻辑展开、概念框架、理论阐述等。梳理海外中国学发展的内在清晰脉络需从学术史层面展开,这就需要关注海外中国学内部的学术师承和理论演变,在西方学术史的整体脉络中探寻该国中国学的思想渊源和发展,探索不同国家中国学的发展史、中国学的不同学术流派的研究轨迹以及中国学家的内在治学历程,以求达到对海外中国学整体学术图景的清楚、全面、细密的探索。

国内著名学者葛兆光提出"海外中国学实际上是外国学"[1],这一

---

[1] 葛兆光:《海外中国学本质上是"外国学"》,《文汇报》2008年10月5日。

论断在国内学术界获得了广泛的共识,如李学勤、张西平、朱政惠等都曾先后发表过类似说法。这说明海外中国学作为西方学术传统的一个分支,与国内的内在关怀、思维逻辑、研究方法都有很大差异,这种学术传统随着时间的推移和国家的不同而具有独特的内涵和特点。只有采用内史的方法,厘清研究国的学术传统和传承脉络,我们才能真正理解海外学者的研究模式,中肯地评价不同中国学家在各自领域取得的成就和贡献。以学术史中内史的路径开展海外中国学研究,具体包括如下若干方面的内容。

第一,国别中国学的整理和译介。最能反映一个国家中国学发展历程、阶段和特征的方法就是系统地开展对该国中国学发展通史的研究。改革开放以来,国内关于国别汉学史的梳理影响较大的有两套书,即 2007 年由北京语言大学主持的"列国汉学史书系"、华东师范大学主持的"海外中国学史研究丛书",其中包括严绍璗的《日本中国学史稿》、张西平的《交错的文化史:早期传教士汉学研究史稿》、朱政惠的《美国中国学发展史》、刘顺利的《朝鲜半岛汉学史》、熊文华的《荷兰汉学史》、胡优静的《英国 19 世纪的汉学史研究》、张永奋等的《意大利汉学史》、张国刚的《德国汉学史》、耿昇译著的《法国中国学的历史与现状》等。

第二,海外中国学专题领域的发展史研究。海外中国学经历了由传统西方汉学向现当代海外中国学的转变。其特征就是关于中国研究的覆盖范围突破了传统人文学科的文史哲领域,视线延伸至更多社会科学、自然科学领域的中国问题研究,诸如海外中国妇女史、经济社会史、工人运动史、法律、科技、文明比较研究等,而且当前的海外中国学呈现出显著的跨学科、专门性兼顾的特征。对于以上研究专题,均需要对其发展史进行系统的整理和研究,在关注其具体专题研究前沿动态的同时考察其总体发展史，在此过程中把握特定研究专题的优势和缺陷，进而为国内同行的研究起到他者视角的借鉴作用。

第三，代表性海外中国学家、中国学学术流派、话语概念等的个案研究。海外中国学家、中国学学术流派是构成海外中国学整体的必要组成部分。因此，我们在研究过程中有必要在对该国中国学总体把握的情况下开展专门的海外中国学家和中国学学术流派研究。开展此项研究，需要把握中国学家的生平，探索中国学家或学术流派生产和传播中国知识的过程，解析其中国学观点、思想、方法，对西方中国学中的概念、话语进行探源、历史追踪和考辨，这样有利于绘制翔实精准的该国中国学图景。

3. *文献学理论和方法*

文献是知识传播的主要载体，也是中外文化交流的主要媒介，过去，海外中国学家们需要通过中文典籍以及外文译介了解中国知识，现在我们也需要通过这些外国学者所留下的外文或者中文文献才能认识其对中国的研究。因此，在研究当中，我们必须熟练地掌握文献学的理论与方法，学会对文献资料进行全方位的考察。具体而言，要把握以下几个方面问题。

首先，要最大限度地挖掘文献资料。

既然海外中国学的学科基础是历史学，那么我们的研究就必须遵循历史学的基本精神，靠史料说话，把我们的研究建立在丰富的第一手资料上。只有基于翔实的一手资料，才能发现新问题，提出新观点。

我们研究海外对中国问题的研究，能够利用的文献资料也是相当丰富的，常见的有官方档案、学术著作、期刊报纸、往来书信、日记手稿、读书札记、演讲文稿、回忆录等，当然，随着口述史学的发展以及新的史料观的出现，现在我们能够利用的新材料越发广泛，采访记录、对话录音、个人网页，甚至一些过去容易被忽视的记录等信息都进入了文献资料的范畴。所以，我们要发扬傅斯年提出的"上穷碧落下黄泉，动手动脚找东西"的精神，时刻保持对文献资料的敏感，最大限度地去挖掘第一手资料。

随着现代电子信息和互联网技术的发展，网络检索已经成为人文社会科学中主要的资料搜索方式。美国著名历史学家周锡瑞教授说过，"网络能够让人的双手无限延长"，网络检索技术的重要性可见一斑。因此，进行海外中国学研究的学者也要充分运用电子检索的便利，不断探索网络检索的方法与途径，积累国内外各大高校研究所、各大图书馆以及专门研究机构的网络资源，熟练运用各个数据库的信息，提高"e考据"的水平。

其次，要留意文献的版本和来源。

在研究海外中国学时，我们不仅要看海外学者所著的成果，也要关注他们做学问所使用的原始资料，因为他们所使用资料的版本与来源会直接影响到其研究成果的质量和水平。法国职业汉学的开创者雷慕莎先生虽然从未到过中国，但是他能够在儒家思想、中国文学和中国宗教等领域取得令人惊叹的研究成果，离不开他掌握的传教士从中国带回巴黎的汉籍经典。20世纪初，法国和日本的敦煌学取得了令人瞩目的成就，甚至出现了"敦煌在中国，而敦煌学却在巴黎，在东京"的局面，这离不开敦煌卷子的发现以及法国和日本的汉学家们通过各种手段搜罗了大量珍贵卷宗的事实。从这两个事例中我们不难看出，文献资料，尤其是原版的汉籍经典对海外中国学的重要价值。

再次，还要在资料整理上下功夫，进行文献目录的整理和工具书的编辑。

编撰文献目录和工具书是学科建设的基础环节，不仅可以为研究者查阅资料提供便捷，也能对研究生的学习和研究具有非常实用的指导价值。因此，我们不能忽视文献目录和工具书的整理与编撰，以便研究工作更好地开展下去。

国外的中国研究很早就注重对中国资料进行汇编，例如费正清和邓嗣禹合编的《中国对西方的反应：文献通考》《中国对西方的反应：研究指南》，以及费正清和刘广京合编的《近代中国：1898—1937年中文著作书目指南》，这样的书目还有很多，都是关于中国历史文献目录汇编。

国内中国学界对海外中国学目录汇编整理的工作也很早就已起步，这一好的传统并且得到了延续。[1] 1980年由中国社会科学院情报研究所主编的《美国中国学手册》[2]是国内相对较早的一部美国中国学工具书，至今仍然具有较大的学术价值和学术史价值。这本书利用美国和中国香港的出版资料，编译整理出了530名美国的中国学家和515名华裔美国中国学家的基本信息与学术成果，146所中国研究机构的研究概况，90多家图书馆的藏书情况，资助中国问题研究的基金会名称和奖学金、补助金的设置状况，以及在美国出版的130余种中国研究的书籍和120余种专门研究中国问题的期刊等，为我们呈现了丰富的有关美国中国学的素材。

综上所述，现代中国学的基础和核心是历史学，历史学的方法

---

[1] 国内学界对海外中国学成果的目录汇编情况，详见本章第三节。
[2] 孙越生、陈书梅主编：《美国中国学手册》，中国社会科学出版社1993年版。

是研究海外中国学最基本的方法。外史的钩沉、内史的梳理以及文献学理论与方法的运用，构成了历史学方法的三个方面，它们是互相促进、不可偏废的。只有从三方面同时下手，多管齐下，我们才能复原出一幅清晰翔实的海外中国学的发展状貌。

二、比较研究方法

世界中国学中既有中国，也有世界，是世界各国对中国的研究，所以比较的方法是必需的，应该贯穿研究的始终。胡适曾对西方汉学家有过这样一番评价："西人之治汉学者，名 Sinologists or Sinoloques，其用功甚苦，而成效甚微。然其人多不为我国古代成见陋说所拘束，故其所著述往往有启发吾人思想之处，不可一笔抹煞也。"[1] 这番话恰当地概括了"他者"视角的两重性，海外中国学家们由于语言障碍和文化差异等原因，难以领悟中国文化的精髓，故其"用功甚苦，而成效甚微"；但另一方面他们一开始就免除了中国传统文化中某些思维定式的拘束，从不同的角度看问题，故能发我之所未发，见我之所未见。不难发现，由于文化传统、问题意识和研究方法不同等因素而形成的他者的"误读"不一定都是毫无价值的。我们只有用包容和理解的心态去看待中西之间文化语境的差异，用比较研究的方法来考虑海外的中国形象和中国研究，才能准确理解这些"误读"产生的原因，也才能领悟在海外中国学家们构建的"中国"背后更深层的思想和关怀。

那么如何利用比较的方法开展海外中国学的研究？目前比较方法

---

[1] 胡适：《胡适留学日记》，转引自桑兵：《国学与汉学：近代中外学者交往录》，中国人民大学出版社 2010 年版，第 141 页。

在海外中国学中的探索主要是比较史学和比较文学。首先是比较史学在海外中国学中的应用。朱政惠教授首先提出并阐发"比较史学"的方法,他强调不同国家和地区史学的平行比较研究。他指出:"强调不同国家和地区的史学的平行比较研究。由于不同国家和地区的文化会形成独有的发展体系,文化发展本质决定因素的一致性和世界各民族区域政治、经济、文化传统的相异性,必然导致其成长体系会有某种共通性和相异性,所以,比较史学的一个内容便是对一定范围内的不同民族史学之间的异同进行研究,探索其相同与不同的原因。"[1] 其次是严绍璗提出以"比较文学"的方法开展海外中国学研究。他指出:"运用比较文学的方法研究海外中国学,就要始终树立海外中国学是一个跨文化、跨语言、跨民族、跨学科的独特领域的意识,关注中国文化在异质文化中的流传与影响,关注中国文化在异域的'变异'与'误读',以及他者对中国文化的接受和评价。"[2]

运用比较文学的方法研究海外中国学,就要始终树立海外中国学是一个跨文化、跨语言、跨民族、跨学科的独特领域的意识,关注中国文化在异质文化中的流传与影响,关注中国文化在异域的"变异"与"误读",以及他者对中国文化的接受和评价。在具体的研究中,研究者应具备"跨文化"的立场和视野,这一立场和视野来源于我们对"文化在全球中互动"这一最基本特征的把握,从而形成对文化、当然包括人文学术在内的超越"自我"立场的基本态度。对于不同国家、不同文化语境中的学者,对同一种文化的解释,最主要的着眼点不在于匆忙地做出价值判断,而是应该在于研究这

---

[1] 朱政惠:《史之心旅》,华东师范大学出版社1995年版,第317—318页。
[2] 严绍璗:《我对Sinology的理解和思考》,《世界汉学》第4卷。

种结论的复杂文化语境，阐明这么复杂的文化语境在形成结论的过程中于隐性层面和显性层面中的各种表现形态。这样的学术思维原则，以及由此而形成的学术操作途径和操作方法，才有可能使我们中国学者在"sinology"的广泛学术中，获得最深厚的学术资源，享受最丰富的学术智慧。

影响研究是比较文学中最传统的研究范式，[1] 在海外中国学研究中寻找中国文化在西方的受欢迎程度、接受范围与评价声誉等就属于影响研究。

以许明龙先生的《欧洲十八世纪"中国热"》为例，该书就是考察中国文化在欧洲之传播与影响的范例。许先生通过考察大量档案资料，传教士、外交官、商人的回忆录和游记，以及欧洲学者对中国的述评，考述了这场18世纪欧洲各国"中国热"的盛况。他指出，欧洲不同阶层对中国文化的接受是不同的，这场"中国热"大体可以分为"俗"和"雅"两个层面。"俗"的层面主要偏重显性的物态文化，表现为对中国商品、中国器物的狂热追捧以及对中国的奇闻趣事、建筑装潢、服装和戏剧的好奇与追逐，其追捧者上至宫廷显贵下至市井细民，他们对中国的认识较为肤浅，并伴随着一定的误差。[2] 而"雅"的层面更偏重于对中国文化的理性思考，主要是哲学家、思想家等知识分子对中国文化的追捧和热议，其中既有对中国政治文化中的"自然理性"的赞誉，也有对中国的政治制度、文学形式等缺点的批评，分别代表了18世纪前半叶和后半叶欧洲对中国态度的主流观点。总之，18世纪的欧洲对中国文化的看法和评

---

[1] 陈惇、刘象愚：《比较文学概论》，北京师范大学出版社2010年版，第101—115页。
[2] 许明龙：《欧洲十八世纪"中国热"》，外语教学与研究出版社2007年版，前言第2页。

价与当时人的社会阶层、政治派别、思想流派、教育背景等因素都有着紧密的联系。许先生在丰富的事实基础上揭示出了中国文化在18世纪欧洲不同国家、不同阶层、不同时期的声誉和影响,堪称用影响研究范式来研究海外中国文化的典范。

我们还可以借鉴比较文学、比较史学对海外中国学研究的理论探索,在比较经济学、比较政治学、比较社会学[1]等多学科的框架下开展比较方法的探索。以人文科学和社会科学领域的中国研究为例,就内容而言,比较的研究包括在同一时期里中西关于文化比较、制度比较、社会比较、思想比较等。就空间而言,也可进行同一时期国外不同国家或地区关于中国各种问题研究的比较;就历史而言,可对同一中国问题进行古今发展的比较。从历史和现实的角度、宏观和微观两个层面,来认识和把握中国具体研究对象的本质。

三、跨学科方法

海外对中国的研究是一个多学科的研究,涉及对中国历史学、文学、语言学、社会学等学科。对于这门特殊的研究对象,我们开展的反向研究也应该采取多学科、跨学科的方法,推动我们更全面、深入地认识事物的本质,实现社会科学、人文学科、自然科学等跨学科联合推进的综合性中国学研究。

海外中国学是一个内涵十分广泛、涉及学科众多的领域,任何单一的学科都难以孤立地穷尽其全部,因此需要多学科和跨学科的

---

[1] [日]青木昌彦:《比较制度分析》,周黎安译,上海远东出版社2001年版;[美]加布里埃尔·A.阿尔蒙德等:《当今比较政治学:世界视角》,顾肃、吕建高、向青山译,中国人民大学出版社2014年版;[法]马太·杜甘:《比较社会学》,李洁译,社会科学文献出版社2006年版。

联合研究。我们对海外中国学进行研究，也需要对其所使用的其他学科的理论和方法有所了解，其中比较重要的就是社会科学的方法。多学科的联合研究可以帮助我们对海外中国形象的考察获得更加多面立体、深入客观的认识，这也是开展作为新文科的世界中国学研究的题中应有之义。

还是以美国中国学为例，一部中国学作品里会综合多学科的研究方法。尤其是它在 20 世纪五六十年代以后，受到法国年鉴学派的影响，美国中国学领域出现了一个重要变化，社会科学的方法逐渐进入该领域，此时还专门就中国学的方法举行了一次专题研讨会。[1]当时美国知名中国学家，比如列文森、芮玛丽、史华慈、弗里德曼等都参加了这场讨论，显示出美国的历史学家们对社会科学的介入并不排斥，他们几乎一致赞同中国研究或汉学与社会科学相结合。

如果说以费正清为代表的战后第一代美国中国学家们主要是用历史学的研究方法从事政治史和精英人物的研究，那么以孔飞力、史景迁、周锡瑞、杜赞奇等为代表的美国第二代、第三代中国学家们已经不再局限于此，而是引用社会科学的理论和方法，对基层广大群众的社会生活和文化传统进行考察，并逐渐形成跨学科甚至多学科交叉的特点。因此，我们需要了解西方社会科学的经典理论和学术动态，从逻辑推理和知识框架等角度把握这些中国学家们准确的研究过程。

可见，在对海外中国学的研究中，我们不仅要了解和认识基本的西方社会科学理论，而且要树立跨学科的意识，综合运用这些理论与方法来剖析对方的研究成果。此处以著名中国学家孔飞力和杜

---

[1] 朱政惠编：《美国学者论美国中国学》，上海辞书出版社 2009 年版，第 86 页。

赞奇的中国学作品为例。

一是孔飞力的《叫魂》，它是运用了跨学科与多学科的方法，将经济学、社会学、政治学、心理学、民俗学、法学等社会科学方法和理论巧妙地糅进历史叙事，通过不同角度的观察和多层面分析，描绘了18世纪中国的多维画卷。

二是新加坡国立大学历史系教授杜赞奇的代表作《文化、权力与国家：1900—1942年的华北农村》，将社会科学理论与方法与历史研究相结合。例如书中的核心概念之一"国家政权建设"（state-making）是社会学家查尔斯·蒂利在分析18世纪欧洲民族国家形成的过程中提出来的，是一种不同于欧洲民族国家形成的政权构建，杜赞奇将这一概念运用来分析20世纪初期的中国的国家与社会，用它来指代国家政权的现代化、官僚化以及为了扩大财源而向基层乡村社会渗透的过程。杜赞奇教授还提出"国家政权内卷化"的概念，用以说明"国家政权建设"的弊端。"内卷化"（involution）这一概念最早是美国人类学家克利福德·吉尔茨（Clifford Geertz）在研究爪哇的水稻农业的过程中提出来的。此外，杜赞奇还受到西方学界文化研究中的解构主义和后现代主义的影响，提出了"文化的权力网络"[1]。

上面提到的两部著作都获得了美国中国研究的最高荣誉"列文森中国研究书籍奖"，它们的成功也是中国研究与社会科学相结合、跨学科与多学科方法运用的成功，这种方法已经存在，并将继续存在下去。当以这些作品、这些学者以及他们的学术思想、研究方法

---

[1]［美］杜赞奇：《文化、权力与国家：1900—1942年的华北农村》，王福明译，江苏人民出版社2008年版，中文版序第2页。

为对象进行剖析时，我们也要有跨学科研究的问题意识和知识储备，与社会科学和实证研究成为朋友，让已经对人类经验进行了比较成熟划分的西方社会科学成为我们研究海外中国学的得力助手。

正如牟复礼所言，要洞察那些学识特别渊博、兴趣特别广泛的大师们的思想，唯一的方式就是努力去达到相似的知识广度和见解深度。[1] 同样，要准确地剖析世界中国学这门跨学科的综合学科，我们也只能不断扩展自己知识的广度，加深对社会科学各学科的理解认识。这虽然是不小的挑战，但却是非常必要、意义极其深远的。

第三节　我国海外中国学研究的历史发展和理论探索

海外中国学指域外国家对中国的研究，当今的海外中国学展示出世界性、跨学科性和复杂性的时代特征。鉴于欧美日等国中国学的历史悠久，中国解释权很大程度上仍出现由西方主导、引领话语走向的状况。由国外著名中国学家提出的"谭中之问""汤因比之问""彭慕兰之问""福山之问""雷默之问"等挑战性问题更引发世界范围内中国研究界的热烈讨论。世界对中国各种版本的解读和疑问促使我们深层次地思考海外中国学研究的理论体系问题，发出关于中国文明、历史与社会的基本声音。

当前国内针对海外中国学的庞大成果展开解构研究，经历了由现象研究到学科建设的转变，正在进入探索其学理逻辑的深化阶段。

1　[美]牟复礼：《汉学完整性的问题》，参见朱政惠编：《美国学者论美国中国学》，上海辞书出版社 2009 年版，第 115 页。原文载于《亚洲研究杂志》第 23 卷第 4 期，1964 年 8 月，第 531—534 页。

即使如此，海外中国学研究的学科体系建设仍任重道远。追溯国内海外中国学研究的历史渊源，厘清其发展轨迹，掌握其学理构成的阶段性特征，确立和把握其方法论、基本原则等，有助于探讨其内在的演变规律，赋予海外中国学研究的历史定位，回应新时代海外中国学研究发展的新要求。

鉴于此，本节基于文献群梳理探索海外中国学研究的历史演进和学理发展，结合考察海外中国研究成果，就国内海外中国学研究的体系建设提出路径探索。开展海外中国学研究的学科体系研究，将坚定文化主体性，使中国研究的话语主导权回归中国。

一、国内海外中国学研究的历史演进

1. 元明清对国外中国学的最初关注

国内开启对海外中国学的关注几与海外中国学的发生同步。中国对域外中国学的最早关注可追溯至元明清中西文化互鉴时期统治阶层对来华游历人士中国观的观察。元朝对亚欧大陆的开疆拓土使东西交通和文化交流得以畅通，欧洲和中西亚的旅行家进入元朝境内并留下大量关于中国的观察记录。现有研究表明域外中国观始于马可·波罗时期的游记汉学，[1]其对中国的赞誉性描述曾引起西方社会的轰动和对中国的向往。在元廷长居17年的马氏得到忽必烈接见并被任为使者出使西部。[2]不久后伊斯兰旅华人士伊本·白图泰对中

---

[1] 马可·波罗及其游记汉学引发学界百余年来诸多探讨。不可否认的是该游记本身产生了广泛深远的世界影响。参见李治安：《百年以来对马可·波罗来华史实的厘清》，余士雄：《〈马可·波罗游记〉的历史背景及其对中西交通的贡献》，《读书》1980年第7期。

[2] ［意］马可·波罗：《马可·波罗游记》，苏桂梅译，中国出版集团中译出版社2016年版，第57页。

国农业灌溉工程和文化艺术等亦持高度评价并与中国官绅交流。[1] 从中可知元朝统治阶层得知的是海外旅华人士对中国文昌物繁的赞美。

新兴资本主义国家借第三次基督教在华传教为海外殖民探路。明末清初士绅通过耶稣会士了解并赞赏其中国观察。正面认知中国观念风俗的代表性耶稣会士有利玛窦、熊三拔、艾儒略、汤若望等。包括叶向高、徐光启、李之藻等关注耶稣会士中国观察的明代士绅深受利玛窦《天主实义》影响，[2] 得知其对儒家思想已有较深认识和追随之意。如南京工部主事刘斗墟曾言利玛窦"其言多与孔孟相合，又明辨释氏之不正"。大学士、内阁辅臣叶向高持类似观点，曾言"爰有西方人，来自八万里。言慕中华风，深契吾儒理"。[3] 耶稣会士遵从中国文化是出于适应中国国情、达到顺利传教的目的。明清之际官方对耶稣会士中国学的关注较为主动并积极参与，一是发现中国自然科学某些领域领先西方。清代康熙帝与数学家梅文鼎等认为西方数学知识来源于《易经》思想，中国有比西方更早和领先的方程思想。[4] 二是参与耶稣会士初期的汉学编著和研究，并促进后者汉学修养的提升。如明代士绅对法国耶稣会士汉学家金尼格《西儒耳目资》写作的支持。三是坚守中国文化。礼仪之争使康熙帝发现后来的耶稣会士对儒家思想、中国文化由尊崇顺从转向否蔑干涉，遂颁布洋人在华传教禁令，谕旨在以后清廷历朝得到延续。[5]

---

[1] ［伊］伊本·白图泰：《伊本·白图泰游记》，马金鹏译，华文出版社 2015 年版，第 357、404 页。
[2] ［意］利玛窦：《利玛窦书信集》，文铮译，商务印书馆 2018 年版，第 301 页。
[3] 沈福伟：《中西文化交流史》，上海人民出版社 1985 年版，第 369 页。
[4] 张西平：《东西流水终相逢》，生活·读书·新知三联书店 2010 年版，第 230 页。
[5] 《清实录·乾隆实录》，乾隆五十年十月甲申。

此时国内对国外中国观[1]的认识处于起步阶段，持"天朝大国"封闭意识、对外部世界认识有限的统治阶层对海外中国观的兴趣局限于对境内外国人的中国观，然而旅华外国人将中国器物和文化积极引介回本国的正面中国观可谓国外观察中国的缩影，以耶稣会士为主的中国观使中国成为影响、形塑欧洲近代社会的一个重要来源。[2] 在中西逐渐发生历史分流时，中国随西方传教士中国观由明向暗的逐渐转变而对其愈益限制和抵制。

2. 近代中国对西方汉学的借鉴与对话

中国海外汉学研究的实质性起步伴随着中国近代化进程展开。西方国家以坚船利炮打开中国大门，开启了以在华传播西方近代文明的传教士中国学为重要特征的近代欧美中国学[3]，西方中国认识渐由正转负，中学西渐向西学东渐转变。晚清官方开始注意到欧美来

---

[1] 关于海外中国学和海外中国观的研究进路，目前国内学界已有较深入的学理探索，认为两者存在区别和联系。海外中国观系指国外人士因在华活动而产生的对中国文化社会的观感、认识等。在海外中国观研究中，因产生海外中国观的主体为与中国发生交流往来的外国人，其产生于中外文化交流的历史语境，故其研究进路主要为比较文学（文化）和知识社会学两种。海外中国学指海外对中国问题的研究，其研究进路包括文献学、学术史、知识社会学和比较文学（文化）四种进路。两者因其研究进路而有所区别（参见唐磊：《国外中国学再研究：关于对象、立场与进路的反思》，《国外社会科学》2018 年第 6 期）。笔者认为，内外在路径无论是内在的塑造还是外在的影响，都是造成某一学术领域研究发展变化的必要因素。本文提到的海外中国学泛指国外关于中国历史社会的研究，既包括依托文献学和学术史路径等内在理路开展的海外中国学研究，也包括以知识社会学和比较文学（文化）等外在路径开展的海外中国观研究，及以文献学和学术史路径开展的国外中国观研究（如王景伦：《走进东方的梦——美国的中国观》，时事出版社 1994 年版）。故本文将海外中国观作为海外中国学研究的一个研究专题。

[2] Donald F. Lach, *Asia in the Making of Europe* (Vol. II), Chicago: University of Chicago Press, 1970.

[3] 目前学界对于近现代传教士中国学已有较多研究，主要以近现代欧美来华传教士书写的中国记录为基础文献展开研究，以上海图书馆徐家汇藏书楼的珍藏文献颇具代表性，其中藏有大量关于英国、美国、澳大利亚、德国、加拿大等海外在华传教士撰写的有关中国历史与现状的著作、游记、调查报告、演讲稿等文献。

华者创办报刊上观察中国的文字,有助于清政府对时局和西方中国观察的认识。

在西方和西方汉学伴随西方对中国纵深渗透的情势下,官学精英相应地重视西方中国学,中外文化对话活跃。一是中外推出举措推进关于中国研究的交流,中西学者来往密切。史学根基深厚者被选派前往法德留学,整理国故运动得到倡议,唐复礼被清廷遣任驻法公使参赞并曾帮助法国汉学家沙畹翻译《史记》,[1]中国政府也曾赠予沙畹勋章,表彰其为汉学和中法文化交流作出的杰出贡献。二是国内或中外在政治与学术相互作用下合作建立关于中国研究的组织或机构。国内建立包括北京大学国学门、东南大学国学院、清华国学研究院、厦门大学国学研究院在内的多家国学研究机构;中外合作建立的组织包括1920年代的东方学会、东方考古学协会,以及1941年中法汉学研究所等,开中国研究之新风。

民国时期,西方国家因两次世界大战等因素加强对远东问题的关注研究。中西文化的深入沟通促使中国出现傅斯年、王国维、陈垣、胡适、陈寅恪等一批中西学兼通的学者。此时大量海外中国学译介和研究成果问世,国内海外中国学研究呈兴盛之势。一是欧美日等国传教士、商人、学者、官员等来华人士对中国历史和当时的观察开始在设有海外中国研究栏目的近代报纸杂志和其他媒体大量刊登传播;[2]二是海外汉学发展史和国别中国学研究出版;[3]三是整理出

---

[1] [法]戴密微:《法国汉学研究史概述》,胡书经译,载《汉学研究》第1集,中国和平出版社1996年版,第42页。
[2] [日]仁井田升:《唐律令与其历史的意义》,《盛京时报》1938年6月。
[3] 莫东寅:《汉学发达史》,文化出版社1949年版;王古鲁编著:《最近日人研究中国学术之一斑》,日本研究会出版社1936年版。

版汉学目录集；[1] 四是翻译耶稣会士汉学文献。[2]

3. 1950年代—1980年代国外中国学研究的停滞与复兴

中华人民共和国成立至改革开放前，受中西意识形态对峙和国内"左"倾思想等引起的学术生态变化影响，西方中国学在国内成为被全面批判的禁区，国内有识学人力倡海外中国学研究的发声淹没在政治话语的洪流中，海内外关于中国研究的学术对话进入停滞与"瓶颈"期。国内学界针对此时大量国外中国学成果的回应局限于译介层面：一是几乎无对国外中国学的公开评述和研究，少量"供批判用"和"内部参考"的西方书籍方可译介。[3] 二是中国学研究相关著述翻译以及少量译著再版。[4] 三是译著因时局变化呈现出不同特征，包括20世纪五六十年代考据性汉学著作的翻译出版，[5] 以及"文革"期间中苏边境冲突政治形势下为了解敌情出版的苏联汉学家译著。[6] 汉学译著因成为隔离时期国内观察海外中国学的通幽曲径而具有重要学术价值。1972年美国总统尼克松访华成为中西世界紧张关系改善的契机。十一届三中全会的召开使国内的海外中国学研究重新提上日程，呈现出中外交流的复兴新气象。[7]

1970年代末国内海外中国学研究对文献译介汇编的开启标志着

---

1 《美国国会图书馆藏中国善本书录》，华盛顿1957年影印出版。
2 ［法］费赖之：《入华耶稣会士列传》，冯承钧译，商务印书馆1938年版。
3 ［英］乔治·斯当东：《英使谒见乾隆纪实》，叶笃义译，商务印书馆1963年版。
4 ［德］利奇温：《十八世纪中国与欧洲文化的接触》，朱杰勤译，商务印书馆1962年版（原著初版于1925年）；［美］马士：《中华帝国对外关系史》，张汇文译，商务印书馆，1960—1963年。本书第一卷曾由生活·读书·新知三联书店1957年翻译出版。
5 ［法］伯希和：《交广印度两道考》，冯承钧译，中华书局1955年版。
6 ［苏］齐赫文斯基：《中国近代史》，北京师范大学历史系、北京大学历史系、俄语系翻译小组译，生活·读书·新知三联书店1974年版。
7 上海社会科学院历史研究所编，马军选订：《重会海外汉学界（1979—1983）》，学林出版社2019年版。

第一章 世界中国学的若干基本理论问题：兼答谭中之问　　47

中华人民共和国的国外中国学研究跨出重要步伐。1980年代的中国学界对各种西方中国研究思潮理论的关注热情急剧升温，呈现出译介为主、兼及初步相关研究的基本特征：一是中国社会科学院情报研究所国外中国学研究室成立并着手展开海外中国研究文献汇编，海外中国学研究从此依托机构沿专业化轨道发展。二是译介国家涉及苏、美、日、德、英、法等诸多西方国家；介绍领域涵盖海外中国学史、书评、机构，以及传统汉学、中国科技史等领域，[1]1980年代的研究增加了对中国文史哲、科技史领域等单本译著的出版。[2]三是注重介绍古代和近代中国研究，[3]以及海外中共党史、上海史研究的介绍，[4]标志着国内对海外传统汉学和现当代中国学有了并行关注。四是启动汉学/中国学译丛项目，包括具有国际影响力的学术巨著翻译工程、[5]注重古代中国研究的"海外汉学丛书"、涵盖古今中国研究的"海外中国研究丛书"和"日本学者中国文学研究译丛"等。五是域外中国观译介与相关研究，[6]译介关注明代和近代国外来华人士中国观，旨在探索西方传教士与中国近代化进程之间的互

---

[1] 中国社会科学院情报研究所编：《外国研究中国》第1辑，商务印书馆1978年版；第2—4辑，中国社会科学出版社1978—1980年版。
[2] ［美］余英时：《士与中国文化》，上海人民出版社1987年版；辛冠洁等编：《日本学者论中国哲学史》，中华书局1986年版；［英］李约瑟主编：《中国科学技术史》，上海古籍出版社、科学出版社1990年版。
[3] 北京大学中文系古文献研究室编辑：《国外中国古文化研究情况》，1979年（4辑）。中国社会科学院近代史所国外史学动态研究室编辑：《国外中国近代史研究》，中国社会科学出版社1980—1995年版（共27辑）。
[4] 上海社会科学院历史研究所：《史学情况》，1980第18期；1983年第27期。
[5] ［美］费正清、刘广京主编：《剑桥中国晚期史》，中国社会科学院历史研究所编译室译，中国社会科学出版社1985年版。
[6] ［美］格兰姆·贝克：《一个美国人看旧中国》，朱启明等译，生活·读书·新知三联书店1987年版；［伊］阿里·阿克巴尔：《中国纪行》，张至善等译，生活·读书·新知三联书店1988年版。

动。[1]1980年代国外中国学研究再起步还表现在工具书《近三十年国外"中国学"工具书简介》的出版。如上译介和涉猎领域形成此后国内开展国外中国学研究对象的雏形并有了初步学术积累。

概言之,国内海外中国学研究在约40年的停滞与复兴成为学术温度提升与时代变革的灵敏感应器。改革开放以后国内对中外中国研究交流通道的重辟延续了近代国内海外中国学研究的热情。而国内对海外中国学的译介逐步填补了长期造成的空白,诸多新领域新方法新观点引起关注,10余年的学术积累使该研究迅速复苏并在下一阶段开启学理探索之路。

4. 1990年代国内海外中国学研究的学科化积累

此时期国内承袭1980年代关注的热情而逐渐开启国外中国学研究的大幕,国内中国学研究学科体系的机制建设开始起步并发展,具体表现在京沪两地四家较早开展中国学研究的学术机构相继成立、海外中国学研讨会的初步召开、[2]北京大学和华东师范大学对中国学研究人才培养的起步[3]以及专门学术刊物的陆续创刊。国内对开展海外中国学研究有了充分认识,反映西方多元思潮的海外中国学论著得到译介和研究,海外中国学研究中的诸多专题得到发掘,加强和拓宽了国内的海外中国学研究。

其一,推出新的汉学丛书,除以往海外中国研究译丛继续发行

---

1 顾长声:《传教士与近代中国》《从马礼逊到司徒雷登》,上海人民出版社1981年版、1985年版。
2 清华大学汉学研究所于1997年举办"20世纪国际汉学及其对中国的影响"学术研讨会。
3 严绍璗:《北京大学20世纪国际中国学(汉学)研究文库总前言》,载《汉学研究》第8辑,中华书局2007年版,第1—11页。

外，文史哲领域又涌现一批译丛和译著。[1] 译著主要是对流散海外汉籍史料的翻译和研究。[2] 其二，国别中国学译介和研究在区域上仍以欧美国家为主，包括传统汉学和当代中国学。[3] 其三，出现对海外中共党史研究的译介，中共中央党史研究室于1990—1996年共主办《国外中共党史研究动态》42期。其四，海外中国学研究工具书、会议论文集汇编，包括国别中国学、中国学家和著作目录、汉学史研究等。[4] 其五，西方中国观译介和探研，译著系近代欧美来华人士对中国城乡制度文化的观察，包括"西方人眼中的中国""西方的中国形象"等丛书和单本译著。[5] 此时开启的海外中国观研究重在探讨世界民族对中国的认识史、国别中国观和跨文化比较理论下的海外中国形象。[6]

5. 21世纪国内海外中国学研究的繁荣与发展

伴随着中国与世界联系的日益紧密与世界对中国日益增加的关注度，开展国外中国学研究成为响应新时代需求的题中应有之义，

---

[1] 例如中华书局："法国西域敦煌学名著译丛"；上海三联书店："海外中国学研究系列"；辽宁教育出版社："当代汉学家论著译丛"；上海古籍出版社："海外珍藏善本丛书"；花城出版社："中国文学在国外丛书"；新疆人民出版社："瑞典东方学译丛"，等等。

[2] ［日］大庭修：《江户时代的中国典籍流播日本研究》，戚印平等译，杭州大学出版社1998年版；荣新江：《海外敦煌吐鲁番文献知见录》，江西人民出版社1996年版。

[3] 张静河：《瑞典汉学史》，安徽文艺出版社1994年版；［法］戴仁主编：《法国当代中国学》，耿昇译，中国社会科学出版社1998年版。

[4] 李学勤：《国际汉学著作提要》，江西教育出版社1996年版；［新］林徐典编：《汉学研究之回顾与前瞻》（同名会议论文集），中华书局1995年版。

[5] 罗溥洛主编：《美国学者论中国文化》，中国广播电视出版社1994年版；［英］斯当东：《英使谒见乾隆纪实》，上海书店出版社1997年版；［葡］曾德昭：《大中国志》，上海古籍出版社1998年版。

[6] 王景伦：《走进东方的梦——美国的中国观》；周宁编著：《2000年西方看中国》，团结出版社2000年版。

中国研究中外对话也渐趋深度和密切。在国家重视海外中国研究和学界主动关注的双重推动下，国内的国外中国学研究相应取得进展，译介与研究海外中国学并行开展的研究态势逐渐确立，专题探索更为精细丰富。多元化的研究成果与思考深化并丰富了该领域研究的学科内涵和研究外延。

此时期中国学研究兴盛的重要表现是作为学科发展有力支撑的配套机制的逐步完善。中国学研究机构在地域分布和数量上迅速扩大增加，形成各执所长的多元研究格局。据笔者不完全统计，新时期成立的中国学研究机构不少于30家，依托专业机构、聚焦不同专题的海外中国学研讨会相继召开。会议包括八届"世界中国学论坛"和四届世界中国学论坛海外分论坛、五届"世界汉学大会"等。中国学研究学术期刊、图书馆、汉籍合璧工程和数据库等基础资料建设成绩卓著，包括"海外中国学研究"入门学术丛书、设置研究生学位点等相关工作也有很大进展，中国学研究与研究生培养体系相结合，确保了海外中国学研究的可持续发展。

此时国内的海外中国学研究在更加完善的机制保障下对专题的探索比此前有了新进展。一是传统汉学译研。国内对传教士汉学的关注以"大象国际汉学研究书系"为代表，回溯至明清时期耶稣会士汉学并做系统研究，注重展示东学西渐语境下早期传教士汉学的多重意涵；研究丛书的系统规划和大量涌现标志着国内海外汉学、汉籍研究水平的提升；[1]对海外中国文学研究的关注包括译介中国文学史和现代文学，并探索中国文学域外传播与接受

---

[1] 商务印书馆："海外汉学书系"；南京大学域外汉籍研究所："域外汉籍研究丛书"，上海古籍出版社："当代西方汉学研究集萃"等。

史。[1] 二是海外上海史介研。以上海社会科学院历史所为代表的上海史研究由宏观概览转向见微知著，揭示现当代上海历史变迁中的多重丰富面貌。[2] 三是对国际关于中国问题研究范式、理论动态的追踪研究。21世纪前后国际学界诸如中国现代化、民族主义话语、中国与经济全球化等热点议题，以及中国思想史、女性史等专题探讨在中国同行中的回应体现在"海外中国研究丛书""海外中国学史研究丛书"及若干单本中国学研究论著中。四是海外中国观介研。拓宽译介欧美近现代中国观的文献史料范围；[3] 在继续以跨学科视野探索中国形象生成方式的同时突破西方中国观研究，将目力所及扩展至周边国家，考察展现历史中国多棱镜似的多样面貌。[4] 五是在译介国外中共党史研究动态基础上开启该专题和中国道路研究。开始探索海外中国共产党研究与海外中国学研究发展史、方法论研究的逻辑关系。[5] 六是中国学研究工具书的探索表现在对区域、国别和时段更加专业精微化的汇编整理，如印永青主编的《海外上海研究书目》，张海惠主编的《北美中国学：研究概述与文献资源》，马军的《全面抗战时期中国文化界译介日本"中国研究"文献目录简编》《1986至2010年〈史林〉杂志"海外中国研究"篇目汇编》等。七是世界各国青年汉学家成长为中国研究的新生力量。研究中国的兴趣从西方

---

1 苏州大学海外汉学研究中心主编："海外中国现代文学研究译丛"；[英]翟理斯：《中国文学史》，刘帅译，首都师范大学出版社2017年版；徐志啸：《中国古代文学在欧洲》，河北教育出版社2008年版等。
2 周武主编：《上海学》，上海人民出版社2016年版。
3 "基督教传教士外交官传记丛书"，广西师范大学出版社2004年版；忻剑飞：《醒客的中国观——近百多年世界思想大师的中国观感概述》，学林出版社2013年版。
4 复旦大学文史研究院编：《从周边看中国》，中华书局2009年版；周宁：《世界之中国：域外中国形象研究》，南京大学出版社2007年版。
5 韩强、梁怡：《海外中国学研究》，知识产权出版社2014年版。

世界扩展至亚非拉等更多国家。各种青年汉学家研修计划吸引着年轻一代的中国学专家前来中国接受训练,使"中国研究回归中国"渐成现实。

二、国内关于海外中国学研究的理论探索

前述历史回溯可知国内海外中国学研究经历了从最初关注、学习对话、停滞复兴、学科积累到繁荣发展的历史演变。晚清民国、20世纪90年代和21世纪以后三个时期可谓国内海外中国学研究发展的黄金期。国内知识界围绕该领域的基本概念、研究对象、方法论、学术主体性等问题逐步展开学理探索,促使当前海外中国学研究发展为学界显学。

1. 开创与奠基:近代中国的海外中国学研究

通过文献梳理可知,近代知识精英对海外中国学进行理论思考始自晚清、兴于民国。中国社会的剧烈动荡和深刻变化造成中西文化的深入交汇,海内外中国研究对话和国内中国学研究初次兴盛,构成国内海外中国学研究发展的第一个黄金期,借鉴与对话构成此时该领域研究之理论探索的阶段性特征。国内学人对海外中国学的思考表现在概念表述、研究态度、基本立场等三个方面。

其一,中国学研究相关概念阐述开始出现。晚清民国时期学人首次提出"中国学"、国学、汉学、Sinology 等概念,但对这些概念的明确界定和区分尚不明确。据史料考证,辜鸿铭在国内最早明确提出"中国学"概念,其所著《中国人的精神》中设"中国学"两章[1],指国外的中国研究。民国时侧重义理阐发,将"中国"作为一

---

1 辜鸿铭:《中国人的精神》,北京理工大学出版社2016年版,第111—126页。

门国内外皆可为之的学问。如胡适曾说西人治汉学者,"用功甚苦,而成效甚微"。傅斯年曾提出反对"国学"的模糊应用。

其二,中国学研究态度注意发出中国声音和中西互鉴。政学界人士对西方中国研究由了解、批评逐渐转向学习、对话。晚清提出西方中国学需有来自中国声音的必要参照,注意中国文化对外传播以引导改善西方的中国偏见、了解中国的精神世界。晚清驻法外交官陈季同的《中国人自画像》《中国人的快乐》《吾国》等法语论著从各层面向西方正面展示中华文明。辜鸿铭的中国学研究思想在西方世界亦广泛传播,其特点主要有二:一是肯定西方汉学恰当研究,批判其对中国历史思想文化之把握与洞察的阙乏;二是熟知西方汉学史,指出近代西方文明弊病,中国文化价值可补西方文明之阙乏。[1] 民国时期逐渐建立融洽的中外学术对话,认可西方汉学,认为中国研究需要取法欧日汉学中科学合理之精髓。王国维曾赞沙畹"博览旁通……能明解中国礼教道德之精义,为其他西方学者之所不及"[2]。国内学界还受欧美科学主义的影响,重视专精考据,鄙夷空泛综合。如胡适、梁启超等学者赞同日本中国学方法并受日本国粹主义影响,主张重整汉籍以为今用、保存国粹。

其三,中国学研究立场秉持坚守中国传统文化、以中国为主体的原则。不少学人认为外来理论需与中国国情相调适,只套用西方模型无法揭示中国文化真谛,主张中国研究应致力于民族文化重建发展,尝试构建以中国为主体的中国学研究。章炳麟即援引欧美哲学观念致力于儒学重建与发扬,面对中华文明渐弱、国人纷赴西方

---

[1] 辜鸿铭:《中国人的精神》,安徽文艺出版社2011年版,第122—125页。
[2] 王国维:《最近二三十年中中国新发见之学问》,《学衡》1925年第45期。

学习中国学的热潮,以陈寅恪、傅斯年等为代表的知识界发出中国研究回归中国、加强本国文化建设的呼声。[1]

元明清至近现代海外中国观基调的转变促使我们思考在开展海外中国学研究时应秉持历史唯物主义和辩证唯物主义的科学研究原则。对于因地理格局、资源差异、气候等因素造成的中西政治制度、社会结构、价值理念等的差异,历史学家已有扎实和极富说服力的研究。[2] 这说明我们需用马克思主义唯物史观分析海外中国观的具体论述。世界的中国观历经游记汉学对中国的全面赞誉,耶稣会士汉学以取鉴儒学与政治制度等赞誉中华文明和国民为主的中国观,近代欧美汉学以批判儒学、政治制度、国民性等灰色纪实为主[3]之中国观,至当代世界之多元中国观的演变历程,其对中国文明、政治、社会、国民等观察基调的巨大变化实根源于其本国社会变革、国力盛衰、价值观念变化等历史文化因素。故对于海外中国观应持客观辩证的研究态度,而不应以其一时一地的观点为准绳和制约。

综上,近代中国知识界在民族主义情结下以学习西方、救亡图存为己任。面对彰显自身文化优越的西学挑战,国内知识精英尝试以文化多元论打通中西文化壁垒,形成文明比较对话的意识,[4] 与此同时学界某种程度上对暗含西方近代文明优越之理论预设的西方汉学已持警醒态度,其在中国艰难期对西方中心论的超越显示出超乎

---

1 陈寅恪:《北大学院己巳级史学系毕业生赠言》,1929年。
2 钱穆:《中国历代政治得失》,九州出版社2019年版,第7页;黄仁宇:《中国大历史》,生活·读书·新知三联书店2018年版,第23—32页。
3 Josiah Quincy ed., *The Journals of Major Samuel Shaw: The First American Consul at Canton*, Boston: Wm. Crosby and H. P. Nichols, 1847.
4 陈寅恪:《与刘叔雅论国文试题书》,载《陈寅恪集》,生活·读书·新知三联书店2001年版,第252页。

时代的勇气和洞见,并以中西贯通的知识结构和比较研究的视野坚持基础文献建设、交流对话等观点,从而形成研究的基本立场,奠定了国内海外中国学研究的基础,构成国内海外中国学研究发展史上的重要一环。重新回顾近代中国该领域研究有助于在新的历史条件下重构海外中国学研究的框架。

2. 学科化开拓:1990年代的海外中国学研究

此时期开始将其作为专项研究进行初步理论探索,并增强了对海外中国学研究的专门思考,可谓向学科化研究迈进的开拓期。国内率先躬耕该领域的学人认可其"庐山之外看庐山"的独特视角,及以西方近现代科学方法治中学而发国人之未发的优势。[1] 国内关于海外中国学研究的理论思考进入第二个黄金期,呈现出学科化趋势和以文史哲研究为主的阶段性特征。国内对海外中国学的回应尚以译介为主,但已开始将该研究作为专门领域,在若干基础问题进行开拓性思考,对近代海外中国学研究精神的重启和深入开辟了国内海外中国学研究的新纪元。

一是明确阐释中国学研究基本概念。李学勤、阎纯德等国内学者对汉学和汉学研究的概念、源流、发展做了明确诠释,注重考察海外古今的中国经典研究以及西方汉学发展史。阎纯德提出汉学的当代意识并得到部分学人认同,意指汉学涵盖海外当代中国研究。[2]

二是开始探索学科方法论和研究对象。国内学界总体认同从学术史角度开展海外中国学研究,在研究方法和重点上提出各家之言,奠定海外中国学研究的多元发展格局,即从文献语言学角度探索中

---

[1] 阎纯德:《序〈汉学研究〉》,载《汉学研究》第1集,中国和平出版社1996年版。
[2] 阎纯德主编:《汉学研究》,中国和平出版社1996年版,第12页;计翔翔:《十七世纪中期汉学著作研究》,上海古籍出版社2002年版,第9页。

国思想的海外传播与发展；以比较文学理论为基础对中国文化现象进行比较分析，并开展对耶稣会士汉学及其欧洲影响的系统研究；依托史学史与史学理论学科方法开展的海外中国史学研究。

三是重提研究学术主体性和对话意识。王元化指出中国在中国文化研究中的主体地位，"不能以西学为坐标，但必须以西学为参照系"[1]。朱维铮提出中外学者掌握对象国语言的重要性，域外汉学存在语言沟通困难与文化隔膜而导致国际中国问题的众多专题研究整体上仍是"聋子的对话"，提出中外学界深度互动的意义。[2]

四是考虑规划学科研究布局，开启对海外中国学研究绘制学术版图的通盘考虑。朱政惠教授提出需有专门学术机构的建立、研究力量的分布、人才培养与中外交流等方面的详细规划。[3]

概言之，此时期海外中国学研究的学科体系初步形成，汉学概念得到初步系统解释，国内学界在海外中国学研究领域开始有了系统研究的明确意识。海外中国学研究的长久生命力建立在学科研究体系和方法论基础上，对其作为学科的初步探索无疑使其向学科方向的发展迈出坚实步伐。

3. 学科理论的纵深探索：2000 年以来国内的海外中国学研究

21 世纪以后，国内海外中国学研究形成更为专精的中国学研究体系，突破将其仅视为某研究方向，明确了学科建设的共识并展开探讨。此时期进入发展的第三个黄金期，对学科理论的纵深探索成为阶段性特征。国内较早成立的中国学研究机构在基本概念、研究

---

1 王元化：《学术集林》卷六，上海远东出版社 1995 年版，后记。
2 朱维铮：1997 年"二十世纪国际汉学及其对中国的影响"国际会议上的发言。
3 朱政惠：《日益受到关注的海外中国学研究》，《华东师范大学学报》（哲学社会科学版）1995 年第 6 期。

对象、路径及认识论等层面在新时期继续引领国内海外中国学研究的深度学理探索，启发了进一步思考的空间。

首先，对中国学研究等相关基本概念的进一步讨论。国内当前学界存在"中国研究""国际汉学""国外汉学""世界汉学""海外汉学""传统汉学""当代汉学""域外汉籍研究""海外中国学""海外中国研究""世界中国学"等多种说法和解读，[1]仍未有统一定论。根据这些解读，实际可大致分"中国研究""汉学""中国学"三种。[2]海外中国学即国外中国研究，泛指国外对所有中国问题的研究；汉学专指国外古今对中国历史、文化、语言等研究；中国学既包括人文学科领域的传统汉学，也包括使用社会科学方法开展的现当代中国问题研究；中国学/汉学研究指国内对海外中国学的关注研究。对"中国学""国际中国学""世界中国学""中国学研究"等相关概念语义的界定以中国社科院国际中国学研究中心的解释颇具说服力。[3]

其次，对国外中国学研究方法论的考察促使我们深入展开学理

---

1 李学勤：《作为专门学科的国际汉学研究》，《国际汉学》2003年第1期；王维江：《海外中国学研究与"汉学""中国学"区分》，载朱政惠主编《海外中国学评论》第2辑，上海古籍出版社2007年版，第162页；王荣华：《世界走向中国：从汉学到中国学》，《淮阴师范学院学报》2005年第1期；任大援：《"汉学"与"中国学"：20年来国内出版物览要》，《中国出版》1999年第5期，等等。

2 当前的海外中国学包括欧洲汉学、美国中国学、日本汉学、澳大利亚汉学、发展中国家中国学等，有其基于自身的发展历程和彼此互动而形成的多种中国学知识传统，国内海外中国学研究中的"中国学"在国外的中国研究中有着系列对应词汇，如俄罗斯中国学、澳大利亚汉学、法国汉学等，国内的海外中国学研究也因语境差异而有独特的研究谱系。故谈到国内"中国学"研究概念与海外"中国学"概念时应注意有所区分。国内海外中国学研究相关基本概念的探讨和明确是研究规范发展的前提，这里作出区分界定是为了国内开展进一步研究所做的尝试，初衷是避免在提及相关研究时产生概念上的混淆。但我们在开展"中国学研究"时，应意识到其与海外"中国学"之区分。

3 唐磊：《国外中国学再研究：关于对象、立场与进路的反思》，《国外社会科学》2018年第6期。

探索，在跨学科视野下省思域外中国学。海外中国学研究是否必要作为学科进行研究？以人文学界为代表的中国学术界作出肯定回答[1]并根据各自学科背景诠释其研究路径的学理逻辑。张西平教授提出从比较文学研究路径开展海外汉学研究；[2]朱政惠教授借鉴比较文学理论，提出并阐发以"比较史学""接受史学"治海外中国学，倡议建立人文/社会科学联合推进的学科群研究；[3]梁怡教授提出网络时代新型史料的搜集、考辨等具体史料学方法。[4]海外中国学发展至今已成长为传统汉学和社会科学各学科介入或具有跨学科特征的综合性研究，面对海外中国学和国内反向研究发展的新特点，有必要充实海外中国学研究理论。一方面，达成对中国全方位的深入理解还应加强史学、文学等相关领域学科建设。如海外中国史学研究现多侧重江南文化、上海史或特定社会阶层研究，[5]对江南史的整体理解和其他地区的研究尚显缺略，加强相关领域的中外对话尤为迫切；另一方面，借鉴比较文学、比较史学对海外中国学研究的理论探索，在比较经济学、比较政治学、比较社会学等学科框架下开展理论探索，进而实现社会科学、人文学科、自然科学等跨学科联合的综合性中国学研究，方能避免褊狭地掌握海外中国学的立体式全貌。

再次，面对新时期海外中国学研究日益发展的新趋势，坚持海外历史中国研究和现实中国研究均为我们的研究对象。中国对欧美日等国汉学有着伴随其产生以来至今的长久关注。自哈佛大学费正

---

1 见阎纯德总主编《汉学研究大系》李学勤"序"，学苑出版社2019年版。
2 张西平：《海外汉学（中国学）研究模式探究》，《国际汉学》2019年第1期。
3 朱政惠：《关于史学史研究和海外中国学研究的若干问题》，《探索与争鸣》2007年第1期。
4 梁怡：《浅谈海外中国学研究的理论和方法》，《北京联合大学学报》（人文社会科学版）2013年第1期。
5 [美]高彦颐：《闺塾师》，李志生译，江苏人民出版社2005年版。

清东亚研究中心成立以来，对现当代中国的研究兴趣逐渐扩散至其他国家，其与传统汉学两种研究取向成为21世纪世界中国学的重要特点，[1]这从世界各国当前的中国研究教研机构设置及成果中亦可得知。我们开展的反向研究也应坚持对海外历史和现实中国研究关注并重。由于历史中国是现实中国的根基，现实中国是历史中国的延续，中国当今观念、精神、价值来源于对中华文明的历史传承，中国现实问题背后蕴藏的是中国历史和文化的内在发展逻辑，对海外当代中国学及时关注才能更好地了解海外中国学的各种视角观点，服务于当前改革开放的大局和社会各行业领域的发展。历史和当下两者之间有着不可或缺的关联，据此，我们应始终在历史和当代两个维度把握海外中国学研究。

最后，中国学研究有了更深度的理论阐发，从认识论层面反思和对话海外中国学，致力于向世界呈现一个真实的历史和现实中国，坚定以中国为主体的研究立场。

其一，秉持跨文化比较的理论清醒，客观看待海外中国学，纠正研究中的盲目跟风，建立适合本国历史文化的话语体系。反思和解构近代西方文明的优越性和普适性价值，认识其为人类平等且多元的文明之一。西方近代文明中的理性主义和科学主义思想因其文化深层的思维局限导致中国研究的局限性，应将其在特定历史机缘下确立的普遍性还原为本来的特殊性属性。[2]国内亦有研究表明，中

---

[1] 汤一介：《"海外中国学"研究的新视角》，《学术月刊》2010年第5期；魏海生：《海外中国学研究的对象、方式和向度》，《北京联合大学学报》（人文社会科学版）2013年第4期。

[2] 于治中：《全球化之下的中国研究》，《读书》2007年第3期；汪荣祖：《中西文化如何对话》，载朱政惠主编《海外中国学评论》第2辑，上海古籍出版社2007年版，第89页。

西文明的差异表现在社会结构以家族和以法权为本的不同、天下观以多元一体格局和国族观的区分等方面。[1] 从历史总体走势来看,中华文明历史上曾经领先世界,近代以来西方式的现代化进程导致西学对我们的持续冲击,21世纪以后中国以强盛之势引发世界范围的中国学热,可见中华文明的历史文化基因已传承在中国人的精神血脉并有其持久生命力,当今世界的传统性与现代性各有其独特价值。对待世界不同的文明需在互鉴和尊重基础上发掘共通性价值,在开放性对外沟通的同时建立由国人开启的中国研究话语体系。

其二,全面认识海外中国学,反思西方中心观,在对西方和自身系统深入理解基础上启动评判海外中国学的实质性工作。中国研究的中外对话需落实在具体研究议题和文本分析中才有意义,此时期开始出现诸多评析性论著,指出西方因中国语言文化功底薄弱、滥用新式理论,及其不自觉的文化思维偏见,造成对中国历史和社会的误读和误导。[2] 一方面,海外中国学在研究国历史、社会的各环节中形成其理论框架和观点结论,[3] 因此在研究中尤需注意其历史发展、社会形态与中国的巨大差异;另一方面,国人在中国学研究中应做自我检视,提升关于中外历史文化的人文素养,[4] 这也是中国研究回归中国、坚定文化自信的内在要求。

综上分析,21世纪海外中国学研究在广度和深度有了重大发

---

[1] 王铭铭:《西方作为他者》,世界图书出版公司北京公司2007年版,第156页。
[2] 汪荣祖主编:《清帝国性质的再商榷:回应新清史》,台北远流出版公司2014年版;葛兆光:《域外中国学十论》,复旦大学出版社2002年版;金春明主编:《评〈剑桥中华人民共和国史〉》,湖北人民出版社2001年版。
[3] Philip C. C. Huang, "'Public Sphere' / 'Civil Society' in China? The Third Realm between State and Society," *Modern China*, Vol. 19, 1993, pp.216—240.
[4] 见阎纯德总主编《汉学研究大系》严绍璗"序",学苑出版社2019年版。

展。基于不同学科方法的海外中国学研究成果构成了中国学研究的学科群研究。伴随学科建设和学术话语逐渐回归的是，中国研究领域各具特色并颇具凝聚力的国际论坛成为令各国学者颇有认同和归属感的重要交流平台。尽管取得诸多成绩，国内对海外中国学研究的理论反思尚处于起步阶段，局限于少数学者的研究，目前尚未建立海外中国学研究系统的学术批评和对话机制。因此，国内的海外中国学研究还需再攀高峰。

三、结语与思考

纵观国内海外中国学研究演进历程，自从国内开启域外中国学研究，发展该领域研究的共识逐渐确立并深化，研究基础不断夯实，良好局面逐步形成。中外关于中国问题研究的交流推进了国内海外中国学研究思考的不断深入，近代中国大门初开和中西学交融开启了国内海外中国学研究的理论思考，20世纪八九十年代的中国学研究在国内获得文史哲领域的建设性学理探索，21世纪以后中国学研究学科框架和研究理念初步形成并发展。从该历史进程不难得出，国内一直保持对海外中国学兼具学习和批判的关注：元明清时期官绅在关注耶稣会士汉学的同时反对其干涉中国儒家礼仪；晚清民国政学精英在与海外汉学界的互动中注意传播中华文明声音，注重借鉴西方汉学治学理念并与西方对话；中华人民共和国成立后30年在与西方世界"隔绝"时期出现对西方汉学的全面否定；20世纪八九十年代的海外中国学研究以镜鉴他者视角为主；21世纪以来加强了海外中国学研究学理探索，在借鉴其理论方法和观点洞见的同时重启反思批判。

国内海外中国学研究的理论探索与中外国情和中国国际地位密

切相关。从国内海外中国学研究论理探索历程可知，西学日盛与中学式微成为近现代世界语境转变的主要特征，国内对海外中国学关注的主要倾向是借鉴多于批判，由此而导致对中国解释的话语权长时间很大程度上被西方世界所掌握。近现代中国的历史困境造成中华文明遭遇破坏而不能有序传承。中华人民共和国成立后至改革开放以前因政治运动的此起彼伏造成传统文化未能正常延续。改革开放以后至今中国学研究在西学向国内持续广泛渗透和国学根基受损情势下开始复兴并取得诸多进展，然而国内可与西方展开中国研究平等对话的学者仍在少数。如今，提升中国研究国际对话能力，建立以中国为主体的海外中国学研究话语体系已提上日程，提醒着我们加强海外中国学研究学科建设的紧迫性。

　　简言之，自中西交通以来，中国与外部世界经历了从东学西渐到西学东渐再到文明对话的过程，中国学研究学科体系和学术话语权在该历史进程中正在逐步构建。如今，继续推进与西方中国学的深度对话，在理论探索和实证研究上揭示其洞见偏见与恰当失当，同时引导世界各国的中国研究，建立国内外兼容、东西会通的中国学研究体系，成为今后亟须努力的方向。

第二章　中华文明传承：兼答汤因比之问

关于中西文明比较，世界范围内很多中国学家曾作出不懈的探索。英国历史学家汤因比在其巨著《历史研究》中，分析世界历史各主要古文明的兴起和衰落后得出结论，中华文明是唯一已传承下来的文明，并预言中国文明将照亮21世纪。他还指出："若把历史的主线看成是不断为尘世的人类灵魂开辟更多的精神出路，那么，从这种观察角度来看，叙利亚文明、印度文明、希腊文明和中华文明等第二代文明才是影响最为深远和重要的文明。"[1] 汤因比对中华文明高度赞赏，他在《中国纪行：从旧世界到新世界》中明言："我的新世界便是中国——从任何意义上说，它都是一个不断变动的世界。""中国是一个伟大的国家！他们自古开疆辟土——自北向南，自东徂西——历时三千年。"[2]

与汤因比类似，在中国时局艰难的近现代社会，不少西方学者、政界精英依旧发出类似言论。英国哲学家罗素认为："中华民族是全

---

[1] ［英］阿诺德·汤因比：《历史研究》（下卷），郭小凌等译，上海人民出版社2016年版，第892页。
[2] ［英］阿诺德·汤因比：《中国纪行：从旧世界到新世界》，司佳译，上海人民出版社2020年版，第151、155页。

世界最富忍耐力的，当其他的民族只顾及数十年的近忧之时，中国则已想到几个世纪之后的远虑。它坚不可摧，经得起等待。"¹ 美国第三任驻华公使镂斐迪（Frederick Ferdinand Low）在1871年（同治九年）写给美国国务卿汉密尔顿·菲什的报告中就提到不应忽视中国文明，他指出："大多数外国人所犯的一个错误，就是低估了中国才智和中国文明的价值。" 1868年6月23日，蒲安臣在纽约给美国社会名流关于中国的演讲中亦指出："中国是一个伟大、文明的民族。中国具有一个卓越民族所拥有的所有特征。……中国是一个拥有众多学者的土地，是一个拥有众多学校的地方，是一个藏有从一本小册子到多达5000卷的多种百科全书的书卷盈盈之土。"²

直到现在，中西文明的差异仍是国际中国学界热烈讨论的话题。对于中华文明及其价值的普遍性和特殊性在国际社会引发各种争议，当代美国中国思想史研究学者史华慈说："有的人爱中国，有的人恨中国，我尊重中国。"这种超越情绪的尊重态度，为我们客观看待中西两个世界、两种文明产生和演进过程中的诸多差异，提供了一种可行路径。

汤因比等西方学者关于中华文明的一系列观点促使我们进一步思考，中华文明缘何延续数千年传承至今，³ 中华民族缘何在百年颠

---

1 ［英］罗素：《中国问题》，秦悦译，学林出版社1997年版，第6页。
2 转引自王元崇：《中美相遇：大国外交与晚清兴衰（1784—1911）》，文汇出版社2021年版，第486、242页。
3 中华文明历史有不同说法，5000年的说法是指自奴隶社会夏朝之前的三皇五帝时期开始至今的历史，三皇时期早于五帝时期，目前并未有一个统一说法，大致上讲，三皇时期距今四五千年至七八千年乃至更加久远，五帝时代距离夏朝不远，约4000年前。3700年历史的说法主要是指自夏朝（约前21世纪初至约前16世纪初）晚期到现在的历史。认为中华文明3700年历史的说法，主要是指真正有文献记载年代的"信史"始于西周共和元年（前841年，参见《史记·十二诸侯年表》）。

沛之后重新走向富强？其中蕴含着怎样的文明基因？本章即以中西比较的视角对这一问题做出概览式探索。本章包括三节，第一节探讨语言文字、地理环境和宗教文化等因素对中西方历史发展差异、分流之根本影响；第二节从政治制度和价值理念等层面分析中西文明沿不同路径演进而产生分化的三个历史阶段；第三节考察中华文明的传承与更新，对中华文明的江南现象作重点描述。

第一节　中西文明之差异

国内对东西方文明的比较研究，是在改革开放以来国家富强和国学复兴的背景下再度兴起的。在中国近现代史上，对中华文明的态度曾因时局和中国在世界上地位的变化而转变。两次鸦片战争后，伴随着西方世界的强力侵入与西学渗透，在中西文明的第二次大碰撞中，很多学者因国力日衰而痛定思痛，推崇西学，他们反思中华文明的方向是讲弊病较多。从那以后到"五四"，再到1949年，一直到"文化大革命"，经历了三次大的否定。批判中国文化的观点认为西方文明是正宗的，中国传承下来的文化良莠不齐，中华民族100多年的衰弱与中华文明和文化有关。[1] 这种反思的好处是学习西方，从西方引进很多先进事物，并发现和改进自身的诸多不足之处。近30年来这种反思又转过来了，因为这30年来在世界经济发展

---

1 如胡适的"唯科学可以救国论"，认为中国五千年的历史没有一所完备的大学是耻辱，他极力推崇西洋近代文明，批判东方文明中的道家思想等（参见胡适：《我们所应走的路》，北京理工大学出版社2018年版，第23、34、59—60页等）。其观点在步入近代以后西盛东衰的历史背景中产生，在特殊时期有其合理之处，但更应批判、辩证、具体问题具体分析地看待。

中，中国发展得最快最好，所以现在盛世修史，国学开始普及，中华文明更有胆气。

那么如何看待中西文明当前展现出的各种差异？这就需要对其各自历史发展进行追根溯源以及历史演进的不同方向进行追踪考察。很多历史学家把中国历史做得很细，如对明史、唐史、宋史的研究；有些历史学家提出做大历史，如吕思勉、黄仁宇等。[1] 本章尝试概述一个比黄仁宇的大历史观更大的历史脉络，以便对中西文明做出总体性论说。

一、语言文字：中西文明的元差异

语言文字是文化的基石，是人类文明延续的载体。语言文字不仅反映文明的历史特征和文化背景，也影响着人的思维方式和生活方式。语言文字与文明传承是相互影响、相互作用的关系，理解语言文字必须了解文化背景，理解文化背景必须通晓文明差异。当今世界上的文字主要包括两种：一种是字母文字，英文、德文、阿拉伯文、蒙文都是字母；另一种是象形文字，如埃及文、汉字，象形文字只有汉字传承下来。

文字对中西方历史的传承，甚至对后来的文化、哲学，以及很多社会现象的分流起到了什么作用？学术界关于这一问题有过初步涉及，如葛兆光教授在其《古代中国文化讲义》中初步提及汉字与中国人形象的思维方式是否有关联的问题，认为"现在还不能说明白汉字对中国文化以及对汉族人思维的影响"。[2]100 年前英国著名

---

[1] 吕思勉：《中国通史》，新世界出版社 2008 年版；黄仁宇：《中国大历史》，生活·读书·新知三联书店 2007 年版。
[2] 葛兆光：《古代中国文化讲义》，复旦大学出版社 2006 年版，第 202—203 页。

哲学家罗素在应教育家梁启超邀请来华演讲和实地考察后于1922年写下《中国问题》，其中涉及对中西文字与中西文化关联的观察："坦率地说，使用字母文字的文化有一个严重的内在缺陷，那就是缺乏稳定性。大多数善感易变的民族都居住在字母文化最发达的地方……很多使用字母文字的人种，其文化无一不由盛而衰……从任何意义上讲，汉语与字母文字都是对立的。它没有字母文字的种种便利之处，但是它所体现的简朴和终极真理却牢不可破，不受狂风暴雨和艰难时日的侵袭，保护了中国文化达四千年之久。它坚固、方正而优美，恰如它所表达的精神。然而，是这种精神产生了这种文字，还是这种文字反过来升华了这种精神，还尚无定论。"[1]

本部分试从中西比较的角度出发，探讨文字与文明之间的关联，分析中西民族因象形与字母文字的差异所导致的中西文化各层面的差异。

1. 语言文字对中西文明体系的影响

汉民族因使用象形文字的同音而形成了横向联系之思维逻辑方式，使用字母文字的民族因使用字母文字而导致擅长纵向联系之思维逻辑方式。这在中国历史的礼仪中得到印证。古代进贡鹿给皇帝表示祝福皇帝福"禄"之意，按照西方字母文字的思维逻辑，西方人认为鹿和"禄"之间没有任何关系和逻辑，相互关联是神秘主义，但在中国文化里，鹿代表福、禄、寿。又比如，结婚时按照民俗，中国人会送一个装满红枣、花生、桂圆、莲子的桶，意为"早生贵子"。若按照英语世界的思维，这四样食物和"早生贵子"之间没有因果关系。

---

[1] ［英］罗素：《中国问题》，秦悦译，学林出版社1997年版，第26—27页。

中西思维方式的不同也导致中西文化、礼仪传统、哲学思想、文学艺术的差异。就文化而言，以中西医学为例，中医是一门从大局和整体出发，根据人体病因、病理来医治疾病的医学，如中医的阴阳五行原理和辨证认知逻辑，中医理论的一半就是由形声推理联想所决定的逻辑。中医主张望闻问切，善于把不同现象联系起来进行推理，经过医学实践中对药材的检验和应用，构成中医理论，因此中医又是一门经验医学。如中草药防风的功效之一即是祛风解表，当归的字面意思即是"应当归来""使复原正常"之意，其功效之一也在于调经止痛。西医则更多的是借助于先进医疗设备和解剖学探究病症的具体原因和医疗方法。若用西医理论对中医做现代化的解释，去其糟粕，取其精华，那么经过几十年乃至更长时间，中医可能将是世界上最好的医学。中医很多理论源自《周易》的说法，只有象形文字的民族才能产生中医和《周易》这样的文化。《周易》的图像是无法用英文表达的，中医被一些玄学的东西所包装，对西方来讲不可理喻，中西医之间没有一种共通的语言。[1] 这表明，文字的差异导致思维逻辑的差异，最后又反映为文字表述的差异。使用字母文字的西方民族在医学实践中易做纵向联系，求其所以然，做由表及里的深入思考；使用象形文字的中华民族在医学实践中易做横向联系，把声形或形声做由此及彼的联想考虑。

　　就文学艺术而言，象形文字思维方式形成的文化饱含磁性，是

---

[1] 西方学界对中医的最新解读是将中医被放入宇宙论系统中。中西医分属于完全不同的文化体系，有着不同的解释话语体系。参见费侠莉：《明清时代的性别、医学与身体——中国研究中女性主义历史写作的历程》，载朱政惠主编《海外中国学评论》第1辑，上海古籍出版社2006年版。

表象押韵的表意文字,两个看似没关系的事物联系起来,会获得一种愉悦感。最简单的例子就是中国文学、文化里有一大半是文字游戏。文字游戏使中国的文化生活更丰富,这种广告比比皆是。比如山西人做的旅游广告"晋善晋美",即源自成语"尽善尽美"。西方的文字游戏、书法都趋于简单化。中国的书法家则把一生消耗在写字上,但问题是,中国的文字游戏和书法往往无法被外国人翻译或理解。字不同,美术也就不同。中国的美术与字画相统一,毛笔可以写字,亦可描绘水墨山水画。但是西方的整个美术和文字不统一。中国的象形文字很多都是从生活中抽象出来,形成中国文化的很多方面,所以中国文化样式丰富多彩,如唐诗、宋词、元杂剧、明清小说等各种文体。由此可见,使用象形文字的汉民族的思维逻辑与用字母文字的西方民族的思维逻辑完全不同,导致中西在文化、传统、文学、艺术等方面都有所不同。

2. 文字对于中西历史文化的不同影响

马克思认为人类和动物的最大区别在于人能做逻辑思维。[1] 逻辑思维和语言交流工具有关系,即文字直接影响到人的逻辑思维。文字是传承文化的重要载体,一些学术研究已初步提及汉字和中国人思维方式之间的密切关系。[2] 中西文字的差异直接导致中西社会民众思维方式的差异,并在各自的文化传承中扮演着不同角色。

象形文字可从形和声猜其意义,故使用象形文字的民族思维方式是形象、由此及彼的;字母文字则由字母组成,不能直观判断其

---

[1] 马克思:《1844年经济学哲学手稿》,人民出版社1985年版。
[2] 张敏:《从汉字看中国人及思维方式》,《内蒙古民族师院学报》(哲学社会科学版),1999年第4期;张国都:《从汉字形体的演变看中国人的思维方式》,《国际儒学研究》(第七辑),国际文化出版公司1999年版。

意义，故擅于抽象思维，做由表及里的抽象思考。所以文字就使东西方的思维形成分叉。形象思维在几千年里的传承使得中国人容易形成大局观，判断问题多从大局判断，而西方人更善于进行逻辑关系的深入思考。

中西文字的异同导致了中西思维方式的异同。象形文字易流于表面和形式，因为在字音、字体上有些相同，就可以由此及彼，把本身无关的两件事做形式逻辑的推理联想。字母文字中由字母拼成，比如单词后面加"ism"可能是讲某某主义，这是字母文字的逻辑，比较抽象，可见西方人的抽象思维能力比中国人要强，考虑问题更加深入，善于透过表面现象去抓本质。因此，文字的不同也导致了中西哲学的不同。中国哲学重伦理，具有模糊性，系统性差，继承大于批判；西方哲学注重演绎逻辑推理，具有精确性，系统性强，批判性强，论证有理有据，结论有说服力，能令人知其然并知其所以然。西方哲学史上出过很多大师，如黑格尔、康德、马克思等，西方哲学家的著作里抽象思维的内在逻辑一环扣一环，对于象形文字的中国人而言读来很累，象形文字做不到这一点。西方人一旦切入问题即寻根问底，从逻辑上探求问题原因和本质的精神值得国人学习。

汉字这一象形文字在中国历史中起到了同化作用。中华文明一直没断过，外来政权一旦用汉字，在整个思维和文化方面很快趋同，基本上就被同化，客观上促进了国家的中央集权，有助于国家统一。从这个角度来说，文字是中华文明传承到现在的文化基因。

象形文字的特征是作由此及彼的联想思考，而不是由表及里的抽象思维。这种具有大局观的思维方式的优势，在隋唐繁盛时期表现得淋漓尽致，然而到了明朝及以后，这种不求甚解的思维方式的弊端也逐渐显现出来。象形文字仅作表面联系，缺点是考虑问题浅尝辄止，不追求事物的本质和因果联系，或者因此也抑制了中国人向深求索的意识，进而有碍于中国人的创新精神。[1]汉字是中国境内的通用语言，它传承着中国文化，所形成的文化思想已内化到中国国民内心。此外，象形文字所导致的不重因果的形象思维，亦使得中国无法在技术上取得进一步突破，亦无制度创新。16世纪以后的西方经过文艺复兴和启蒙运动以后，从感性人本主义过渡到理性人本主义，西方字母文字也成为积极鼓励人的思维发展的一个原因，中国于是在自然科学和哲学思想方面逐渐落后于西方，在新一轮的世界竞争中逐渐落伍。这一点值得我们反思和引以为戒。

二、自然地理与历史分流

语言文字差异形成了东西方人类的不同思维方式，进而面对不同的气候、地理、地缘条件，做出了不同的历史选择，各种文明的传承也因这些因素走上不同的发展道路。

1. 自然地理环境影响中西生产生活方式

自然地理环境是人类繁衍和文明发展的基础。司马迁《史记》中就讲过"究天人之际，通古今之变，成一家之言"，其中，"究天

---

[1] 不少外国人认为中国人缺乏创新精神，一个例子是《华盛顿邮报》刊登的贾森·利姆对"中国人缺乏创新热情"的发问，并对原因进行思考。一是中国若干朝代的文字狱，如秦代的"焚书坑儒"、明清时期统治阶层通过文字狱实行对社会大众的文化思想控制。宋明理学成为宋元明清时期科举考试的内容，造成对思想的束缚。对思想的禁锢和钳制与明清以后中央集权的加剧分不开，因此明清以后中国人对创新精神的缺乏表现尤为明显。二是儒家思想中的"三纲五常"。此处提出又一影响因素的说法，即象形文字民族思维方式对中国人缺乏创新思想的限制作用。

人之际"讲的就是要注重探讨自然现象与人类社会的关系，注重人类历史活动的内外环境，特别是自然生态环境对历史的影响。自然地理环境同时也是影响人类文明走向的重要因素，其中生态环境甚至能决定人类文明的兴衰。

一是逐水而居构成了农耕文明的共同特点。人类自走出非洲以来，历经了部落、氏族、城邦和国家的发展历程，农耕文明是各个文明必经的共同起点。埃及的兴起与尼罗河每年的泛滥有关，苏美尔文明得益于两河流域的新月沃土，印度文明与恒河息息相关，中华文明则发祥于黄河流域。没有河流、没有水，古代人类的文明就没有兴起的可能，城邦社会也就无从谈起。

二是气候因素影响着工业革命的传播路径。工业革命有一个由北向南扩散的现象，这与气候对人类活动的影响有关。人类起源于非洲，热带物产丰富，生存相对容易，因而人类就没有为生存而改进工具的强大动力，这点可以从现代非洲依然缺少基本的农田水利设施得到印证。寒带的人类，面对严酷的自然地理和气候环境，必须借助于工具扩展人体的功能，才能提升效率，增加生存的机会。

三是中华民族的迁徙与生态环境密不可分。华夏文明起源于中原地区，考古研究表明当时的黄河流域植被茂密、气候湿润、四季分明，十分适宜居住和沿河两岸交流。而当时的长江流域则相对炎热，潮湿黏性的土壤和茂密的丛林限制了木制和青铜器农具耕作，因而文明的重心在北方。唐以后，全球进入小冰期，黄土高原生态崩溃、北族南侵、战乱频生，华夏文明不得不南迁，就有了南宋小朝廷。现代的研究表明，中国历朝历代的兴衰和人口规模的大小，与全球的冰期和气候、环境的变迁是高度相关的。

四是中国地貌形成与历史上的气候、政治有密切关系。比如，中国历代对长城的修建，就是为了抵御北方游牧民族南侵。长城自秦以后，历代均组织修葺，这就需要强有力的中央集权来组织劳动力修建。所以历史的形成一定是有当时的背景和需求，有它的气候、地理方面的原因，这种观点至少是比较唯物的。[1]

2. 地理因素影响着中西政治文明的属性

地理环境对中西文明的演进有着多重影响，对政治制度的影响是其中十分重要的一环。中西政治制度的最初形态和核心原则的形成，很大程度上受到中西方地理因素的影响，而初始阶段的不同特征在不同的地理环境下演化出了不同的发展路径。

一是小国寡民的城邦环境决定了西方民主政治的形式。西方文明产生于"国土小，人口寡"的希腊半岛，所谓的国，仅是一个城市；每一城市的人口，通常不过几万人；一个小小半岛上，可以有100多个国家。狭小的地理环境、有限的人口数量使全民投票选举成为可能。只要城市居民集合到一广场上，便可表现所谓人民的公意。[2] 许多城邦事务甚至不实行民主也不行。[3]

二是紧临大海的地理环境决定了西方文明的海洋属性。贫瘠的土壤、三面环海的海岛环境培养了古希腊文明积极向外开拓的民族个性，这影响了同属海洋文明的罗马帝国、荷兰、葡萄牙、西班牙和大英帝国，这也是西欧国家步入近代以后逐步在世界领先的重要原因。紧临海洋的地理特征，使这些国家在十字军东征被阻断后，很自然地转向了海上通路。而15世纪以来的殖民扩张，让欧洲搜刮

---

1 黄仁宇：《中国大历史》，生活·读书·新知三联书店2008年版。
2 钱穆：《中国历代政治得失》，生活·读书·新知三联书店2001年版。
3 陈乐民：《欧洲文明十五讲》，北京大学出版社2004年版。

了巨额的不义之财，为西方的崛起积累了必要社会资本财富。

三是中国独特的地理环境促成了中央集权的制度模式。中国大一统的中央集权模式深受地理环境的影响：黄土高原非常适宜耕作，不适宜大规模的游牧。而黄土易于剥落和被水侵蚀的特性，又使得黄土高原水土流失严重、沟壑纵横，整个流域水患频发。因此，发展农业生产需要有强大的力量把分散的人力组织起来兴修水利，同时又要把这些人力相对固定在土地上从事农业生产，中国也因此早在春秋末年就开始出现奴隶制和井田制的解体，而中央集权的管理模式和逐步完善的"地主＋佃农"的生产模式，则适合这种传统的农业生产方式。

四是相对封闭的生存空间和适宜的农耕条件促成了中国内卷化的发展模式。从地理格局来看，阿尔泰山、天山、喜马拉雅山、云贵高原、岭南构成了人力较难翻越的地理屏障，冷兵器时代游牧民族相对农耕民族的机动优势，使得历史上的中国除汉、唐以外，长期局限在一个相对封闭的大陆空间发展。这片山川纵横、河流交错的广阔内陆，土地肥沃，适宜耕种，促成了精耕细作、自给自足的农业生产方式，也孕育了中国人聚族而居、谦逊内敛的生活方式和文化传统。这种小农经济有利于提高单位土地的产出，缺点是使人安于现状，不思进取，同时也难以形成科技进步所需的原始资本积累。这种消极影响累积到明清时期，闭关自守，盲目自大，阶级对立，高压政治成为整个社会的主流模式，这也是中国在15—16世纪以后逐步落伍的重要原因。

因此，从地理环境的角度来看，中西文明制度差异的选择形成也有一定内在关联性，但这还是第二层次。第一层次的还是前述由于中西不同语言文字而带来的思维逻辑和行为方式的不同。

三、宗教思想与文明演进

东西方文字的差异或可成为中西宗教差异的一个原因。[1] 文明产生在宗教之前，宗教在整个文明史上处于中间的位置，不能和文明同日而语。[2] 使用不同文字的东西方民族的思维差异，造成对待宗教中不可知问题上的不同思维逻辑差异。中国的宗教信仰是多神崇拜，讲究实用。中国是多教合一，在历史上不光是儒、释、道，还有伊斯兰教和基督教，只要可为己所用，中国人都可以选择去信仰五教中的任何一种，[3] 这从安徽、山东、上海、云南等各地市的多教建筑并存可见一斑。中国所有的语言文字、历史文化乃至宗教信仰，都和现实世界完全吻合。简言之，象形文字造就了中国人的思维方式，继而影响了中国人的文化生活和历史，并和宗教信仰的特征相关联，所以，象形文字对中华文明传承起到了非常基础的作用。其中，儒家思想作为主流意识形态，对中华文明传承起到重要作用。此处主要探讨中国历史上的儒家思想及其现代意义。

1. 儒家思想与中华文明传承

春秋战国时期百家争鸣，孔子在世时游说多国以表达自己的治国理念，但学说不受重视。孔子思想在后世经改造后成为官方的主导意识形态。儒家思想的两样东西为中华文明传承到现在奠定了基础，影响至今。一是他对现实社会提出的纵向和横向理想秩序的安

---

1 关于语言与宗教之间的关系，国内有相关的研究，如蔡京红：《从东西方宗教看汉英语言差异》，《国际关系学院学报》2004 年第 1 期；张曲：《从委婉语与禁忌语看东西方文化差异》，《成都大学学报》（社会科学版）2007 年第 4 期。
2 文明产生在几千年以前，宗教离现在只有 2000 多年的历史。佛教、道教产生更要晚几百年。所以说宗教到后来才产生，文明先于宗教产生，而不是先有宗教、后有文明。
3 中国社会科学院世界宗教研究所、全国政协民族和宗教委员会、国家宗教事务局宗教研究中心合编：《中国五大宗教知识读本》，社会科学文献出版社 1997 年版。

排。纵向秩序是君君、臣臣、父父、子子之说,横向秩序即是"仁义礼智信"。

孔子留下的第二个东西是"有教无类",即教育。如果不靠宗教来规范社会,那就要靠秩序,秩序要保留下来必须通过教化。孔子对家国体系,即家庭和国家之间的关系做了一整套规划,其实这时的儒家学说,已是经董仲舒改造后的孔子思想了,掺杂了道家、法家、阴阳五行家的一些思想,董仲舒"罢黜百家,独尊儒术",把孔子学说作为政权意识形态来加以固定,具有历史进步意义。中国最初是一个农耕社会,政权若想真正稳固,就要做到在意识形态领域的统一。董仲舒汲取了秦王朝短命的教训,借孔子学说作为意识形态,有历史的必然性。不能完全靠武力、军事战争来统治国家,文化思想对社会大众的渗透和内化才是根本的。从某种角度上讲,儒家思想的存在和当时的农耕社会有内在联系。根据黄仁宇的观点,在关中地区、黄土高原,农耕社会要维持下来,就需要有一个中央集权国家形式。对于南宋以后脱离了皇权的孔子学说,将在本章第三节"中华文明的江南现象"中专述。

孔子思想中,"仁"是其思想理论体系的核心,是中国儒家学派道德规范的最高原则,包括孝、弟(悌)、忠、恕、礼、知、勇、恭、宽、信、敏、惠等内容。中国人对爱的分寸的把握很细腻,不同角色的人与人之间的爱各有不同,而不是西方的博爱。简言之,对男人来说,即是与朋友、兄弟的相处之道;对女人来说,即是与姑嫂、婆媳的相处之道。所以对中国社会秩序最早提出界定和定位的是孔子。孔子第一个把社会道德规范集于一体,形成了以"仁"为核心的伦理思想结构。儒家思想在中国历史上演变发展,中间历经衰落和兴盛,但始终是两千年来中国传统文化的正统指导思想,在作为主流思想塑造中国知识分子文化品格的同时，不可避免也钳制了思想的进步与创新精神。

儒家思想对中国当代社会经济发展的意义何在？中国是无神论国家，怎样在道德上制约市场带来的对利润最大化追求的贪婪？德国学者马克斯·韦伯著的《儒教与道教》就是在思考这个问题，[1]他认为：在中国商业的发展过程中，中国的什么思想才会成为市场经济发展的道德制约？韦伯经过研究得出，儒教和西方的新教一样，都属于理性主义。西方是新教理性主义，东方是儒教理性主义。他认为儒教完全面对现实社会，给社会设定了一个秩序。儒家思想为中国这个农耕社会建立了一个秩序的坐标系，即纵向的坐标和横向的坐标。纵向的坐标是君臣关系、父子关系、两性关系。各种社会关系相处模式的总原则均以"仁"加以界定。对中国而言，儒家思想的现代意义之一即是通过它对社会秩序的规范和"仁"的思想，为市场经济的有序发展提供道德制约。对西方而言，基督教是其信仰的宗教，西方的新教理性主义是欧美市场经济发展的道德制约。

2. 西方宗教与西方文明传承

和中国不同，西方宗教的特点是出世的唯一神，不信唯一神就是异教徒，所以西方宗教战争屡见不鲜，中东地区的代理人战争在很大程度上是穆斯林宗派之间的战争。教义上他们都信《古兰经》，什叶派和逊尼派这两个教派的差异在于一个信女婿，另一个信岳父，崇拜对象不同而造成两者的战争。逊尼派有10亿人，而什叶派只有2亿人，战争的原因是他们崇拜的神是出世的唯一神。对于两者来说，对立是不可避免的，乃至于要通过战争的方式把另一方灭掉。

---

1 ［德］马克斯·韦伯：《儒教与道教》，王容芬译，商务印书馆2010年版。

又比如，耶路撒冷是巴勒斯坦和以色列有争议的城市，《圣经·新约》与《圣经·旧约》中都讲到耶路撒冷。由于耶路撒冷是出世的唯一神的圣地，该地区有不同的宗教流派，是犹太教、基督教和伊斯兰教三教的圣城，信仰的差别导致各教为证明自己教派的正统性而发生战争，巴以战争即具有宗教战争的成分。

欧洲文化模式起源于古代希腊社会，这一点是世界上大多数学者所公认的。汤因比说"我们西方社会和古希腊社会的关系……好像子女和父母的关系一样"[1]。但作为一种文化模式，欧洲文化圈成形并固定下来却应该从基督教传播算起。基督教扮演了统一的意识形态的角色，同时也成为欧洲文化扩散的工具。接受基督教意味着野蛮人皈依文明，同时也意味着对超国界的欧洲文化的认同。由于基督教的传播，日耳曼人消灭了西罗马帝国，却归顺了罗马天主教会，斯拉夫人威胁着拜占庭却接受了东正教的洗礼。随着基督教的传播，欧洲文明从地中海扩散到整个欧洲。到资本主义发生时，欧洲是一个基督教的大世界。[2]

对西方来说，西方文化的发展演进与基督教有着千丝万缕的联系，可以说，基督教构成了西方文化的重要精神根基。在中世纪1000多年的时间里，基督教作为西欧唯一的宗教信仰和绝对的意识形态，渗透于社会生活的各个方面，既塑造了西方文化的基本精神，培养了西方人的心理习惯，又衍生出各种触目惊心的社会罪恶，导致巨大的精神苦恼。[3] 宗教改革从根本上改变了西欧社会的政治、经

---

1 [英]汤因比：《历史研究》，上海人民出版社1986年版，第14页。
2 钱乘旦：《前资本主义世界发展：东方普遍性与西方特殊性》，《世界历史》1991年第2期。
3 如20世纪60年代欧美社会出现的各种社会问题。

济、文化格局，促进了自由精神的产生、民族国家的崛起和资本主义经济的发展，成为西方文化进行现代化转型的起点。时至今日，基督教仍然是具有良好科学素养的现代西方人所共同拥有的主流信仰。基督教在西方社会中已经积淀为一种根深蒂固的文化习惯，深深地渗透于西方人的精神生活和心理意识之中。不了解基督教，就根本不可能了解西方文化。

第二节 文明演进中的中西分化

上节讲到，在中西方文明的传承中，语言文字的差异可能是在很大程度上导致中西发展路径差异的最根本原因。语言文字不同而导致中西方在思维逻辑上显现出明显分歧，进而在不同的地理环境条件下，导致不同的文明形态、政治制度以及宗教信仰，形成了中西方历史的分流。中西方的历史分流是在多种因素诸如文字、思想、制度、对外政策等相互作用、互动的合力之下经过一定的历史过程而形成和演进，本节主要从政治制度、文化思想等层面来考察中西文明在不同方向上的历史演进。中西方文明演进的不同路径在时间上有重合之处，其转折期亦因空间地理位置的不同和发展的相对独立性而有所差别。

一、东西方文明演进的第一阶段：轴心时代的东西方先哲

东西方文明的演进经历了三个阶段：第一个阶段就是公元前800年至前200年，是人类文明的起点，尤其是公元前600年至前300年。很多研究此段历史的学者把此段时期归纳为轴心时

代。[1] 在这期间，中国、印度和西方都有革命性的思潮涌现。在思想上来说，东西方基本上不分伯仲，中国春秋战国时期和希腊文明处在同一起跑线上，东方有孔子、老子、诸子百家等思想家；西方则有苏格拉底、柏拉图、亚里士多德等哲学家。

二、东西方文明演进的第二阶段：皇权文化和教权文化

人类文明发展的第二阶段对中国来讲，是从公元前221年至约12世纪，以皇权文化的确立和巩固为特色；对西方来讲是指欧洲的中世纪，从公元476年至1453年，以教权文化为特色。在这一阶段，中西方文明演进的差别很大，沿着不同的发展轨迹展开。对中国来讲，秦朝使用武力手段结束了春秋战国的战乱分裂局面。用现在的话讲，秦国属于西部地区，生产力相对落后。当时秦始皇在兵器上是轻骑兵，先进的军事技术和周密的军事谋划使其战胜当时的强国齐国，而赢得战争。

秦始皇统一国家，形成了"车同轨，书同文"的制度。这种制度性安排对中国非常重要，没有秦始皇，就没有今天的中国，所以不能从个人好恶去评价他。但是他有些做法很有问题，即对这样一个大国的管理，该用什么样的思想来管理？由于很多文人对他实行的郡县制度、政策、决策等多有非议，外加丞相李斯的建议，他就

---

[1] 德国思想家卡尔·雅斯贝斯在《历史的起源与目标》一书中第一次把公元前500年前后同时出现在中国、西方和印度等地区的人类文化突破现象称之为"轴心时代"。轴心时代已成东西方史学、人类学和哲学等学科视野下一个无法绕过的研究课题。20世纪七八十年代，以本雅明·史华兹（Benjamin Schwartz）和艾森斯塔特（S.N.Eisenstadt）为首的一批人文学者对这一专题进行了数次大讨论，对此有专门研究的外国学者有贝拉（Robert N.Bellah）、本雅明·史华兹、佛吉灵（Eric Voegdin）等；对此有专门研究的华人学者包括许倬云、杜维明、张灏、汤一介、余英时等。

焚书坑儒。这说明秦始皇统一中国并做了制度安排，但是他并未在思想上统一全国。没有统一的思想，就很难保证国家统治的持久性。

汉朝儒士董仲舒把儒学变成儒教，儒教经其改造，成为统一全国人民思想的工具，这时候的儒家思想实际上变成一种治国的社会秩序。此时期儒家思想的最大特点是它对纵向秩序的安排远远大于横向秩序的安排，即用"君君，臣臣，父父，子子"之说来加强对国家的控制。[1] 所以中国的宗教从这时起进入世俗阶段。道教把老子称为始祖。东汉时期佛教进入中原，差不多同时，道教兴起，此后中国逐渐形成儒释道等多教并存的局面。中国的宗教形成和西方完全相反的格局，即王权大于教权，王权高于一切，由皇帝决定宗教信仰。

处于自身文明演进第二阶段的西方恰恰相反。中世纪的西方教权大于王权，教皇的权力大于国王的权力，是教权文化。中国自秦统一后，演变出来的是皇权文化。中世纪西方的神权文化和出世的唯一神宗教意识有关系，对唯一神产生怀疑将被送到宗教裁判所，比如发明"日心说"的哥白尼和其他几位科学家因违背神权至高无上的意识而被处决。这种能决定人生死的神权文化后来达到一种登峰造极的地步，因此这也是解释为何在这段时期中国的发展比欧洲要快的重要原因。这当然与中国农耕社会、农业发达的程度有关，但是意识形态和文化上的差异，也是一个重要因素。

三、西方文明演进的第三阶段：人权文化

西方文明演进的第三阶段是从 16 世纪至 18 世纪。对中国来

---

[1] 《论语·颜渊》："齐景公问政于孔子。孔子对曰：君君，臣臣，父父，子子。公曰：善哉！信如君不君，臣不臣，父不父，子不子，虽有粟，吾得而食诸？"

讲，南宋（1127—1279）以后文化的典型特征是中华文明的江南现象。西方在这一阶段的基本特征是从神权文化走向人权文化，但是当时西方神权文化达到登峰造极，要过渡到人权文化不容易。如果一个人公开反神权，将会遭到神权压制。因此在西方，首先是文艺复兴时期西方社会采取一种感性的人本主义去反对神权。为什么大家很重视欧洲历史上的文艺复兴？文艺复兴从表面上看，就是一些画家作家在画画、写书而已，比如天花板上都画着赤身裸体的安吉尔，达·芬奇画蒙娜丽莎的微笑，但如果把它们放到当时的历史背景下去看，就是很了不起的事。文艺复兴要把希腊文明重新复兴起来，矛头并不指向神权文化，这就使自身有了正当性。那么希腊文明怎么复兴？从文艺、美术、戏曲等方面去入手，培养"软实力"，不跟神权文化正面对抗。这些东西一旦兴起，再对文艺复兴作哲学的思考。文艺复兴中做到极致的就是画家画裸体画、艺术家的大量人体雕塑，都把人体美视为最高的美和价值。这实际上在颂扬人权主义，就是美的最高境界不是神，而是人本身。文艺复兴把人、人的权力、人的美放到至高无上的地步，用这种办法来反对黑暗的神权主义。从这个角度看，文艺复兴就这样把西方从神权文化转向人的文化。之所以现在西方对人权这么强调，就是因为从文艺复兴开始对人本身有了重视，这种思想在和中世纪神权文化的对立、反抗中逐渐深入人心。

对待人文主义所形成的人权文化的评价，倘若用历史唯物主义的观点来看，它并非全部都好，感性的人权主义最后走向极端，它把人的一切都描述成好的，强调人权不受约束，欧洲海外殖民扩张时从拉美掠夺大量的白银、黄金、珍珠、宝贝，此后整个欧洲就变成一个非常淫荡奢侈的社会。对人性没有约束的最后结果就是人的动物性，即色情和暴力。

经过这段历史，欧洲思想界在时隔一二百年以后再次反思，从感性的人本主义走向理性的人本主义。人类无须顾虑神对来世、对自我的判决，只需发展自我的思考能力。理性的人本主义就是启蒙运动。如果把欧洲文艺复兴和启蒙运动两个时期的各十个代表人物画出来，你会发现后面十人的脸是一本正经和严肃的。如培根、康德、黑格尔等，他们的理论高深莫测，著作非常严谨，与文艺复兴时期完全不同，其原因就在于整个欧洲社会的人本主义经过一两个世纪，感性人本主义走到极致，变成一个风气非常不好的社会，经过对社会的反思、批判，走向理性的人本主义。正如韦伯所言，理性的人本主义为现代的资本主义市场经济在思想上提供了一个约束的理论。

第三节　中华文明的江南现象

上节讲到中华文明发展的前两个阶段，春秋战国诸子百家时期是第一个阶段，王权文化是第二阶段的基本特征。第三阶段是南宋以后江南地区的经济发展和中华文明的更新转型。南宋是个小王朝，它当时的国土面积是中国历朝历代中较小的，但这是一个经济发达、文化繁荣、科技进步的朝代。这段特别值得我们重视，本节重点讲中华文明中的江南现象。

之所以重点讲江南，是由于江南社会呈现出与江北中国的显著差异，其日益突出的表现在历史和当今中国持续刻画着浓重墨彩的篇章，呈现出诗画江南、经济江南、文化江南的典型特征。据不完整文献调研，中国最早的诗歌总集《诗经》中就有描写江南的诗句，[1] 此后历朝代中国知识精英不断留下关于江南社会民俗、经济、风景等的大量诗句，其揭示的拥有万千风情、清新隽永的江南在整个中国独树一帜，体现了一代又一代中国人浪漫、诗意的文化心灵。从物质繁荣的角度来讲，江南社会伴随着中国经济重心的南移，利用其自然和人等多种因素的优势，实现了农业、手工业的发达及商品经济的萌芽和发展。从文化发展的角度来讲，江南文化对中华文明的精髓进行了创造性传承和革新，使中华文明焕发出新的生机，并成为江南经济持续发展的深厚文化根基。那么江南文化是如何形成和发展？其具有何种物质和精神的特性？两者之间又存在怎样的关联？这些均值得我们进行深入剖析。

一、江南文化的三个阶段

经济发展意味着一个民族的富裕程度，而文化的进步精神则是一个民族存在的根本。从世界历史角度评价，中世纪以后至 20 世纪初，与西方资本主义世界的上升势头相比，中国总体上在走下坡路，然而中国的江南经济在此时段的大部分时期在世界上真正达到了鼎盛水平。加州学派的弗兰克（Andre Gunder Frank）在《白银资本》一书中就提出类似观点：18 世纪鸦片战争以前的中国在世界上经济最发达，占整个世界 GDP 的 30%～40%，最发达的地区就在江南。[2]如何解释这一现象？所以，江南文化是很值得探讨的一个问题。

同中华文明演进的历史类似，江南文化大致分为三个阶段。第

---

1 如《诗经·卫风·硕人》中的诗句。
2 ［德］贡德·弗兰克：《白银资本：重视经济全球化中的东方》，刘北成译，中央编译出版社 2000 年版。

一阶段是唐宋以前的吴越文化。吴越文化源于河姆渡文化、良渚文化，经历四期，即春秋时期在长三角地区建立国家的句吴、于越两国时期；三国时期；东晋时代；以及五代十国时期。在南宋以前，吴越文化相对落后于中原地区。此长时段江南文化的总体特征主要体现在两个方面：一是从其覆盖地域来讲，江南文化指涉地区狭窄，仍是作为中华文明组成部分的地方性文化；二是从经济生产角度讲，江南是水乡，伴随着北方移民及先进生产技术的南迁，农耕业和农副产品种植业得以开拓和稳步发展，是鱼米之乡。

第二阶段是唐宋尤其是南宋以来的江南文化，可从经济和文化两个层面来解读。唐宋以来，伴随着中国经济重心的南迁，江南文化也在此过程中逐渐实现更新转型。从经济角度讲可称为运河文化，接下来会详细讨论；从文化角度讲以徽派文化为代表。很多人认为中国文化中心一直在关中地区，中国多个朝代定都于那里，在南宋以前确实如此。北京直到元朝建立横跨亚欧的大帝国时才正式成为全国首都，北京文化在很大程度上是输入型，比如藏传佛教，又如众所熟知的京剧是徽班和昆曲北上后才形成的。[1] 南宋以来的江南文化逐渐更新并在全国脱颖而出，超越了地域文化的范畴，逐渐成为中国文化的中心。因为这一阶段的江南文化在中华文明从传统走向现代的历史进程中具有承上启下、传承创新的重要地位，故将在本节第二部分予以专门探讨。

第三阶段指鸦片战争之后近代上海的"海派文化"。如果说第二阶段是中国南北文化相碰撞所形成，那么海派文化是中国文化和西

---

[1] 之前辽、金亦定都于此，但因是少数民族的地方政权，非全中国境内的政权，故此处忽略这两朝。元代时，蒙古大汗国改名元朝。自元朝起，北京开始成为全中国的首都。元朝时的北京称为元大都。元大都成为全中国的交往中心。

方文化踫撞后的又一次提炼。海派文化是中国文化和西方文化经过交流融合，吸纳了西方文化关于制度、法律、金融等精髓，小资文化只是其中很小的一块。

二、江南文化中的移民文化和商业精神

中国文化中心在北宋以后转移到江南，首先表现在儒家思想开始南移并广泛传播。12世纪初，儒家思想创始者孔家后裔举家搬到浙江衢州，因此中国有两个孔府。[1] 理学家朱子促成了新儒学在南宋的兴起。[2] 在新儒学的影响下，书院发展迅速。江南书院最早在唐代（618—907）设立，[3] 相比之下，世界最古老、位于意大利的博洛尼亚大学于1088年才建校。[4] 南宋以来的江南文化以书院文化为主要表现形态。书院和大学之间的差异在于，书院不是大学，书院是图书馆、研究院和论坛三者合一。有信仰的人在书院坐而论道，整理书籍，从事研究，士大夫的精神从中得以阐发。有了书院也就有了江

---

[1] 北宋末年，金兵占领中原，汴梁（今开封）沦陷，宋廷迁都临安（今杭州）。建炎二年（1128年），孔子第48世孙袭封衍圣公的孔端友也离乡背井，挈族避难，随赵构南渡。高宗赐孔氏家于衢州。衢州位于钱塘江上游的河谷盆地，土地肥沃，文化昌盛，又未遭兵祸，是南宋版图内较繁华安定的区域。因此，衢州遂成了孔家的第二故乡，被称为"东南阙里"，孔子在衢州的后裔便有了"孔氏南宗"之称。南宋时期，南宗有六代袭封为衍圣公，衢州也成了当时孔氏家室和孔学的活动中心。

[2] 朱熹（1130—1200），徽州婺源（今属江西）人，南宋理学家，儒学家，教育家，朱熹的理论是一种关于社会发展和人间万物的入世的哲学。朱熹是程颢、程颐之后儒学的重要人物。他在"白鹿国学"的基础上建立白鹿洞书院，并修复岳麓书院，他继承二程，又独立发挥，形成自己的理学体系，后人称为程朱理学。

[3] 如位于今江西德安县城的东佳书院，创办于唐龙纪元年（889），比白鹿洞书院至少早半个世纪。

[4] 博洛尼亚大学（意大利语：Università di Bologna；尊称：大学之母，拉丁文：Alma Mater Studiorum，又译波隆纳大学、博罗尼亚大学）是公认的欧洲历史最悠久的大学，坐落于意大利艾米利亚-罗马涅大区的首府博洛尼亚。

南士大夫、江南思想家。江南书院在北宋以后的分布和孔家宗室分布高度相关，也就是说，作为正统的孔家搬到江南衢州后，儒家思想即吸纳了官方主导思想，并与当时皇权结合，逐渐超越地域文化的范围，影响了当时整个江南的文化。南宋以后，中国80%的思想家、政治家出在江南，如黄宗羲、王阳明、戴震等，这或许意味着江南从南宋时起逐渐成为全国的思想文化中心。

区别于中原文化，江南文化具有移民文化的特质。江南地区的儒学、后来的理学，实际上是北方移民所熟悉的中原文化与江南经济社会生活相结合的产物。北方人口也继续源源不断地迁往江南，极大改变了江南地区的人口结构。可以认为移民对江南而言，不仅充实了人口，更带来了大量人才，背后是强劲的中原文化输入。国学大师钱穆对这一移民文化现象有过精彩的描述，大致意思是：唐代安史之乱后，北方战乱频繁，大批中原地区的官员和百姓不得不南渡以自保，东南地区有些城市中原人甚至超过了当地居民。如当时的临安（今杭州）移民中76%来自今天的河南一带，其中绝大多数又来自开封，而且大多是在南宋初年随高宗皇帝迁入。建康府（今南京）一度也是北方移民的聚居之地。浙江嘉兴、湖州、温州、台州等地当年均有来自中原的移民。这样的历史过程使南北文化的交融成为可能。

有别于中原地区崇尚权力的文化传统，以及根深蒂固的"士农工商"等级观念影响，江南地区在移民文化的影响下，逐渐形成"士商工农"的观念。[1]这从此阶段流行的儒商文化中可以得知。余

---

[1] 梁仁志：《"良贾何负闳儒"本义考——明清商人社会地位与士商关系新论》，《湖北大学学报》2018年第4期。

英时先生曾提到明清时期商人角色的独特，他说："商人恰好置身于上层文化和通俗文化的接榫之处，因此从他们的言行中，比较容易看清儒、释、道三教究竟是怎样发生影响的，又发生了什么样的影响。"[1] 移居江南的中原人与江南本土人一起，为安身立命而崇商，催生了江南社会的商业精神，这种商业精神和与具有儒、释、道"三教合一"的移民文化密切相关。关于儒、释、道三教在江南的融合及其对江南经济发展产生的影响，关于带有江南特色的东方文明价值之于世界的普遍性和特殊性，及其对于"一带一路"的价值，将在本书第七章"全球视野下的'一带一路'中国学"中予以专述。

三、江南文化中的运河文化

江南文化的又一重要特征是运河文化。1000多年前1000多公里的大运河，将富庶的长三角地区与国家政治中心有机联系起来，成为极大促进南北文化交融和商业文明发展的交通因素。自北宋之后，大运河沿岸兴起了22座繁华都市，成为当时世界上最富裕的地区，江南成为事实上的中华文化中心。扬州首先在隋炀帝时成为全国的经济、文化中心之一。京杭大运河的开通大大便利了江南与外部世界的沟通，运河文化成为江南文化中对经济发展起重要作用的因素。京杭大运河在唐宋两代继续得以疏浚整修，宋代以后沟通南北物资的运河贸易不断发展并日益兴盛，江南社会亦形成了以运河贸易为重要动因的运河文化。

1. 历史背景

唐代中期以后盛极而衰，于是就开始了中国大移民浪潮，入川、

---

[1] 余英时：《士与中国文化》，上海人民出版社2003年版，第493页。

下两广等各种路线都有。[1] 第三次大移民重点是人口向江南移动，唐到宋之间两百年，中国经济发生翻天覆地的变化。原来的首都全部集中在关中地区，在关中地区很小的范围移动，但是唐代以后，首都都在大运河一条线上，如北京、南京、杭州都在这条线上。不到关中去、要守这条线的很重要原因就是从"安史之乱"中得到了教训。"安史之乱"之所以会发生，其中大运河起到重要作用，使得安禄山控制了漕运，控制了粮食这个命脉。因此，后来历朝历代都知道生命线就是大运河。从对中国经济贡献的角度来讲，大运河远远超过长城。中国经济重心原来在关中，北宋以后，80%在南方特别是在江南。这样，文化、经济中心都到了江南。在其中，大运河作为南北交通的桥梁作用非常重要。但是北宋末年，首都开始南迁，原来政治中心在北边，经济中心在南边，大量物资如粮食、盐、丝绸等必然要通过漕运运到北方，也有物资如皮草等从北方运到南方。原来运河枢纽在扬州，后来黄河把河床变高，在淮安要用水坝来过渡，所以官河设在淮安，淮安成为整个大运河运输的一个枢纽。

2. 徽商与儒商文化

历史上的江南文化在某种程度上来说是运河文化也是儒商文化，其中以徽商文化为典型代表。漕运是把货物运往北方，返程多为空船，商人遂夹带私货贩运，于是有了北边的晋商和南边的徽商。徽商兴起的最关键原因跟徽文化有关。[2] 这里着重讲述徽商，是因为徽

---

[1] 中国古代历史上第一次大规模的人口迁徙浪潮是从东汉末年至魏晋南北朝时期。发生在唐天宝十四年（755）的"安史之乱"造成了中国古代历史上第二次大规模的人口迁徙。中国古代历史上的第三次大规模的人口迁徙是从北宋末年的"靖康之难"至南宋末年。

[2] 此处所讲的"徽"不仅指今天的安徽东北，其所辖行政区域还包括江西和浙江。衢州是整个徽派文化的一个原点。

商的重要性及徽商文化内涵的丰富性，徽商文化将中国传统儒家思想蕴含的价值融会贯通，通过运河贸易展现了具有代表性的传统中华文明。首先，徽州文风极盛，"亦贾亦儒"是其传统，"贾为厚利，儒为名高"，徽商中的盐商进士众多，读书登第是时尚之风。[1] 徽商和文化的结合缘自落第文人在运河沿线或附近弃文经商，他们在经商过程中讲究诚信，有文化教养。其次，徽商"贾而好儒"，提倡风雅，徽商整体素质高，文人辈出。南宋以来伴随北方士族的抵达，徽州还出现"十家之村，不废诵读"的情境。徽州还是朱熹的故乡，儒学深入人心，被称为"东南邹鲁""文献之邦"，奔走四方的徽商也在各地建徽商会馆祭祀朱子，并将其作为思想和行动准则，商人的奸巧形象因徽商而得以改观。[2] 没有运河就没有江南文化，徽派也就不能够变成徽商，徽派之所以能够变成徽商，与此有很大关系。

南方的儒学和后来发展起来的理学均重视社会经济、文化、商业活动的融合发展，强调政府在其中的作用。这种经世致用的价值观念，为江南地区形成儒商文化奠定了基础。这种思想逐渐变成江南商人行为处事的规则和价值追求，仁爱、诚信、崇礼、尚智等观念与商业活动紧密结合，形成了很有中国特色的商业伦理即"儒商文化"。可见，江南文化与生俱来是一种多元融合、与商业文明相结合的文化，这一点与西方思想家认为的基督教伦理与商业精神的结合有所不同，这也是江南主流文化的重要组成部分。江南儒学与中原文化倡导的儒学思想有所不同，最显著的一点就是不排斥商业，

---

[1] 王振忠：《明清徽商与淮扬社会变迁》，生活·读书·新知三联书店 2014 年版，第 139、143 页。

[2] 高榕璠、陈建林编著：《晋商、徽商、温商：中国历史上最成功最伟大的三大商帮》，中国华侨出版社 2013 年版。

甚至还加以提倡、鼓励。随着商业的进一步发展，贾儒相通变得越来越普遍。关中农耕文化很早就对社会阶层做了地位高低贵贱的秩序安排，即士、农、工、商，商位于末位。然而在江南，商人排在第二位，很多读书人一旦落第即去从商。这种贾儒相通局面的形成正是对中国传统尊卑贵贱秩序的更新，即"士、农、工、商"向"士、商、工、农"的转变。商人地位的提升，这对实现中国传统文化的现代转型具有启蒙意义。

儒商文化在一定程度上也塑造出江南人的普遍文化性格。首先，在经商过程中，江南儒商都强调要遵守商业道德。这又包括四个方面，一是强调要"以诚待人"，儒家倡导的"诚笃""诚意""至诚""存诚"观念被商人具体运用到了商业经营活动中；二是注重"恪守信义"，对于儒商来说，讲究商业信誉，既有利于商品销售，同时也易于资本筹集；三是强调"以义为利"，[1] 儒商"轻财重义""轻利重义"，这样的做法实际上也有一种广告效应，但讲究"义"毕竟也对消费者有益；四是谨遵"中庸之道"，儒商认为对待同行、顾客、伙计、雇工等都应该恪守中庸之道，才能保得平安。

其次，在如何对待财富的问题上，江南儒商也形成了自身特有的观念。一般而言，儒商都提倡以勤俭作为积累财富的理性工具，在儒商看来，勤俭是实现富有的理性工具，所谓"非勤俭不能治生""天道酬勤"等格言都反映了他们在这方面的追求。在这里可以比较一下江南儒商的勤俭理性与韦伯《新教伦理与资本主义精神》中的所谓"资本主义精神"。不容怀疑的是，两者都包含了勤俭、诚

---

[1] 高榕播、陈建林编著：《晋商、徽商、温商：中国历史上最成功最伟大的三大商帮》，中国华侨出版社 2013 年版。

实、信用等美德，但是后者更强调的是人的一生为"入世苦行"，因此必须不断地以钱生钱，以赚钱为天职，而江南儒商由于受制于传统社会结构，往往很难将财富完全转化为商业资本，而较多地将资本转化为土地财富，这也阻碍了江南社会的进一步转型发展。

最后，儒商在经商过程中，还逐渐熏陶出一种科学与人文的精神。从科学的角度而言，商业活动的需求直接刺激着科技的发展。比如由于商业经营的实际需要，商人积累起了较强的数学能力和运算技巧，明代程大位的著作《算法统宗》便是商业在数学计算方法的需求刺激下取得的一个典型成果。从人文艺术而言，最典型的个案就是徽剧在明清时代的发展。徽州每逢年节都有演戏风俗，后来徽州富商巨贾都在扬州、南京、苏州、杭州等地蓄养家班，有些徽商有着较高的文化水平，他们往往会自己编剧、谱曲、导演，这些剧目也往往反映着商人的价值观和审美观，并随着徽商的足迹而传播四方。另外，儒商的生活方式，诸如饮食、服饰、园林、建筑等，也为江南文化增添了新的内涵，比如宴席是商人洽谈贸易、广泛交际的重要场合，清代十大菜系中的徽菜、淮扬菜等都与商人有着密切的联系。还有，儒商在外取得成功后，往往将大量钱财输回原籍，建筑园林、别墅、住宅、祠堂、牌楼、书院等，从而又促进了建筑业的发展，诸如徽派、苏派、浙派等不同流派的建筑风格逐渐形成，也成为江南主流文化的重要载体。

3. 纸币与江南商业的发展

运河文化还促成了纸币的流行。北宋以后，中国开始流通纸币。大运河运转以后，货物运输急剧增加，商业繁荣逐渐使得社会流通的硬通货紧缺，这就促使了纸币的出现。

大运河不经过山西，但是运河经过山东等省份，济宁、临清、聊城都在这条线上。而交易往往由走西口的晋商进行，山西的商人和山东运河上的商人在运河边进行交易，然后再通过运河来联系。而到江南运河上面去经商的就是徽商。当硬通货不够时，晋商与徽商之间就有了替代方案，由于两家深谙孔孟之道，讲究信用，当手上硬通货短缺时就写欠条，逐步发展到用纸币来替代。根据经济学常识，纸币的发行和流通需要商业信用为基础，古代没有商业信用制度，儒教在大运河贸易发展起来的过程中就成为商业信用的一个替代品，这就使得中国的纸币在那时是可以流通的。如果经商者都是奸巧之人，就没办法发纸币，从中或可推知儒家学说是纸币产生的思想原因。这就成为江南商业蓬勃发展、江南成为世界最发达地区的又一重要原因。

4. 海上贸易

宋以后，海上贸易开始发展起来，从事海上贸易的两个城市是泉州和宁州（今宁波）。见证当时贸易的兴盛，有一例。武夷山附近有二十八都。所谓二十八都，是一古镇，系当时茶叶贸易中的一站，在衢州和安徽、福建交界处，该镇最大的特点是镇里有100多个姓，中国的村庄发展过程中，70%按照姓氏命名，如刘家庄、李家庄、张家庄等，均按姓氏而来。镇的姓氏如此之多，和经商贸易带来的人口集聚有一定关系。此外，学术界一向对康乾盛世评价很高，康乾盛世在某种程度上是在吃祖宗饭。为什么？海上贸易发展起来后，中国得到一个好处，就是引进很多农产品。在江南，清朝之所以人口激增至超过3亿，和清朝之前海上贸易发达、引进很多国外农作物有关。这些进口农作物，诸如玉米、马铃薯、红薯等，适合种植于中国的土壤。这样，整个江南在农业产出对人口的承载力方面大大加强。此外，花生、番茄之类的农产品也从国外引进，并通过运河贸易传播到中国各地区。这些农产品的输入对中国农业发展起了很大的作用。

5. 运河上的文学艺术与文化

运河的开通和运河贸易的兴盛促进了南北文学艺术的传播和交融，形成了江南饮食、文学、戏曲、艺术等文化特色，并促成其繁盛。这表现在如下几个方面。第一，中国酒文化就是运河文化的一部分。运河沿线川流不息，南来北往，南北交汇之处，即扬州至淮安之间地区产的酒最能引起广泛关注，运河沿线的名酒乃是经过历史和大众的检验而产生，因此其应比茅台酒、五粮液成名早。第二，饮食文化颇具特色。中国历史名菜亦多是在运河沿线经大众检验而得名。中国当今十大菜系中历史较为悠久的京菜、鲁菜、淮扬菜、苏菜等著名菜系均出大运河沿线周边城市和地区。第三，南北戏曲文化多姿多彩。从北向南，天津相声、山东快书、扬州淮剧和黄梅戏、苏州评弹等地方剧种经过运河传播，发展成为全国的著名剧种，大运河对中国文化的传承由此可见。第四，文学艺术的传承创新。运河贸易的繁盛促进了大江南北文学艺术的交流。在运河上来往之人大都为大众平民阶层，在此运河线上流通和传播、供其阅读之书的文体就会趋于白话，在南宋之后经济重心南移的历史进程中，江南文学中描写"市井小民"生活或虚构历史故事的白话小说在运河贸易中应运而生，明清小说很多都是在大运河南北文化交汇之地，即扬州和淮安之间产生。比如四大古典文学名著的作者即生活在运河周围。[1]

---

[1] 元明之交的白话小说《水浒传》作者施耐庵为江苏兴化人；元末明初历史小说《三国演义》作者罗贯中出生于山西太原，后南迁移居苏杭；明代白话小说《西游记》作者吴承恩出生于江苏淮安，后迁居南京；白话小说《红楼梦》的作者曹雪芹生活于南京江宁。以上作者生活地区均为运河沿线城市或附近地区。

由此可见，江南文化的第二个阶段是中国在世界历史上最繁荣的一个时期，它的文学艺术乃至饮食、商业、建筑等，都令人瞩目，非常了不起，值得我们去进行历史、哲学、文学、社会学、经济学方面的研究。江南文化并不与中国文化对立，也不与北京和其他关中文化对立。儒家学说南移，运河上的很多文化在运河上形成碰撞，是中国南北文化，包括燕赵文化、齐鲁文化、江淮文化等各地区文化交流所形成的结晶。所以把这段时期看成整个中华文明传承的一个高峰不足为奇。

综上所述，江南文化作为中华文明发展的新阶段，传承了中华文明的精髓，并根据江南社会特点对中华文明的价值作了创造性转化，实现了中华文明精神的延续和经济的兴盛。江南文化的持续繁荣兴盛是中华文明的自我更新，从而使得中华文明延续数千年传承不衰而充满生机，成为全世界各民族唯一延续下来的文明。正如汤因比所言，中华文明必将在新世纪绽放光芒，给人类发展带来更多的智慧和启迪。

第三章　历史大分流：兼答彭慕兰之问、李约瑟之问

上一章分析了中西文字差异导致的思维逻辑差异，在文化上亦形成各自不同的体系。这一章要从制度安排上来看中西大分流。

首先来谈谈什么是"大分流"。《大分流》是美国加州大学尔湾分校历史学家彭慕兰写的一本关于中西社会经济史的著作，该书比较了18世纪欧洲和东亚的社会经济状况，特别是同一历史时期欧洲的英格兰和中国的江南地区。彭慕兰认为，1800年以前的世界是一个没有经济中心的多元的世界。西方在其中并没有任何明显的、完全为西方自己所独有的"内生性优势"。作为当时中国经济最发达的地区——江南，实际上通过土地的集约经营、劳动力的有效配置和使用、节能技术的应用，以及区域贸易的扩张，已经经历了堪比现代化早期西欧的经济增长，而且18世纪江南地区的经济发展和生活水平可与同时期的西北欧相媲美。既然江南与英格兰的发展初始条件如此接近，为什么近代工业革命发生在英国而不是中国呢？

对此，彭慕兰的回答是资源禀赋的差异。江南尽管经济发达，但缺少煤炭资源；而欧洲是在通过煤炭以及与新大陆的贸易缓解自身的土地和能源压力后，才与非西方世界走上了不同的经济发展道

路，并且只是在 19 世纪工业化充分发展后，才形成了一个占支配地位的西欧中心。这就是彭慕兰对现代西方与非西方走上不同发展道路的历史解释。

除了彭慕兰以外，还有王国斌（Roy Bin Wong）、贡德·弗兰克（Andre Gunder Frank）和杰克·戈德斯通（Jack Goldstone）等学者也对早期现代世界经济史提出了新看法。他们的共识和基本观点是批判"西方中心论""欧洲中心主义"主导下的对非西方社会发展的历史解释，特别是所谓历史上中国经济发展长期停滞的说法，认为 1400—1800 年，欧亚大陆上最发达的几个经济体具有"惊人的相似性"，而"西方"（the West）与"世界其他地区"（the Rest）的"大分流"完全是由于西欧的工业化带来的，这在整个人类历史进程中是较为晚近的一个变化，而且它的发生有着特殊的条件，即主要取决于获取资源的难易程度与方式。这些学者在过去 20 年间相继发表了一系列论著，引起国际学术界的大辩论。由于他们执教机构和学术观点的接近，被学界通称为"加州学派"。而彭慕兰提出的"大分流"，也成为这一学派最具标志性的理论观点。[1]

彭慕兰提出 18 世纪工业革命的阶段出现了中西大分流，这个是显而易见的，不会有异议，问题是对原因的分析。加州学派研究中国的基调是反对"西方中心论"，其中甚至有学者提出，公元后第

---

[1] ［美］彭慕兰：《大分流：欧洲、中国及现代世界经济的发展》，史建云译，江苏人民出版社 2004 年版。有关加州学派的主要著作和观点，参见 Peer Vries："The California School and Beyond：How to Study the Great Divergence ?"，*History Compass*，Vol.8，Issue 7，2010，pp.730—751；［美］戈德斯通：《为什么是欧洲？世界史视角下的西方崛起（1500—1850）》，关永强译，浙江大学出版社 2010 年版。有关学界围绕《大分流》一书的争论综述，参见莱斯利·豪纳：《关于〈大分流〉的争论》，《中国学术》2003 年第 13 辑；何爱国：《众说纷纭"大分流"》，《史学理论研究》2005 年第 3 期。

一个千年的世界中心在中国。他们的分析有些流于表面。把江南作为中国经济发展最高水平的代表与英国进行比较，得出的结论是什么？英国是幸运的，它在近代的崛起得益于有两个偶然事件，也就是戈德斯通说的：一是有煤；二是在海外找到殖民地。洋洋洒洒的分析最后归结的原因是两个偶然事件，就显得有些表面化。英国开采煤矿与中国的最大区别，一是中国的煤矿远离经济中心，运输成本高；而英国的煤矿距离经济中心较近，能够比较廉价地使用煤。二是中国煤矿比较干燥，而英国的煤矿遇到地下水需要抽干的问题，这是发明蒸汽机的需求。另一方面，经济发展、人口增长了，对土地的需求就上升了，所以找到海外殖民地解决了这个矛盾。

而本章要讨论的是中西大分流的社会基因——家庭财产制度在11世纪的分化。18世纪中西发展殊途就是这种社会基因分流的结果。中国一直采取的是均田制，而在11世纪的欧洲，长子继承制从贵族阶层逐步下移到了民间。

均田制问题，实际上是封建社会或者说农耕社会当中的一个生产力和生产关系的制度安排问题。著名历史学者黄仁宇非常留意财产制度之于国家财政制度演变以及国运兴衰的关系，他甚至把均田制当作秦汉（第一帝国）、唐宋（第二帝国）、明清（第三帝国）之间分野的一个重要因素，而且几乎是地理因素之外最重要的一个因素，影响了中国历史发展的走势。

在这一点上，中西的差异在哪里？虽然，中国的皇位继承制度也是长子继承制，但在中国没有典型的贵族制传统。而在欧洲，王权也是不能析分的，但是有贵族制度，在贵族中始终也是传长子的。这种财产制度流传到民间，是它的基因变异。西方宗教中，天主教在欧洲是农民的教会，新教是城里人的教会。所以马克斯·韦伯讲的新教伦理是与这种制度安排有关的。长子继承权是个基因变异，由此导致了中西大分流，这是一个初步推导。但是，我们要进一步追问，从家庭伦理来说，这是一种不合理的制度安排。为什么这种不合理的制度安排可以在当时的历史条件下推广实行？为什么首先是英国在欧洲采取这种财产制度安排而后普及整个欧洲？这个问题还没有讲清楚，要进一步研究下去。[1] 本章共分三节，第一节讲述中国土地制度与王朝盛衰、均田制的历史意义及其对中国当下国情和土地制度改革的深层影响和启示；第二节试析欧洲长子继承制对欧洲面貌发生变革、西方资本主义兴起和发展的决定性影响；第三节比较中西历史上人口迁徙的不同特点及其当代意义。

---

[1] 有关欧洲的情况，参见金彩云：《西方学者对1500—1800年英国家庭财产继承研究的综述》，《史学理论研究》2007年第1期；雷恒军：《论长子继承制在西欧商业城市形成中的作用》，《西安电子科技大学学报》（社会科学版）2007年第5期；满永谦：《中西继承制的比较研究：兼论中国封建社会的长期延续的原因》，《世界历史》1988年第3期；Guy E. Swanson, *Religion and Regime: A Sociological Account of the Reformation*, AnnArbor: University Michigan Press, 1967; Jack Goody, *The Development of the Family and Marriage in Europe*, Cambridge University Press, 1983; Paula Fichtner, *Protestantism and Primogeniture in Early Modern Germany*, New Haven, Conn.: Yale University Press, 1989; G.S.K.Kenny, *The History of the Law of Primogeniture in England and Its Effect upon Landed Property*, Cambridge: Cambridge University Press, 1878; George C.Brodrick, "The Law and Custom of Primogeniture," In *Systems of Land Tenure in Various Countries*, edited by J.W.Probyn. London: Stevens and Haynes, 1881。关于非西方社会的财产继承制度史，参见Jack Goody: *The Oriental, the Ancient and the Primitive: Systems of Marriage and the Family in the Pre-Industrial Societies of Eurasia*, Cambridge University Press, 1990；李卓：《中日财产继承制度比较浅论》，《日本学刊》1999年第5期；赖建诚：《长子继承制阻碍日本战前经济的增长？》，载《经济史的趣味》，浙江大学出版社2011年版；Jack A.Goldstone and Lisa Hoffman, "Family Organization and Economic Innovation in Northwest Europe and Imperial China, c.1780—1900"，载《近世家族与政治比较历史论文集》下册，台湾"中研院"近代史研究所，1992年，第995—1014页。

第一节 土地制度与汉唐盛衰

家庭联产承包责任制,始自1978年安徽凤阳小岗村的"大包干",小岗村因而成为引发中国变革的发轫之地。1982年,中国共产党历史上第一个关于农村工作的文件正式出台,明确包产到户、包干到户的社会主义集体经济性质。1998年修订通过《土地管理法》以及《关于农业和农村工作若干重大问题的决定》,确定了土地承包期延长30年不变的政策。家庭联产承包责任制使得农民享有土地使用权,除上缴一小部分税金给集体和国家外,全部归农户,因此激发了农民生产的积极性,解放了农村生产力,促进了农村经济和农业的飞速发展。

从较长时段的角度来考虑,最好从历史现象的分析入手。今天的家庭承包制实际上类似隋唐时期的均田制。公元582年,隋文帝杨坚颁布均田令,唐朝时为了扩大税源、稳固国家政权、维护社会秩序稳定,进一步发展了均田制,该制度的施行使得国家赋税收入增加,生产力得以发展。唐中叶以后,土地兼并盛行,唐德宗李适建中元年,两税法颁布,均田制瓦解。那么均田制在历史上起到哪些积极作用?造成了当代中国怎样的基本国情?对中国当前探索土地财产制度改革有哪些启示意义?这正是本节尝试分析的问题。

一、均田制在历史上促进封建政权稳固

中国土地制度的最初形态是"井田制",最早出现在商代而成熟

于周代。其实质是一种以国有为名的贵族土地所有制。由于周朝是由众多农业小国组成的王朝，周王室只是800余个附庸国的名义宗主。为了巩固政权，周王室采取了把王室亲属、商朝后裔、各部落首领分封到各诸侯国的办法，从而把宗亲势力遍布到全国，形成了以"井田制"为基础的稳定统治。

在井田制下，所有土地均归国家所有，其实质是一种国王名义下的公有制。贵族对土地只有使用权，没有所有权，受封者要向国王承担交纳贡赋的义务。由于土地不能转让与买卖，只能由同姓依照嫡庶的宗法关系继承、世代享用，因此"井田制"在周朝不仅是诸侯百官的俸禄等级单位，也是控制庶民的计算单位，是整个封建王朝政权稳定的基础。

春秋时期，铁器和牛耕的推广，极大地提高了农业生产的效率。随着个体所能耕种面积的不断提升，井田制下的"千耦其耕""十千维耦"的集体劳动形式逐渐过时，以户为单位的封建经济形式开始兴起。由于井田制下土地不能流转，限制了封建领主们扩充实力，拥有土地和奴隶的贵族们就不断私下开垦"私地"、侵占"公地"，导致"井田制"逐渐解体，周天子因此失去对贵族们的经济控制，周朝随之而亡。

秦汉时期的土地制度，国内争议颇多，至今未有定论。但公元220年汉朝灭亡以后，士绅阶级兴起，土地庄园化成为潮流却是不争的事实。但这种以士绅为主体的土地庄园制度，逐步发展成为地方自治的割据形态，对中央集权形成威胁，因而成为历代中央王朝极力限制的对象。

魏晋南北朝时期，北魏拓跋氏政权由游牧民族建立，较少受中原汉人缙绅家族和少数民族世袭王公的影响，因而能够推行经由州县官的直接征收所有赋税的法令，从而有效地限制地方权力的发展。公元458年，北魏孝文帝颁布均田令，实行了耕地国有、有限买卖的均田制度，一举扭转了东汉末年以来形成的地方分权的趋势，为大一统帝国的建立打下了土地制度基础。此后，均田令的基本原则为隋唐袭用，成为基本的社会经济制度。可以说均田令极大地提升了中央王朝的权威，是唐朝出现盛世的重要原因。

均田制除了有利于巩固中央集权外，更为重要的是使中国人第一次在国家管理中采取了数字化精确管理，从而突破了象形文字民族长于表意思维的局限，有效地提升了国家治理的水平。所以，黄仁宇说，均田制是区分第一帝国（秦汉）和第二帝国（唐宋）的最重要标准之一。

唐代盛极而衰的标志是安史之乱，这是史学界的共识，但这只是表面现象。安史之乱，从交战双方的地理分布来看是北京人打西安人，为什么两边能够打得起来？因为彼时已经有大运河，经济重心逐渐向东向南转移，而以关陇地区为核心的北方在均田制下所生产出来的粮食已经不够供给，唐朝到极盛时已经出现了上百万人口的城市，如长安、洛阳，大量西亚商人来此经商定居，而粮食需要从南方通过漕运、陆运到都城，而这些周转环节就掌握在安禄山和史思明等节度使手中。手上有粮，就有了反抗朝廷的本钱。安史之乱不仅是一个政治事件，它的发生背后有更深层的物质和制度原因。由此可知，天宝年间发生了三件大事，安史之乱是最后一件事情，在此之前发生的两件事情却被大家所忽略：其一是均田制及其崩坏，其二是黄河泛滥。均田制和治黄是造成汉唐盛世的原因，而均田制的崩坏和黄河频繁泛滥，是唐盛极而衰的内因。

按照黄仁宇的观点，均田制是影响中国历史发展走势的关键因素，均田制既是中国古代社会稳定的经济基础，也是中国社会发展演变的动力。[1]

二、均田制是造成中国人多地少国情的深层原因

均田制简言之，就是男丁 15 岁可拥有 40 亩田、20 亩林，妇人减半为 20 亩。按照当时的农业技术水平，一个男丁无力耕种 60 亩地。[2] 因此，一方面必须增加劳动力；另一方面需要提高农业技术。

增加劳动力供给的发展模式还有很强的路径依赖性。中国历代王朝为了维护统治，都对人口的自由流动进行限制，这导致乡村成为传统封建帝国基层稳固的单元。在乡村这样资源有限的封闭空间里，以家庭为核算单位的农民，必须通过壮大有房族的势力才能确保获取资源的优势，并以此来解决自身的养老问题。人数越多，就越能有效控制水和土地等资源，单位农地就能获得更多的产出，也就有更多的余粮繁衍下一代，上一代的养老也就更有保障。而人丁凋零的有房族往往会在这种人口的规模竞争中失去分配资源的话语权，从而加速败落。

但是，这种规模竞争模式的负面效应在于，受地理环境的限制，中国历代王朝的扩张范围总是局限在相对有限空间内，可供扩张的耕地总量是有限的，按照均田制的分配模式，随着人口的不断增加，发展到最后就是今天中国的国情——人多地少。所以，今天中国人

---

1 具体细节参见黄仁宇：《中国大历史》，生活·读书·新知三联书店 1997 年版；倪端编著：《历史的主角：黄仁宇的大历史观》，新世界出版社 2012 年版。
2 根据王战教授对知青插队生活的回忆，他对个人的亲身经历这样描述："我在农村干过活，一天时间插秧最多也只能插 1 亩地，60 亩地就得插秧 60 天，等后面的插完了，前面的水稻都开始扬花了，因此人均 60 亩地，仅凭个人的力量无法有效管理。"

多地少的国情有其背后的制度原因。13亿多的人口规模、"多子多福"的社会文化，都和均分土地的财产分配制度安排有关。[1]

天宝年间，关中地区人口激增，15岁以上男丁无法得到足额的土地，均田制难以维继而崩坏，被迫不断从南方漕运粮食进京，安禄山等节度使由于掌握了漕运通道，实力不断膨胀，为安史之乱埋下伏笔。均田制崩坏的另一个结果是造成了中国历史上的第二次大移民。唐政权的根基在关中地区，人口也大多集中于此，安史之乱导致大量人口迁出关中地区，致使中央王朝的劳动力严重不足，不得不增加税收以维持中央财政，从而激起唐朝中后期农民起义的高潮。唐朝统治基础受到重创和摧打，为藩镇割据创造了必要条件。这场历时一个多世纪的大移民一直持续到北宋初年。由此可见，中国王朝的兴衰自有其背后的制度性、结构性原因。

气候变化是均田制崩坏的另一个原因。现代气候学对河湖海冰冻现象的研究表明，8世纪中叶至10世纪初是中晚唐五代寒冷期，这个时期秋季冷空气提前南进，春季则推迟离开，气候带要比现代向南推进一个纬度，使唐代北方农牧交界线向南推移，今天晋北、陕北由农业区转变为畜牧区，内蒙古中部则完全成为游牧区，北方游牧民族入侵长安的概率大大提升，严重威胁了唐朝政权的稳定。同时北方相对冷湿的气候，增加了黄河流域的降水量，导致黄河泛

---

[1] 由于历史上中国人口是与赋税挂钩，隐匿人口成为历代统治者面临的棘手问题，加上战争和天灾导致的人口频繁变动，中国人口统计的历史数据存在缺陷。一般认为，到康熙五十一年"摊丁入亩"和"滋生人丁，永不加赋"的政策实行后，人口统计数据才逐步接近实际，加上清代引进番薯等物质条件的改善，促进人口繁衍，使人口较历朝历代有显著增加。清末民初，对于中国人口的通行统计数字是"四万万"，即4亿人，也就是说，从4亿人到今天的13.6亿人，新增的9亿人口是在近100年的时间内形成的。

滥加剧，水土流失加重，严重破坏了农业生态。据统计，唐代 7 世纪黄河河溢 6 次，8 世纪为 19 次，9 世纪为 13 次，致使中央王朝不得不投入大量的资源治理水患，国力因此严重耗竭。

均田制的崩坏和黄河泛滥问题，是唐代盛极而衰的内因，而作为节度使的安禄山控制了漕运，乘虚作乱，则严重毁损了唐朝中央集权的统治根基，藩镇制度之弊是唐朝衰败的外因。

三、探索当代土地财产制度改革的历史前提

回顾历史是为了温故知新、鉴古知今，今天中国改革开放时期的农村土地家庭承包制类似于历史上的"均田制"。作为改革开放 30 年的第一个突破口，农村土地家庭承包制明确了 30 年不变的政治承诺，给农民吃了定心丸，有力地促进了农业发展，这是好事。但是中国农村人均耕地仅 2.38 亩，根本不足以维持生计，光说 30 年不变行不行？这是问题一。第二个问题是家庭承包制不变的前提在当前形势下是否还能够满足？

我们需要从历史来反观今天的问题。在季风盛行的中国，水利对中国发展是十分重要的。今天中国要搞土地财产制度改革，必须以土地存量与人口增长的矛盾以及水利工程的兴废为讨论的前提。例如，2003 年的河北清河县有一个独特的现象，中国羊绒 60% 的粗加工、全世界羊绒 40% 的粗加工在清河县，这个县还设置了一个全中国独一无二的部门——羊绒局。羊绒局下面有几十个专业人员，称为"羊眼"。"羊眼"熟知全球的羊毛制品，任何羊绒只要看一看、捏一捏，就能报出产地、品质、含量等，十分专业。如果按照西方工业革命的历史逻辑，这里应该发生城市化。但事实上没有，这里的羊绒粗加工仍然是在 200 多个村庄中进行加工的。深究即可知，

关键原因是该县的宅基地问题。1982年宪法中笼统地规定农村土地为集体所有。宪法是大法，讲的是原则，没有具体讲农村土地是耕地、自留地、农村建设用地还是宅基地，只是笼统地规定农村土地集体所有。宪法之下的土地法规规定，祖传宅基地中房子归个人所有，土地为集体所有。这条法规造成的影响非常大。农民哪怕是在城市里找到了非农业工作，主观上愿意进城，但一旦离开就失去了宅基地，这在客观上造成了农民不愿进城。某人的宅基地折算成钱，拿了钱便可以走人。所以需要相应的、合理的农村制度安排。当然城市还有城市的问题，这将放到第六章展开。

讲这个案例，是为了说明对当代中国问题的判断，历史知识积累是十分重要的。中国经济今后的走向和发展，需要这方面的知识。

第二节　长子继承制与工业革命

如果说均田制和诸子析产制限制了中国农业的原始积累，进而阻碍了江南地区的工业革命，那么欧洲为什么能走上工业革命的道路呢？本节我们来讨论一下长子继承权制度在其中发挥的作用。

一、欧洲长子继承权制度

"农业革命、原始工业化、城镇发展、人口行为转型以及消费变迁"被认为是导致18世纪英国与中国走上不同发展道路的五大变化。[1]但这五大变化背后的因素是什么，东西方土地制度的差异

---

[1] 黄宗智：《发展还是内卷？十八世纪英国与中国——评彭慕兰〈大分岔：欧洲、中国及现代世界经济的发展〉》，《历史研究》2002年第4期。

及与之相关的欧洲长子继承制，或许是促成这些变化的深层次制度因素。[1]

1. 欧洲长子继承权制度的主要内容

与中国没有世袭制不同，欧洲的贵族世袭制长期存在，并以爵号（位）延续。[2] 欧洲曾有四种家庭财产继承制度，长子继承制主要局限在贵族。[3] 爵号世袭决定了财产必须由长子继承，唯此才能保证财产的集中和家族势力的延续。[4] 如果不是长子继承而是诸子析产的话，那么贵族爵位名下的财产会越来越少，爵位制度就会崩溃。[5] 11 世纪以后，长子继承制由贵族阶层扩展到农民阶层，不仅领主封土的继承基本采用长子继承制度，农奴份地的继承也大多采用长子继承制度，长子继承权制度变成了社会主干的继承

---

[1] 公元 10 世纪之前，东西方都不约而同地实行了均田制，但社会结构形态的差异和政权组织模式的不同，造成了东西方不同的土地制度演变历程，并直接影响到城市功能形态的差异及其之后的工业革命，欧洲的长子继承权制度在其中扮演了重要的角色。

[2] 中国隋唐兴科举，破除门阀制度以后，除了皇帝之外，已经没有世袭制了。

[3] 长子继承制之外，整体继承制在英格兰主要还有以下两种形式：幼子继承制和折子继承制。这三种继承方式，都排除继承人之外的其他子女对土地财产的进一步要求，与领主庄园制下保持土地完整性的要求相符合。长子继承制在中世纪中期的英国最为常见，梅因的《古代法》、穆勒的《政治经济学原理》、安德烈·比尔基埃等的《家庭史》、波斯纳的《法律的经济分析》等著作中均论及了英国长子继承制形成的原因。古德的《家庭与继承》、黑尔的《英国习惯法史》、马克斯·维贝尔的《世界经济通史》、L. 劳森和 A. 拉登的《财产法》等著作中也都详略不等地叙述了英国长子继承问题。

[4] Judith M. Bennett and Sandy Bardsley, *Medieval Europe: A Short History*, Oxford University Press, 2020.

[5] 贵族家庭的地位、荣誉及大家族的延续都依赖于长子制。一旦搞析产，"贵族便要消失"，这种教训是很多的。威尔士因"分配继承造成了地产的分析，贵族遭到破坏"。彼得大帝时，由于析产继承使莫斯科的五个大贵族家庭在第三、第四代已处于农奴般水平（详见 R. Pipes, *Russia under the Old Regime*, London, 1974, p.176）。为了保证大家庭的繁荣昌盛，威尔士在 16 世纪后期逐渐推广长子制。泽西岛的居民 1717 年向国王上书，要求获得限定继承的公开权利。彼得大帝也于 1714 年颁布"一子继承法"，严令地产只传给一个儿子。

制度。[1]

资本主义制度确立后，英国仍长期推行这种继承制度，如1833年的继承制度还规定不动产实行长子继承制度（一般由长子或幼子继承），1925年，才正式废除了长子继承制。[2]

2. 继承权差异对东西方大分流的影响

11世纪欧洲确立长子继承制，是欧洲历史上的重大事件，影响了近代资本主义经济的产生和发展，决定了未来欧洲的崛起：一是它保证了大地产在农村经济中的主导地位。英国在15世纪之后出现的租地农场就是封建大地产转化的结果。二是保证了土地以基本固定而非流动的形式代代相传，有利于封建财富（贵族家庭财富）的积累，在资本主义生产关系到来之际，可以迅速转化为资本。[3] 长子继承制促使次子、幼子们离开家庭和土地，进入社会的各个领域，促进了社会的积极流动和工商业的充分发展。M.黑尔在《英国习惯法史》一书中指出："长子继承土地的习惯，使次子、幼子们不致游手好闲，因为他们不得不通过服役、做学问、经商及其他途径，从事有意义的社会工作来谋取自己的面包。他们为了升级自己所做的一切对国家社会是有益的。"[4]

1　13世纪以前，中西均是析产制，且多是均分继承。进入14世纪则发展为限定继承，尤其是向长子制的方向发展。这方面最早法律形式的规定是查理四世1356年颁布的《黄金诏书》，规定"长子应为彼地之继承人，……一切统治权与领地均属彼一人"。诏书颁布后，在当时神圣罗马帝国的广大疆域内，不仅选帝候家庭，即便是在一般诸侯贵族家庭中长子制也很快得到贯彻，并且有蔓延到中产家庭的趋势（参见 J.Goody, *Family and Inheritance*, London, Cambridge, 1978）。
2　佟柔：《继承法学》，法律出版社1986年版，第30页。
3　封建大地产是圈地运动的前提，而圈地运动是英国封建土地制度向近代资本主义土地关系过渡的重要环节，为工业发展创造了原始资本和大量自由劳动力。
4　满永谦：《中西继承制的比较研究：兼论中国封建社会的长期延续的原因》，《世界历史》1988年第3期。

长子继承制对社会发展有着决定性影响。在研究中还有一个反证需要具体分析,就是东亚文化圈的日本采取的也是长子继承制。但是为什么这种长子继承并没有对经济发展起到同西方同样的作用?据研究,自江户时代起,日本人就可以自由迁徙和转业,使人口可以在农工部门、乡村与城市间流动。但是由于父权制下的长子继承制("长子继承、诸子自由")的文化习俗,农村的长子出于道德义务不得不留在农业部门,不能自由转入城市与工业部门,导致农业部门的资源低效和资本累积不足。日本农业部门的就业人口从1885年明治维新到1937年基本维持在1 400万人左右,农业部门增长近乎停滞。原因即在于日本人地比例结构与欧洲迥然不同,人多地少问题突出,长子继承制下的农业积累与农村劳动生产率的提高,不足以支撑工业化与城市化,加上日本自身资源条件缺乏,而与工业革命失之交臂。这种情形一直长期存在,从而导致在日本军国主义主导下,通过持续不断发动对外侵略战争,输出剩余劳动力、掠夺资源、抢占市场,来缓解国内的人地发展的矛盾。但由于屡战屡败,并没有像200年前英国那样建立起殖民帝国体系。即便到1947年日本颁布新民法,将农村土地继承制度由单子继承改由诸子继承,长子依法只能继承最多一半的土地,并伴随"二战"后美国支持下的工业复兴,农业部门的就业人口才出现大幅度下滑,到2000年仅剩余230万人左右。[1] 即便到现在,虽然日本农业生产效率和农业部门产值有了大幅提升,但日本农业仍然受保护,并享受大量农业补贴。

---

[1] Fumio Hayashi and Edward Prescott,"The Depressing Effect of Agricultural Institutions on the Prewar Japanese Economy," *Journal of Political Economy*, 116 (4),(August)2008, pp.573—632.

3. 东西方继承权制度差异的成因分析

析产制和长子制是东西方不同的历史选择,作为西欧封建制度重要内容之一,长子继承制度的确立经历了一个很长的历史时期,是传统习俗和行政权力两种力量相互较量的结果,国家的政治考虑最终占据上风——"长子制起源于政治需要"。梅因在《古代法》、孟德斯鸠在《论法的情神》、黑格尔在《法哲学原理》中都一再强调了这一观点。

一是长子继承制是维护欧洲封建统治的基石。欧洲封建国家机器,是一种以土地占有权和人身依附关系为基础的社会制度,是按金字塔般分封形式建立起来的,国王是最高领主。各个等级的封臣既是国家政治统治的基石,又是支撑王权的支柱,即所谓的"没有贵族,便没有国王",而维系这一关系的是"封土制"。所谓"封土制"是封臣以领地的形式从领主手中获得土地,因此向领主效忠并履行一定的义务的制度。封土制并不是纯粹的地产分配及占有关系,"封主之所以封赐土地给封臣,是以他为封主服军役义务为条件、为前提"。封土原则上可以多人世袭继承,但是,"如果封土在几个继承人之间分割,则定会影响军役义务的实现。所以,封土不宜分割",长子继承制应运而生。[1]

二是诸子析产制无法形成抵御外敌入侵的实力。长子继承还有一个习惯确立的过程,外敌的入侵促成了这一制度的确立。8世纪末9世纪初,在经历一系列激烈的土地变革之后,封建土地所有制在欧洲占据了统治地位,但早期的许多部落习俗仍然被承袭,众子均分财产就是其中之一。对财产的争夺严重损耗了王权的力量,使

---

[1] 马克垚:《西欧封建经济形态研究》,人民出版社2001年版,第110页。

得封建领主无力对抗诺曼人、阿拉伯人和匈牙利人的进攻,只能躲进城堡,割地签约。唯有长子继承可以避免封建主手中的地产,因为众子均分而越来越小,有助于维护国家和王权秩序、减少纷争、抵御外敌。

三是中国实行诸子均分制也同样是国家出于政治需要。中国历代的统治者都把富国强兵、国泰民安的希望寄托小农社会的稳定昌盛上,"抑豪强、惠下穷"始终是历朝历代的基本国策。之所以如此,首先,秦汉以后中国实行的是帝国统治,而非层层分封的封建制。为了确保皇权的统一,必须打击一切可能对皇权构成威胁的力量,从汉景帝拆分大封国、宋太祖的杯酒释兵权,到清朝取消皇族的封地,所有的政策目标都是防止地方势力膨胀的可能性,而拆分其财产是最佳的途径。其次,为了保障国家的兵源和税收,按户抽丁、分家赋税是历代通例。小农多则丁夫众,户口多则抽税重,所以,商鞅变法首先规定"令家二男必分居,否则倍其赋"。再次,该制度是防止流民的需要。古代的技术无法做到数量化的精确管理,而把人口固定在土地上,则有利于提高国家治理的效率。防止流民不仅是维稳的需要,更是国家发展经济和社会治理的需要,因此必须通过均分财产,使其能够通过土地维持生存。

四是欧洲长子继承制度的目的在于确保地产的继承者,继续向封主尽服军役的义务。随着封建制的衰落,封臣对封主服军役的义务逐渐为交纳赋税所取代,"长子继承制"也逐渐为"析产继承制"所取代。[1]

---

1 Mcevoy J.Thom, "Private Property Rights: A Look at History and Future," *Fruit Notes*, 2001(66), pp.40—42.

二、欧洲发展中的"次子行为"

为什么说长子继承制是欧洲从公元 11 世纪以后所有重大历史现象的基因？从十字军东征、海外殖民、文艺复兴、新教革命、启蒙运动到工业革命，长子继承制促使了中世纪欧洲城市的兴起。如果说希腊城邦的兴起代表着西方第一次文明兴起的话，那么西方中世纪欧洲城市的兴起就代表着西方第二次文明的兴起。为什么欧洲城市的兴起集中在这段时间？或许，这是所有欧洲次子们的行为。

1. 欧洲城市是游离于封建体系的"次子"

讲到欧洲城市，必须要分析工业革命前，欧洲的乡村和城市的形态。前面说过，欧洲的城市是次子们的集中地，在工业革命前，这些城市的发展水平远远落后于同时代的欧洲庄园，更无法与东方中国的江南城镇相比。比如，《马可·波罗游记》中就记载当时江南的繁荣，并比较了中西城市的差异，从中可以看到工业革命前的欧洲城市，远非今天的城市。之所以如此，在于当时欧洲独特的社会政治结构、经济结构，造成了欧洲城市形成了游离于封建庄园体系之外的发展模式。

一是，中世纪欧洲封建农场主掌握了绝大多数土地。封建主义是中世纪的显著特色，这种封建主义既是一种经济结构，也是一种社会组织形式。与古代中国极力遏制土地兼并不同，中世纪的欧洲是以大农场、大庄园为主的形态。根据 C. H. 托内对 16 世纪 118 个庄园农民的分类统计，其中有小块土地的自耕农只占农民的 19.5%，而各类租地农和雇农要占 80%。这说明农场主掌握了全国绝大部分土地。

二是，次子们形成了充裕的劳动力卖方市场。长子继承制一方面保证了封建领主的政治领导权；另一方面，也使大量的次子游离于土地之外，形成了巨大的流动人口，这导致了两种现象：欧洲的农具革命和城市兴起。长子继承制导致从事农业的人口减少，迫使长子们寻求人力以外的技术和力量，这间接促成了欧洲的农具革命，越是高纬度的地区，这种现象越明显。[1] 次子离开土地后，在庄园附近的城镇集聚起来，由于不能从事农业，次子们形成了巨大的卖方劳动力供应，并发展出了十分发达的手工业，促成了欧洲城市的形成。

2．"次子"们推动了西方契约价值体系的形成

一是促进了专业化分工的形成。因为次子们未来不会从事农业，所以从小就要关注他今后到城市里靠什么养活自己。所以父亲对于次子们的补偿制度体现在家长对他们的因材施教上。与孔子教导的"有教无类、因材施教"不同，欧洲是制度决定的。

二是谋生本能促使专业分工和科技创新发展。留在城市的次子为了生存，发展出各种技能。欧洲的教育和科技发展追根溯源都是次子们讨生活的行为，因此造就了欧洲在中世纪以后在历史文化上的崛起。因为是为了谋生挣钱，有生死存亡的利害关系，所以注重知识产权，这促成了今天的知识产权保护制度。

三是促进了平等的民主精神。长子继承权制度肯定是不公平的，大量的次子涌入城市，必然要建立一个不同的秩序和制度，追求自由、平等和博爱是所有次子们的共识，这就是欧洲政治制度起源的历史基因。

---

[1] 欧洲18世纪的工业革命，可以溯源至13世纪的农具革命，在这期间，欧洲的农业劳动生产率超过了中国。

四是促成了欧洲海外扩张的冒险精神。长子继承制对西方价值观的影响也显而易见。无继承权的子女们外出谋生，不仅客观上形成了一种方便农村剩余劳动力转移的机制，而且也是一种延续家庭血脉的有利方法。与中国"父母在不远游"的儒家思想完全不同，欧洲次子们离开了赖以生存的土地后，除了集中到城市中依靠手艺和技能生存外，还有大量的普通人只能从事出卖体力的简单劳动，因此改变生存境地的愿望十分强烈，轻易就能被宗教战争和拓殖运动的口号所调动，[1]这就可以解释为什么"十字军东征"能够持续数个世纪，其中不仅仅是因为宗教力量的感召，还有深层次的经济因素和社会背景。为了生存离家谋生、夺取土地，在次子们看来是天经地义的事，也是被社会鼓励的举动，这与中国人因为均田制造成的守成思想完全不一样。

第三节　人口迁徙与文明进步

市场经济对应的社会形态一定是移民社会。当下中国社会有2.6亿农民工进城，这是史无前例的大移民。国家治理如何把握这么大的移民事件，这是一个很大的课题。因此研究人口迁徙的背后，是研究如何治理社会。

人类文明是从非洲走出来的。从树林走到平原，从热带走向温带、亚热带，一条是沿着地中海；另一条是从中亚，再到黄河。其中有两种迁徙模式，一种是主动的迁徙；另一种是被动的迁徙，而

---

[1] 任健：《浅析中世纪欧洲长子继承制度对新大陆发现的影响》，《智富时代》2019年第5期。

大部分是被动的迁徙。迁徙的原因大致有三。一是生存需要。一个地方的气候变化、人口增加等导致粮食短缺,构成出走的原因。二是生产方式的变化,如游牧这种生产方式决定了要迁徙,但是如果没有其他外力因素的话,就是固定路线的迁徙。当然,自然灾害也会带来被动迁徙。比如北方的白灾,冬天牛羊冻死后,北方民族就会往南方打猎。三是宗教之间、宗教内部都有冲突。宗教冲突,这是主被动因素皆有的一种迁徙。四是战争,这在东方比较多。中国5 000多年历史,大小战争6 000多次,打到最后,部落越来越少,结果就是统一的局面。被动的迁徙和主动的迁徙有时不能完全分开。

一、中国的人口迁徙问题:被动迁徙与内卷化发展

中国是一个农民以土地为生的农耕社会,因此中国的人口迁徙主要是出于人口压力、生存需要、灾害影响、生产方式、政治因素等原因的被动迁徙,而宗教冲突的因素极少。

一是战乱影响。中国人口迁徙的主要方式是被动迁徙。被动迁徙的一大因素是战争:战争一打,民不聊生而逃难。中国历史上战争推动的人口迁徙主要有三次,分别是西晋的永嘉之乱、唐中后期的安史之乱、北宋靖康之乱。这三次都是大的战争引起了上百万人的迁徙。唐以前经济中心在北方,安史之乱后经济中心南迁。表象上讲战争是造成移民的直接因素,但实际上与均田制有关。前面谈到天宝年间同时发生的另外两件事——均田制的崩坏和黄河再次泛滥,这两个更深层的原因造成了唐朝在中原地区经济的衰落,从而推动了经济中心的南移。

二是生存需要。战争毕竟是突发性、非常态因素,从历史的长期发展来看,最大的因素还是人口压力:耕地少到养不活人,人口

被迫迁徙。因此，中国历史上的人口迁徙路径无非三条。第一条是往黄河中下游走，人口满负荷后则南下至江南，或北上闯关东。第二条是过秦巴山入四川。第三条是经四川，入云贵，下两广，再下南洋。这三条路径都与中国发展种植业、养殖业有重大关系，人口的迁徙带来迁徙地人口的增长和农业、手工商业的发展。从地理环境上看，中国周边都是大屏障：西伯利亚、外兴安岭、蒙古草原、帕米尔高原、喜马拉雅山、南部的森林地带、海岸线。黄宗智曾经提到中国的"内卷化"问题，如果从人口迁徙的角度来理解，所谓的内卷化实际上就是人口在自然界限中迁徙，以及在这个有限空间内的人口增长。用加州学派的理论来说，就是"斯密型增长"，[1]即中国面临着人口增加和由土地、资源约束导致的马尔萨斯压力。

三是耕作技术决定了迁移方向。秦国统一六国之后，人口开始东移，至唐代时稳定在中原。为什么农耕人口会集中到中原？因为五六千年前黄河流域的气候条件与今天的江南相似，更加湿润。另一点与生产工具有关，农具主要是木制的，因此对土壤的要求较高。关中的黄土是世界上颗粒最细腻的土壤，结构又十分酥松，适合用木制农具进行耕作。

二、欧洲人口迁徙的启示：主动迁徙与创新发展

再看欧洲，长子继承制造成了人口迁徙是主动迁徙。十字军东征打了 200 多年，陆上不通，就走海路，从而导致了美洲大陆的发现。新大陆移民的制度安排是怎样的？美国的西部开发政策，用从

---

[1] 关永强、张东刚：《"斯密型增长"——基于近代中国乡村工业的再评析》，《历史研究》2017 年第 6 期。

原著民手中夺来的土地，分给愿意开发西部的农民，这种激励机制与中国的土改政策类似。这是美国的原始积累。如果美国当时也采用均田制，最后必然是人多地少的结果。然而美国的发展路径是维持地多人少的土地规模经营，正因此而促进了农具的发展。因此，今天美国的农业水平仍是世界顶尖。土地规模经营要溯源就是西部开发政策，再溯源还要从欧洲的长子继承权的基因突变说起。中国的情况是土地不断在细分，最后就是今天人多地少的国情。所以西方人口的主动迁徙和中国人口的被动迁徙，实际上背后是长子继承权和均田制之差别的原因。

欧洲长子继承权这种表面看来不合理的制度，却保持了土地的规模经营，从而导致了中西的大分流。李约瑟之谜或许可以从中得到解答。李约瑟曾发问："尽管中国古代对人类科技发展做出了很多重要贡献，但为什么科学和工业革命没有在近代的中国发生？"[1] 或许答案就与欧洲的长子继承权有关，次子在城市里讨生活当然推动了工业的发明。为生计所迫必须做的东西，与中国为了讨皇帝欢心而做东西，是完全不同的两种生产路径。

三、研究人口迁徙的当代意义

以上是关于人口迁徙及其背后的历史制度因素的初步设想，还有待进一步结合文献史料加以分析论证。研究人口迁徙的历史有什么现实意义？第一，这项研究使我们更清楚地理解社会主义市场经济是建立在移民社会基础上的，对我们在面对史无前例的移民潮进行制度安排时将有所启示。第二，能不能找到类似于西方长子继承

---

1 [英] 李约瑟：《中国科学技术史》，张卜天译，商务印书馆 2018 年版，第 176 页。

权这样的推动社会前进的反作用力？中国的替代办法是对职业教育、特别是农民职业教育进行更好的制度安排。

谈到人口压力所造成的人口迁徙时，历史上中国的整个增长极限从地理上来说还可以不断去找，但是今天中国的情况不一样。人均土地 2 亩左右，在人均收入较低时，可以显著提高，但在收入增长发生极限时，农民开始迁徙，即进城务工。中国 30 年有 2 亿多农民到城里谋生路，这是土地不能形成规模经营情况下的自然选择。在中国农村是劣币驱逐良币，越来越多的青壮年劳动力奔赴城里谋生，留下的绝大部分是妇女、儿童、老人。而欧美土地规模经营下的农民懂得农业机械操作、良种、期货等，在技能方面超过普通工人。中国在制度安排上如何体现农业是基础？学习历史的用处正在于此。从中西历史比较中，就可以知道中国的农业问题在哪里。

这里以建立家庭农场制度的松江农场经验为例予以说明。松江农场经验和历史有什么关系？当然存在必然关系。前面已分析，历史上均田制的崩坏是因为其内生的不可调和的矛盾——其后果一定是人多地少。而今天中国的家庭承包制实际上就是在既有的人多地少的基础上去推行均田制。现在农村是人均承包 2.38 亩耕地，哪怕能亩产 1 000 斤粮食，扣除农药、化肥等成本，他能赚多少钱？就算一亩赚 1 000 元，2 亩地 2 000 元。2 000 元无法养活一个农民，这也就解释了为什么中国的家庭承包制成功了，但是农村的青壮年仍然基本都背井离乡进城打工。因为他们不能从农业生产中、从家庭承包制上得到体面的收入。当然，农民中可以有外出打工者，但农村要留足 10%～20% 的青壮劳动力。那么怎么来解决这个问题呢？

家庭农场就是一个办法。上海松江区农村与中国广大农村一样，问题在于如何使青壮年回流而且愿意留在农村，把农场工作视为体面的工作。这在欧美国家不成问题，在中国却需要一个过程。因此，松江的家庭农场，第一就是保证家庭农场有足够的盈利，才能留住农民。也就是说，至少需有100亩的农场才可以做到足够盈利。第二就是设立培养农民的免费职业技术学校。从2003年至2011年，松江的家庭农场已经试点七年，现在已不止这个规模，收入来源也实现了多元化，包括种植有机蔬菜、开发农家乐等。松江现在已经出现愿意扎根的农二代，这个对中国是大好事。松江经验也成为在全国逐渐推广的农业发展模式。

第四章　康氏长周期律：兼答康德拉季耶夫之问

　　第二章讲的是中西逻辑思维上的分歧，第三章讲的是社会基因上的一种分岔，本章要讲的就是中西经济形态的分流。自人类历史伴随工业革命进入资本主义社会以来，增长与萧条、创新与泡沫、战争与革命等现象周期性交织在一起，经济、政治等理论界的学者开创并发展出"长周期"理论。长周期理论最早由苏联学者康德拉季耶夫提出，所以习惯上称为康氏长周期，但该理论后来经不同领域学者的不断发展完善。长周期理论不仅可以系统解释过去250年来全球科技创新、经济发展、政治周期、国际冲突、理论演进等一系列看似不相关的事情，也对未来全球格局演变方向提供了思考判断的框架。可以说，这是一个掌握近现代世界运行全貌的理论，是一个最为综合、集成的理论体系。

　　本章包括三节，第一节介绍康氏长周期的由来，涉及经济危机和科技革命的关系问题；第二节介绍经济长周期中的政治与社会，探讨长周期中国际政治形势变化和社会秩序变化的关系问题；第三节介绍长周期中中国的经济和社会变迁，归纳了中国当代长周期的动因，并提出如何保持持续增长的问题。

第一节　创新、革命与长周期

周期论是宏观经济研究中的一个重要视角和方法。在康德拉季耶夫以前，人们已经注意到经济发展过程中长时段的繁荣与萧条的交替存在着某种规律性。按照两阶段划分，一个繁荣与萧条交替的经济周期其显著特征是经济中的许多成分普遍而同期地扩张和收缩。按照四阶段划分，则体现为繁荣、衰退、萧条和复苏等不同阶段特点。在第一次世界大战期间甚至更早，一些经济学家已经提出过周期和长周期的理论或设想，并认为是基于某种特定原因而造成的，大致可分为外因论和内因论。外因论认为，周期源于经济体系之外的因素，诸如太阳黑子、战争、革命、选举、金矿或新资源的发现、科学突破或技术创新等。比如英国经济学家威廉·杰文思太阳黑子活动影响论，熊彼特的技术创新影响论，都是外因周期论的代表。内因论认为，周期源于经济体系内部，是投资、消费、储蓄、货币供给量、利率、收入、成本等在市场机制作用下的必然现象，是市场经济体制本身的这些因素相互制约、相互促进的运行机制所导致的社会经济周期性循环波动。内因论典型代表包括：经济波动完全是由于银行体系交替地扩张和紧缩信用所造成的纯货币理论[1]、归因于投资过度的投资过度理论、把经济的衰退归因于消费品的需求赶不上社会对消费品生产的增长消费不足理论。[2]

---

[1] 英国经济学家霍特里（Ralph George Hawtrey）在1913—1933年的一系列著作中提出，著作包括《商业的盛衰》《资本与就业》《收入与货币》等。
[2] 代表性学者包括西斯蒙第、马尔萨斯、霍布森等。

经济学家、社会学家们在探索经济周期问题时，根据各自的分析提出了不同长度和类型的经济周期。有基钦（Joseph Kitchin）短周期（1923年英国经济学家基钦提出的一种为期3～4年的经济周期）；中周期，也称为朱格拉（Clèment Juglar）周期（1860年法国经济学家朱格拉提出的一种为期9～10年的经济周期）；建筑周期，也称库兹涅茨（Simon Smith Kuznets）周期（1930年美国经济学家库兹涅茨提出的一种为期15～25年，平均长度为20年左右的经济周期）；长周期，也称康德拉季耶夫周期，即本章将重点分析的康氏长周期，以50～60年为一个周期；综合周期，也称熊彼特（Joseph Alois Schumpeter）周期（1936—1939年美籍奥地利人约瑟夫·阿洛伊斯·熊彼特综合融贯前人的论点，首次提出在资本主义历史发展的过程中，同时存在着长、中、短"三种周期"的理论，几种周期并存而且相互交织）。

康德拉季耶夫的贡献在于用大量统计数据在一定程度上检验了长周期的设想，从而使之成为一种比较系统、有一定经验依据和数据支撑的周期理论，这一周期理论可以用来解释不同周期的经济特点，并且对一定长时间段的经济运行拐点进行预测。1939年经由熊彼特提议，世界经济学界都接受了用"康德拉季耶夫周期"（康氏长周期）这一术语指称经济成长过程中长时段的波动。在康氏长周期中，我们可以更清晰地看到200多年以来资本主义和西方世界的经济社会兴衰轮回，也可以更好地对比社会主义以及中国因不同原因驱动而导致的不同康氏长周期发展路径。据此，我们也可以更准确判断资本主义发展趋势，特别是对于世界性经济衰退和危机作出预报，进行事先防范和应对，进而避免资本主义康氏长周期的根本性痼疾，走出不同的社会主义长周期之路。

一、康氏长周期理论假说

康氏长周期提出一种为期 50～60 年的经济周期循环。人类社会在相当长的时间段的确体现为一定特征现象的波动和循环，无论是市场、经济，还是政府政治、战争、改革等。尤其是近代工业革命和资本主义发展以来，经济扩展、繁荣和萎缩、萧条交替出现。康氏长周期希望用一种固定的时间周期模式来说明和概括经济波动阶段及其特点，概括一件过去的经验事物相对简单，然而预测不确定的未来一直很难，无论从早期的社会主义学说还是从科学方法论的角度，的确都存在一定的疑问。

俄国十月革命以后，苏联出了两个"叛逆"的经济学家，第一位是叶甫盖尼·阿列克谢耶维奇·普列奥布拉任斯基，苏联 20 世纪 20 年代"左"倾经济思想的代表，他曾对苏联早期的经济学理论作过开拓性贡献。他在 1926 年出版的著作《新经济学》第一卷第一分册中提出"社会主义原始积累"论，[1] 这种观点引发了党内大辩论，这与俄国关于社会主义的学说也不一致，触怒了斯大林。1927 年他被开除出党，1929 年恢复党籍，但因继续坚持其立场，后在斯大林肃反运动中再次被开除出党。直至 1937 年在"反苏托派中心案件"中被诬陷、未经审判而被处决。

第二位是康德拉季耶夫，他的观点和学说也和斯大林及早期社会主义学说不一致，他通过统计 110 年的世界经济尤其是英、法、美、德的大量数据，得出了一个经验公式，认为世界经济存在一个 48 年到 60 年的区间波动，即平均差不多 50 年的长波。康德拉季耶夫也

---

[1] 关于这一理论的相关说法，详见本书第五章第二节。

认为,生产技术变革、战争和革命、新市场开发、黄金产量及储量的增加等因素都不是导致长波运动的根本原因,其产生根源是资本主义经济实质固有的那些东西,尤其与资本积累密切相关。这样,资本主义经济实质本身会导致经济周而复始的循环。而斯大林及早期社会主义学说则认为,资本主义存在总危机,所以资本主义才走向灭亡,然后进入社会主义。如果说资本主义经济发展存在长期波动,经济衰退下去以后又可以上来,那就不可能出现总危机了。康氏长周期学说和斯大林及早期社会主义的学说不一致,导致斯大林的反感,加上他用他的计量方法预测苏联集体农庄的生产方式将导致农业生产急剧下滑,反对苏联农业全盘集体化,批评新经济计划后来所实行的工业、农业不均衡发展的政策,1928年被解除经济活动研究所所长的职务,其后遭逮捕、审判及最终被判死刑。

康德拉季耶夫作为一个俄国经济学家和统计学家,其提出的长波理论最早见于1922年出版的《战时及战后时期世界经济及其波动》一书,这个观点最初"未加特别分析地"被写入该书中,结论在当时还是很不明确的,他只是说:"我们认为资本主义经济中的长周期仅仅是一种可能。"仅仅体现为一个统计的经验公式。长波理论之后也发表在其著作《经济生活中的长波》(1925)和《大经济周期》(1928)等论著中。在康德拉季耶夫年代,用1780—1920年这140年时间考察世界经济的长周期,这个时间跨度是不够的,一个周期50多年,100多年就是两个半波段,两个半波段是不是一个规律性的东西,很难确定。康德拉季耶夫提出长波理论之后,许多经济学家即对长波产生的动因进行了定性分析,并对长波的存在进行了实证检验和统计证明,并结合后来的经济发展和波动给以印证。但至今为止,经济学界对这个理论仍存在一定争议,还没有计量经济学研究表明康波或其他类似经济曲线的严格存在，这使康氏长波理论带有经验假说性质。一些人用康波长周期理论进行了很多预言，并以其为依据预测世界将会再次遭受类似1929年一样的严重萧条，但实际并未发生。德鲁克一度认为这一理论预测欧洲完全有效，但预测美国却基本无效。美国戴顿大学的高级科研人员约瑟夫·马蒂诺调查了有关康波的统计研究后，得出结论："在数据中寻找重复性的周期结果令人失望。"

既然如此，康氏长波学说为什么仍为大家所重视？这与之后资本主义世界马上面临的重大问题和挫折息息相关。康德拉季耶夫提出这个经验公式正处于第三次长波的中后衰落期，之后不久，资本主义世界危机频频发作，1929年更是出现大崩盘，引发了1929年到1933年的世界经济大萧条。这是一次全球的结构性危机，沉重打击了西方发达国家的经济，后果极其严重，促使各国政府寻找复苏经济的良方。这些随即发生的事实都证明了康德拉季耶夫预测的洞察力和一定准确性，进一步增强了长波理论的吸引力。

面对1929年到1933年的世界经济大萧条，美国推出了罗斯福新政，经济理论界也在寻求答案。凯恩斯（Keynes）于1936年出版了《就业、利息与货币通论》，提出政府要积极干预经济过程、刺激有效需求的理论思路，使各国政策决策者们感到找到了走出大危机的灵丹妙药，于是纷纷采取加大赤字财政、增发货币等经济刺激政策，掀起了"二战"后40余年的"凯恩斯革命"。

凯恩斯革命的理论核心是"有效需求不足理论"。他认为：经济不景气的根源在于市场的有效需求不足。而有效需求来自人类的三个基本心理因素："消费倾向""对资本的预期收益""货币的灵活性偏好"。从长期来看，人们的消费倾向具有下降趋势，使得消费的增长低于收入的增长，同时，投资扩张也具有边际收益率下降的特性，使人们在预期不确定的情况下，倾向增持货币，而不愿意持有其他缺乏流动性的资产或者进行证券投资。这三方面因素都会导致有效需求不足。因此，有效需求不足是市场经济体系的固有特性，市场运行不能自动达到充分就业状态。为此，需要政府运用利率、税率等工具，调节货币市场和劳动力市场供求，创造出有效需求，实现充分就业。

严格讲，有效需求不足理论讲的是"短期需求管理"，因为凯恩斯曾说过"长期，我们都将死去"。凯恩斯本人所关心的是对"非充分就业均衡"的理论解释，而非解决大危机的政策建议。[1] 真正关注"长期"的是熊彼特，他在1939年出版了《经济周期循环论》一书中，从技术创新的角度来解释经济波动和商业周期，提出了破坏性创新的理论，在西方理论经济学界产生了一定的影响。[2] 但是，熊彼特的观点在西方经济学界中是比较左倾的，最后导出资本主义会走向社会主义。同时，"二战"后由于各国政府普遍加强了对宏观经济的干预，西方各国的经济周期波动变得较为平缓，因此西方主流经济学更多地关注增长型周期而非古典型周期，研究的焦点集中于宏观经济总量围绕其长期趋势的离差型波动，对经济长波周期则缺乏关注，因此熊彼特的理论适宜性并未引起大多数经济学家的注意。

但是，现代世界各国经济增长的历史轨迹，以及经济学理论、世界政治格局和国际关系的长期变动，表明"康德拉季耶夫长周期"

---

1 韦森：《目前世界经济衰退的深层原因与中国的合宜宏观政策选择——从熊彼特的商业周期理论看目前的世界经济衰退》，载《北京论坛经济分论坛论文集》，2009年。
2 约瑟夫·熊彼特：《经济周期循环论：对利润、资本、信贷、利息以及经济周期的探究》，叶华编译，中国长安出版社2009年版。

和"朱格拉周期"的继续存在。20世纪70年代以来,随着资本主义垄断的加剧和各种社会矛盾的不断积累,第四次长波以频现的危机和滞胀再现下降波。门施、弗里曼、克拉克等用现代统计方法验证了熊彼特的观点,并进一步发展了创新理论,为研究工业化国家经济萧条提供了一种宏观视野的解释,目前已被经济学界视为一个具有普遍解释力的理论,从而经济长周期理论也重新引起人们的关注。除了熊彼特学派,其他较为活跃的还有范杜因的创新寿命周期长波论、弗里曼的劳工就业长波论、福雷斯特的动态系统模型长波论、罗斯托的相对价格长波论、门斯的基础创新变形长波论、篠原三代平的多元因素长波论等以西方经济学为基础研究的长波理论,以及欧内斯特·曼德尔用马克思主义的观点和方法来研究资本主义长波的理论,对经济周期的长波研究又出现一个新的高潮。

经济周期(Business Cycles),是指经济波动的循环再现,通过国民生产总值、工业生产指数、社会总销售额、失业率、国际收支等指标随着时间序列的扩张和收缩表现出来。[1] 米契尔(Wesley Mitchell)等最早提出需要用一个繁荣和衰退的周期性交替记录来研究经济周期问题。[2] 目前,我们通常从世界经济周期长度、运行主体、特征事实等方面来观察经济周期。

尽管许多学者对长波的原因、长度以及起止点的划分至今仍有不同的见解,但如果把经济危机作为长波衰退阶段特征事实的重要标志,可以看到从工业革命开始,世界经济每隔50年左右出现一次大的危机,已经经历了四个长波周期,目前正处于第五个周期中,

---

[1] 宋玉华:《世界经济周期理论与实证研究》,商务印书馆2007年版。
[2] A. Burns and W. Mitchell, *Measuring Business Cycle*, New York: National Bureau of Economic Research, 1946.

这期间世界经济运行的主导国家、主导的科技和主导产业都在发生变化。

以1775年亚当·斯密出版《国富论》和瓦特改进蒸汽机为标志，英国开始了工业革命，并成为这一轮经济周期的主导国家。50年后的1825年，英国爆发第一次经济危机，对整个经济产生非常大的破坏作用，马克思曾在《资本论》中对这次资本主义的危机问题作了很深入的分析。过了40多年，到1872年又开始出现危机，这次危机的规模并不是很大，但是呈现出两个特点：一是产生同步性危机，不是英国一个国家产生危机，而是美欧资本主义国家都开始出现经济危机。二是频率比较密集，从1870年代开始一直到1890年代，在这20年里，差不多每隔四五年就有一次危机，十分频繁。第三次和第四次世界经济危机分别出现在1929年和1973年，两次危机都是最早源于当时经济最发达的美国，最后波及全世界，间隔时期差不多又是50年。因此，总的来说，每隔50年左右一次大的危机从没间断过，说明康氏长周期的确存在。

在经济学理论中，除了康氏长周期理论，还有其他几种周期理论，对此熊彼特作了比较系统的归纳，认为在经济发展史中同时存在着短、中、长三种商业周期，分别是康德拉季耶夫周期、朱格拉周期和基钦周期，时间分别大致为60年、10年和40个月。[1] 三种周期之间是商品的产品创新周期、设备更新周期和知识更新周期之间的函数关系：产品创新周期取决于设备更新周期，设备更新周期取决于知识更新的周期。康氏长周期实际上就是知识更新的周期。康

---

[1] 约瑟夫·熊彼特：《经济周期循环论：对利润、资本、信贷、利息以及经济周期的探究》，叶华编译，中国长安出版社2009年版。

德拉季耶夫周期的经济增长率表现为高增长与低增长的交替；朱格拉周期与基钦周期中，经济增长率表现为正增长和负增长的交替，经济周期也就相应地包括了高涨阶段与衰退阶段。比如，汽车的车型一般5年一换，5年就是该车型的基钦周期。不同商品的基钦周期不一样，或长或短，从时间上很难归纳，一般讲是两三年。一般商品周期是短周期，商品要通过设备来制造，那么设备更新的周期就是马克思所重点研究的中周期，称为朱格拉周期，一般7到10年。

"二次"大战后到当前一段时间，出现了设备更新周期加速的现象，经济周期正在发生变形，整个经济规律都在发生变化。新技术革命、新经济的崛起，以及不可阻挡的全球化潮流，也使经济运行呈现出许多新的特征，但并没有消除经济的周期性波动，全球多数经济体很多时候仍然面临着一荣俱荣、一损俱损的间歇性律动。下面我们就来具体总结世界近现代历史上的五轮长周期。

二、从工业革命到信息革命：世界历史历经五轮长周期

世界近代史以1640年英国资产阶级革命为开端进入资本主义社会。历经百余年积累，至1770年代英国开始的第一次工业革命，推动资本主义社会进入工业化与城市化阶段。从此，世界历史在科技革命、经济周期、理论创新、革命战争的交织下，每次形成48～60年不等的长周期，[1] 至目前共历经五轮长周期。

1. 第一轮长周期（1775—1825）：以英国为主导的第一次工业革命与第一次资本主义经济危机

1775年，瓦特通过其与马修·博尔顿合伙成立的"博尔顿-瓦

---

[1] 本章为阐明内在逻辑，将1775年作为周期起点，并设50年为一周期。

特公司"正式生产分离式冷凝蒸汽机,之后不断改良,人类进入"蒸汽机时代",英国开启影响未来全球历史进程的第一次工业革命;同年,英国学者亚当·斯密《国富论》成书,系统诠释了资本主义生产和交换过程,其开创的古典政治经济学成为资本主义兴起的理论基础。这一时期的改良蒸汽机技术革命,主要是在英国纺织业得到广泛应用,并促使英国成为第一个工业化国家和当时世界头号资本主义强国。同期,法国、德国、美国等国仍处在资产阶级革命、独立战争的运动阶段。

技术革命及随之带来的生产力提高逐步改变了西方资本主义前期"生产供给不足、需求无法满足"的市场格局,更加上资本主义生产社会性与生产资料私人占有制矛盾所导致的收入分配问题,供给自动创造需求的"萨伊定律"理论不再有效,直到1825年英国全面爆发生产相对过剩危机。第一轮长周期是英国单一国家主导的周期,其带来的资本主义社会第一次经济危机,并未直接对世界经济产生冲击,而危机后的调整对接下来200年的世界历史进程影响却是革命性的。

2. 第二轮长周期(1825—1875):西方国家进入交通运输革命与殖民扩张周期,产生工业化国家的同步过剩危机

带动英国走出第一周期危机的因素主要有两个方面:一是蒸汽技术的广泛应用及带动冶金、交通等机器革命。1825年英国史蒂芬森(George Stephenson)发明的蒸汽机车试车成功,修成世界上第一条商业运行的铁路,开启"铁路时代",由此带动冶金、煤炭、机车制造业的发展,运输成本迅速降低,进而带动其他工业的发展。二是英国开始提倡"自由贸易",以进一步打开主要贸易国市场。1825年英国解除了机器输出的禁令,废除本国征收农产品进口

关税的《谷物法》。一方面，英国加大对美国、德国等国的资本与商品输出，贷款给美德等国以购买英国的铁轨、机车，这也帮助美国、法国、德国等国先后完成资产阶级与工业化革命；另一方面，英国通过拓展亚非殖民地，扩大出口市场，1840年又用炮舰打开中国大门，强迫中国开放五个通商口岸，豁免关税，英国对中国的出口额在1840—1845年增加4倍。[1]这轮周期一直持续至19世纪70年代工业化后的资本主义国家同步性过剩危机总爆发，成为19世纪持续时间最长、打击最为沉重的一次经济危机。危机的成因是美国铁路投资过度膨胀、德国投资过热，危机的策源地和"震中"完全从英国移向美国。这次经济危机使资本主义的发展发生了重大的转折，标志着自由资本主义已经发展到顶点。

第二周期期间并未出现新的科技革命，只是蒸汽技术革命延续，实质是殖民扩张的投资贸易条件替代创新缓解了有效需求不足问题。在政治经济理论上，李嘉图（David Ricardo）在其1817年出版的《政治经济学及赋税原理》一书中提出比较贸易优势学说，客观上为自由贸易与为殖民扩张提供依据。然而资本主义国家生产相对过剩的根本性问题仍然没有解决，革命与战争在世界各地仍然此起彼伏，包括以英国宪章运动（1836—1848）为代表的三大工人运动、1848年欧洲革命、两次鸦片战争（1840—1860）等。同期，无产阶级作为独立的政治力量开始登上历史舞台，马克思主义应时而生，《共产党宣言》于1848年发表，第一国际成立于1864年并领导了1870年的巴黎公社运动。

---

[1] 严中平：《中国棉纺织史稿》，商务印书馆2011年版。

3. 第三轮长周期（1875—1925）：电气化引领第二次工业革命，危机与战争导致世界格局分化为三类国家

危机时期往往是创新窗口期。19世纪七八十年代，德国人西门子制成发电机、本茨等人发明内燃机，美国人贝尔发明电话，意大利人马可尼成功试验无线电报，随后电灯、电话、电车、电动机等发展成为新兴产业，推动世界由"蒸汽时代"进入"电气时代"，成为近代历史上的第二次工业革命时期。加上铁路、石油等产业的发展，美国、德国、法国、英国、日本等西方资本主义各国进入新一轮发展周期，其中美国超过英国成为头号工业大国；德国、法国、意大利等也纷纷后来居上；日本明治维新后同步进行了第一、第二次工业革命，实力大增。

然而，上述发展打破了资本主义各国在经济、文化、政治、军事等各领域的平衡。为转移国内的生产相对过剩危机，争夺经济市场、世界霸权与殖民地，第一次世界大战（1914—1918）爆发。由于美国未直接参战以及战后世界经济复苏，加上20世纪20年代美国汽车工业的大发展，美国从战前的工业大国之一跃为资本主义世界首位经济大国、最大债权国和国际金融中心。[1] 当时，"永久繁荣"和"美国例外论"在美国极盛一时，直至1929年10月以美国为首的资本主义国家爆发了一场规模空前的"1929—1933年经济大危机"。

第三轮周期是由于第二次工业革命及其带来的全球化加速，加剧工业化国家的同步性生产过剩危机，有效需求不足成为世界性现

---

[1] 美国在资本主义世界工业生产总值中的比重由1913年的38%提高至1929年的48.5%。1929年，美国拥有50亿美元的黄金储备，占当时世界黄金储备总额90亿美元的一半以上。

象，工业国为瓜分市场而引发第一次世界大战，并蕴含更大的世界性危机。在经济理论上，边际学派和马歇尔学说试图以微观经济学来解释和解决有效需求不足问题，并认为自由竞争下的均衡价格会排除经济危机，但事实却是相反。在贸易政策方面，1873年危机后，美、德两国先后采取贸易保护主义政策，除英国外，其他各国都纷纷转向。此后，美、德等各国竞争力不断增强，其国内市场越来越多地为本国工业所占领，英国国际市场份额明显缩小。在道路选择上，这一时期资本主义进入垄断资本主义与帝国主义阶段，更加剧了社会矛盾，危机导致战争与革命国家的产生。恩格斯领导第二国际（1889—1916），开启了和平长入社会主义的历史进程，但欧洲社会民主党未能通过议会阻止"一战"爆发，甚至投了赞成票，各国国内阶级矛盾最终以战争形式对外输出，向国外转嫁危机。同时在帝国主义最薄弱的环节，列宁领导苏维埃革命建立世界第一个社会主义国家——苏联，并成立第三国际（1919—1943）。

可以看出，面对上述两轮经济危机，英、美德、苏三类国家显示了解决危机的三种不同途径。第一类是如英国以殖民扩张保持贸易与投资优势的国家；第二类是如美国、德国是通过创新重新夺回投资贸易优势的国家；第三类是如苏联不具备投资贸易优势也不具备创新能力的"革命与战争"国家。进入20世纪之后的中国也属于第三类国家，直至中华人民共和国成立。

4. 第四轮长周期（1925—1975）：以美国为主导的第三次科技革命，危机与战争形成三个世界格局

在应对"1929—1933年经济大危机"过程中，各国最终选择了不同的道路方向。（1）作为危机始发地的美国对危机的处理方式最为成功。一方面是政府通过"罗斯福新政"拉动需求，缓解危机；

另一方面，美国在20世纪40年代吸引国际科学人才，引领以原子能、电子计算机和空间技术为代表的第三次科技革命，推进经济进入新一轮创新周期。(2)德、日、意等国以战争形式输出经济危机。经济危机往往导致极右势力、法西斯主义、军国主义抬头。相对于"一战"战胜国的英、法，德国虽然依靠美国贷款成为第二工业强国，但经济危机冲击导致社会动荡，加上需要支付巨额战争赔款，德国国内法西斯主义取得政权，并发动了第二次世界大战。日本则发动对华侵略战争及入侵亚太地区其他诸多国家，掠夺市场资源。(3)以苏联为代表的社会主义国家避免了危机，并完成社会主义初始积累。在西方大危机期间，苏联利用难得的机遇打破西方封锁，引进设备、技术与人才，成功完成第一个五年计划，实现由农业国向工业国的转变。[1]"二战"期间，美国也加大对苏技术援助。1944年6月，斯大林曾说苏联约有三分之二大型企业是在美国帮助或技术援助下建成。[2]这些使得苏联成为"二战"后唯一可以与美国抗衡的工业大国，进而在"战争与革命"国家中领导形成社会主义阵营，其中包括中国。

"二战"后，美国主导下的第三次科技革命与"马歇尔计划"，推动了资本主义国家进入经济增长新周期，美国依托布雷顿森林体系等，确立世界霸权地位，进入发展的"黄金时代"。[3]该阶段，欧

---

[1] 1931年，世界机器出口总量的30%销往苏联。1932年这个数字上升了50%，当年英国机器出口总量90%销往苏联。
[2] 参见A.C.萨顿：《西方技术与苏联经济的发展：1930—1945》，安冈译，中国社会科学出版社1980年版。
[3] 20世纪五六十年代是美国国民生产总值增长的"黄金时代"，由1961年的5233亿美元上升至1971年的10634亿美元；1965—1970年美国的工业生产以18%的速度增长。参见：https://www.thepaper.cn/newsDetail_forward_1726059。

洲迅速实现战后复兴，日本崛起成为世界第二大经济体；独立后的第三世界国家开始进入发展起飞阶段；"亚洲四小龙"为代表的新兴市场经济体开始兴起。

这种格局一直持续至 1970 年代，美国的凯恩斯主义政策与美元黄金挂钩货币体系而导致财政赤字与贸易逆差持续扩张，经济陷入"滞胀"，无力承担稳定美元汇率的责任，布雷顿森林体系瓦解。1973 年与 1979 年两次石油危机进一步使美国陷入战后最严重经济危机，从最大债权国沦为最大债务国。

面对资本主义基本矛盾的深化，西方资本主义国家仍然通过理论创新与技术创新调和基本矛盾。与此同时，"社会主义"阵营产生和国际经济秩序建立，成为其"和平长入社会主义"的外部因素。在经济理论上，凯恩斯关于侧重短周期、需求政策的宏观调控理论，与熊彼特关于侧重长周期、供给政策的创新理论，成为该时期经济政策的重要理论基础。两者属于西方经济学，但内含社会主义经济因素。社会主义国家也通过不同形式的"社会主义初始积累"实现工业化起步。

5. 第五轮长周期（1975—2025）：美国继续主导第四次科技革命（信息技术革命），新兴市场全面崛起，世界格局多极化，中国成为世界舞台和世界经济的重要一极。当前世界经济已进入长周期的相对衰退期，理论预测将持续到 2025 年左右

此轮主要是通过宏观政策调整、信息技术革命与新兴市场发展，使全球经济重新步入增长轨道。两次石油危机后，美国通过美元贬值、浮动汇率向世界转嫁国内危机，同时借用石油美元继续维持美元国际货币地位；与中国达成战略妥协，寻找新兴市场空间。20 世纪 80 年代初，里根政府等西方国家政府开始引入货币主义、供给

学派等新自由主义理论主张，实行大规模私有化、放松管制、大幅减税、扩充军备等调控政策，美国经济走出滞胀。以计算机应用普及、计算机与现代通信技术结合为特征的信息技术革命，即第四次科技革命，在美国主导下于20世纪80年代开始进入爆发期，90年代形成以互联网为特点的"新经济"模式，并影响至今。1978年起中国启动改革开放，并逐步推动市场化进程，改善了与美国等国的关系，自此历经了一个波澜壮阔的发展，无论经济、政治、军事、外交、科技，都已经成为世界上重要的一极力量。随着金砖国家纷纷加入世界贸易体系，此轮发展一直持续到2008年，由美国次贷危机引发全球性金融危机。此轮危机在各国政府救市与创新政策带动下有所反弹，但目前仍处在相对衰退期阶段。按照长周期理论或要到2025年左右才出现拐点，其间仍有可能陷入更深的危机调整或国际地缘动荡，但也孕育创新转型机遇。

（1）美国仍保持其世界霸权的优势地位。在美国经济的持续复苏中，拉丁美洲发生债务危机，陷入中等收入陷阱；日本因日元升值、泡沫破裂，经济陷入长期低迷至今；苏联与社会主义阵营解体；欧洲为与美元抗衡，形成欧元统一货币，但陷入欧元主权债务危机；1997年亚洲金融危机，重创亚洲四小龙；2000年以来，金砖国家崛起，成为全球增长动力的主要来源，促进世界朝多极化方向发展。

（2）信息技术革命既为美国成为金融帝国主义提供了条件，也为新的社会形态产生开辟前提。以互联网为基础的信息技术革命，将广泛渗透至工业、金融、社会等各行各业，将继股份制经济后，为社会化大生产带来新的社会组织革命。

（3）石油危机、信息技术与美元霸权催生了货币供应学派的兴起，形成"华盛顿共识"；次贷危机后，新的主流经济学派尚在酝酿中,"华盛顿共识"逐渐走向失败,正在形成新的理论共识。

(4)中国在这一周期中取得举世瞩目的成就,无论是经济规模、政治地位还是在全球的话语权都显著提升,中国模式(中国道路)、中国制度、中国文化也引起全球的重新审视,宏观经济学理论界提出"北京共识"[1]。

从2015年至2025年是此轮长周期的最后10年,也是处于长周期相对衰退期的10年,往往在危机衰退期间孕育着新一轮的科技革命、理论创新、社会运动,甚至不同形式的革命或战争。这对于成长中的社会主义中国而言,机遇与挑战并存,把握好就可以成为世界社会主义运动与中国繁荣发展的一个新的历史起点。

三、为什么会存在康氏长周期

如果说经济危机是判断经济长周期的一个重要标志,康氏长周期是以50年为循环周期的话,那么我们还要讨论的另外一个问题是:这个为期50年的周期性波动长周期是怎么产生的?如果说它是一个危机周期,那么它与科技创新的周期有什么关系?

熊彼特认为,生产技术的革新和生产方法的变革,在资本主义经济发展过程中有至高无上的作用,因为存在"创新",即使把其他外部因素造成的波动排除掉,资本主义经济仍将呈现出周期性现象。熊彼特的理论说明了科技创新与经济长周期之间的客观联系。但从200年来的经济发展规律来看,经济周期和科技创新两者之间并不是完全相关的,科技创新只能够解释经济长周期约80%的部分,同时科技革命还存在一个重心转移的规律。以1775年瓦特革新蒸汽机

---

[1] 关于"北京共识"及其讨论与进一步解读,详见本书第六章。

为标志,生产方式由工场手工业发展到机器大生产,英国是第一次科技革命的发源地。50年后的1825年,英国发生第一次经济危机并持续到1845年。以铁路投资泡沫破灭为标志的第二次世界性经济危机发生在德国和美国,第二周期期间并未出现新的科技革命,蒸汽技术的广泛应用和铁路的出现,主要还是第一次科技革命蒸汽技术革命延续,资本主义国家同步性过剩危机总爆发,出现了英国宪章运动(1836—1848)为代表的三大工人运动、1848年欧洲革命、两次鸦片战争(1840—1860)等革命或战争运动。这些危机导致了以电力为代表的第二次科技革命,使资本主义由自由竞争阶段进入私人垄断阶段。第三次世界性经济危机起源于1929年的美国股市大崩盘,随后引发了第二次世界大战和20世纪40年代以原子能和电子计算机为代表的第三次科技革命,资本主义也由此进入国家垄断阶段。第四次世界性经济危机发生在1973年的英国,迅速波及美国,以中东石油危机为标志,西方资本主义国家进入"全面滞胀"阶段,这引发了以信息技术和新能源技术为标志的第四次科技革命,世界经济进入了国际垄断阶段。第五次世界性经济危机则发生在2008年的美国,从中可以看出五次结构性的大危机,只产生四次科技革命,经济危机与新科技革命不完全是对称的,有一次是空缺的,说明熊彼特的观点有待完善。

为什么会产生这种不对称的现象呢?如前所述,康德拉季耶夫本人也认为,生产技术变革等因素都不是导致长波运动的根本原因,其产生根源还是资本主义经济实质固有的那些东西,尤其与资本积累密切相关。这与马克思理论不谋而合。马克思的有效需求不足理论认为,资本主义经济危机产生的原因,主要来自资本主义社会的基本矛盾,诸如生产和消费的矛盾、市场竞争中局部有序化与整体

表 4-1 从资本主义走向社会主义：世界历史进程（长周期）与理论创新概览

事项 \ 时间序列	第一周期（1775—1825 年）	第二周期（1825—1875 年）	第三周期（1875—1925 年）	第四周期（1925—1975 年）	第五周期（1975—2025 年）
历史进程：（每个长周期 48~60 年，为简明起见在逻辑上设为 50 年周期）	▲1775 年，瓦特发明蒸汽机，开启了英国工业革命 ▲1825 年，英国发生生产过剩危机 研判：理论必须解答第一个工业化国家产生过剩危机	▲危机后，殖民主义扩张成为解决生产过剩的国策 ▲英国将蒸汽机应用于交通和机器制造，并催生西欧国家走向工业化 研判：这一周期没有出现新的科技革命，实质是殖民扩张的投资贸易替代了创新，缓解了有效需求不足问题	▲工业化国家出现同步性生产过剩危机 ▲德、日、美等后起工业化国家争夺殖民地 ▲德国酝酿第二次科技革命（电磁化学） ▲危机导致"战争与革命"国家产生 研判：以英、德、苏为代表的三类国家，显示了解决危机的三种途径	▲发生世界大危机大萧条 ▲德日继续战争夺殖民地（"二战"） ▲美国主导第三次科技革命 ▲继苏联后，"国家中产生社会主义阵营" 研判：资本主义基本矛盾深化，"社会主义阵营"产生和国际经济秩序建立，成为和平长入社会主义的外部动因	▲发生两次石油危机 ▲苏联与"社会主义阵营"解体，中国和金砖国家崛起 ▲美国主导第四次科技革命（信息技术革命） ▲美国发生次贷危机 研判：信息技术革命既为美国成为金融帝国主义提供了条件，也为新的社会形态产生提供了经济基础
西方经济学演进（侧重破解资本主义生产过程中的供给与需求关系）	▲危机前，供给主要矛盾，1775 年亚当·斯密的《国富论》诠释了资本主义生产过程	▲英国危机提示，有效需求不足主要矛盾，李嘉图的比较贸易优势学说为殖民扩张提供了依据，两者成为西方经济学主流学派	▲同步性危机提示有效需求不足成为世界性现象，边际学派和马歇尔经济学试图以微观经济学和宏观经济学来解释和解决有效需求不足问题	▲大萧条后，凯恩斯主张政府拉动有效需求；熊彼特完善了创新理论。凯恩斯侧重短周期，需求政策，熊彼特侧重长周期，供给政策，两者属西方经济学，但内含社会主义经济因素	▲石油危机，信息技术与美元霸权催生货币供应学派兴起 ▲次贷危机后，新的主流经济学派尚在酝酿中

续表

时间序列\事项	第一周期（1775—1825年）	第二周期（1825—1875年）	第三周期（1875—1925年）	第四周期（1925—1975年）	第五周期（1975—2025年）
马克思学说演进	▲古典欧陆经济学 ▲空想社会主义 ▲黑格尔哲学	▲马克思主义诞生。《资本论》揭示了资本主义生产过程中生产力与生产关系的基本矛盾，奠定了人类社会必将走向社会主义的理论，指出了暴力推翻旧的国家机器和平长入社会主义的两种途径	▲恩格斯领导第二国际，开启了"和平长入社会主义"的历史进程 ▲列宁领导的第三国际，重点探索了国家的社会主义革命与建设，如新经济政策	▲斯大林在理论上否定，在实践中完成了社会主义"初始积累"，战时引进了同盟国先进生产技术，形成社会主义阵营分工协作体系 ▲毛泽东实践了暴力推翻旧的国家机器，通过人民公社完成了社会主义"初始积累"	▲邓小平用社会主义初级阶段定义"早产"的社会主义名义，践行改革开放的斯关于社会主义必须走向发达国家先进生产力方向机制的条件设定 ▲在西方发达国家，和平长入资本主义社会，催生福利国家形成
中国近现代史进程	始于乾隆年间，乾隆海禁，隔绝了中国跟上工业化的可能	始于道光年间，两次鸦片战争赔款割地，中国从世界经济大国沦为"战争与革命"的第三类国家	垂帘听政，沦为半殖民地半封建社会后，几代人探索国家道路，从战争走向革命，中国共产党诞生	28年革命，建立中华人民共和国，为百年振兴奠定了政权基础，自1949年至2049年，中国迈入百年振兴的三个阶段	见表6-1："社会主义初级阶段：中华人民共和国建国百年历史进程示意图"

无政府状态的矛盾。从供应来讲是生产过剩，从需求角度讲就是有效需求不足。资本主义无法克服其社会生产的无限发展和劳动人民有支付能力需求的有限增长之间的矛盾，从而产生经济危机。康氏长周期就是"工业化时代生产的无限发展和需求有限增长"的危机周期。

不同的国家，在面对这种周期性的经济危机时，出于自身解决危机的能力不同，会采取向外输出产品、科技创新、革命与战争等不同手段来化解，由此引起了经济危机与科技革命并不完全同步的现象。从历史上的几次经济长周期波动来看，如果世界经济的主导国家能够通过对世界体系掌控输出产品，扩大市场，便能够化解危机；或者新兴国家通过战争和殖民形式来化解危机。如果没有上述通道或途径，则会逼迫世界体系中的相关国家发展创新性的技术来化解危机，而每一次具有革命性的技术突破，都意味着以新技术、新产业为主导的全球经济新格局形成。在新的经济格局中，各国不断加大对新产业的设备投资，由此形成主导产业群不断演进的朱格拉周期，而康氏长周期的发展正是一个个主导产业群交替演进的反映。总的来看，无论是殖民的方式、战争的方式还是科技创新的方式，都会改变世界体系的格局，而这直接涉及经济长周期中的国际政治和国际关系。

第二节　长周期与世界格局

按照熊彼特的观点，康氏长周期可以分为两个阶段，第一阶段是由于科技革命所引起的一次新的经济增长，有二三十年的相对上升时期,称为相对繁荣期;紧接着是二三十年的相对衰退期;在这两个阶段之间,往往会爆发一次由危机和科技革命所带来的大的结构性经济危机。这种大的结构性经济危机不仅是一个经济现象,同时会伴随着世界政治格局和国际关系的动荡。在世界性的资本主义生产体系及其形成的国际分工格局、国际交换体系和不平等的国际经济秩序确立后,国际政治与国际经济的相互渗透、相互影响已成为国际关系的鲜明时代特征,各国国内的政治经济关系日益成为国际政治经济产生和发展的基础,推动着世界格局的演变。同时,国际政治经济关系也深刻影响着各国的对外关系和对外行为,国内政治经济问题日益国际化,以至于离开了国际政治经济的背景就无法从根本上全面认识和解释国内政治经济问题。[1]因此,以伊曼纽尔·沃勒斯坦(Immanuel Wallerstein)为代表的世界体系论者不赞成用抽象掉政治因素的纯经济逻辑推理方法来分析世界经济体系的产生及其演进。[2]具有结构性经济联系和各种内在制度规定性的、一体化的现代世界体系才是考察16世纪以来社会变迁的唯一实体。本节我们就从世界体系的视角,分析长周期过程中,世界经济的繁荣、萧条对各国政治和国际关系的影响,以及世界体系变动对各国经济的反作用。

一、长周期与"三个世界"

世界体系理论认为现代世界体系是一个由经济、政治、文化三

---

[1] 樊勇明:《试论国际政治经济学的理论构建》,《复旦学报》(社会科学版)2003年第4期。
[2] 华民:《"马尔萨斯制约"与经济发展的路径选择——对世界经济发展的重新认识》,《复旦学报》(社会科学版)2005年第5期。

个基本维度构成的复合体。经济体是整个世界体系的基本层面,是政治体和文化体存在、发展的决定性因素。世界经济的等级制结构由处在中心地位的核心国家和处在外围或者半外围地位的边缘国家所组成。核心国家利用其政治、经济、文化等方面的优势地位,对处于相对劣势的边缘国家进行剥削,在谋取自身利益最大化的同时,也通过不平等地位来转嫁自身的经济危机,在过去的两百年间,其中的代表现象就是19世纪末的帝国主义殖民体系的形成和20世纪初的两次世界大战。

在这样的分析框架下,世界上的国家可以分为三类:第一类国家是有殖民地的,通过国外殖民地,通过投资和贸易来解决生产过剩问题。第二类国家是通过科技创新和产品创新,通过创造新的需求来解决产品过剩问题。第三类国家既没有能力去海外找殖民地,也没有能力提供创新的产品来替代生产过剩问题,于是就处在革命和战争的边缘。三种不同类型的国家形成了"二战"以后的"三个世界"格局体系。

第一类国家本身是资本主义国家,这些国家不会自发地提出要求革命,所以在面临国内生产过剩问题时,他们首先想到的是能否把过剩产品和产能销售到国外去。比如1825年经济危机后,英国就开始大大加强了以商品输出为主的殖民扩张,其扩张范围遍及印度、中国、澳洲、北美、南美、非洲等地,通过东印度公司把对中国的扩张行为演变成鸦片战争。通过这些扩张行为,英国可以从全世界殖民国掠夺工业原料,并倾销过剩商品,比如英国销售到印度的洋布,从英国政府通过东印度公司对印度进行的一系列侵略战争前的5万匹增加到了之后的130万匹,解决了国内生产过剩问题。所以英国在第二次经济危机时,有危机而没有科技创新,因为英国在世界上有相当于国土面积43倍的殖民地，英国通过向国外的投资和贸易能够解决生产过剩的问题，所以就不需要找第二种解决办法。而在当时，全世界能够采取投资贸易来解决生产过剩问题的唯有英国。

第二类国家的典型是德国，新兴的德国就没英国这么幸运了。德国作为一个后起的资本主义新兴国家，不可能像英国那样拓展殖民地。正如俾斯麦所说"德国人需要蓝天"，所以它要拼命去打出一个国外市场。但战争只是一个手段，实际上是政治的延续。战争具有很大的破坏性，同时也在快速消耗国家的生产力，通过两次世界大战，德国也认识到战争解决不了生产过剩问题，从而被迫去寻找第二空间，即通过产品创新、科技创新，继续维持生产，确保经济增长。这就解释了为什么第二次科技革命不是发生在英国，而是发生在德国。因为德国需要蓝天与空间，而没办法像英国一样找到国外的空间。因此，对德国来说，更现实的办法是通过科技革命创造新的产品，来解决这个问题。"二战"后的日本也是如此，日本国内市场狭窄，资源有限，战后在国际社会的空间也受到压制，为此日本政府提出"贸易立国"的口号，出口贸易增长很快，1960—1970年，日本工业生产和出口贸易平均每年分别增长13.6%、16.9%。[1]贸易快速增长的背后，是日本政府把科技作为国力的核心要素，适应新技术革命蓬勃兴起的形势，提出"技术立国"的战略思想。日本重视技术对国家发展的多方面作用，采取了从模仿到创新的经济技术发展模式，最终成为日本化的新技术。在这个意义上，科技革命并不是一个科技现象，而是经济现象。

---

[1] 刘咏华：《战后美国对日经济民主化政策与日本经济的重建》，《现代日本经济》2007年第2期。

第三类国家，是革命与战争国家。从第二次工业革命到第三次工业革命之间，这些国家不是在战争就是在革命。而这些革命与战争的国家往往集中在发达国家边缘，从俄罗斯、中欧、东欧，一直到中国，这就是革命与战争国家带。在一次科技革命当中，这些国家所处的发展阶段、国家实力使其没有能力采取前两种形式，只能进行第三种形式，即要么是代理人战争，要么是国内革命。这些内陆型国家在外力的逼迫下，认为通过调整、改变生产力和生产关系可以取得新的发展路径，所以特别容易形成革命与战争。以中国为代表，从洋务运动、戊戌变法到辛亥革命，国共战争乃至中华人民共和国的成立，最终摆脱这一路径依赖。这种事情到今天又在重演，革命与战争带进一步转移到阿拉伯国家——像今天我们所看到的突尼斯、埃及、利比亚、叙利亚等，整个阿拉伯世界不断发生着此类事情。从世界经济角度讲，从科技革命发生、所产生的压力来讲，现在这些国家是属于第三类国家。

需要指出的是，现代国际体系形成后，从威斯特伐利亚体系、维也纳体系、凡尔赛—华盛顿体系、雅尔塔体系到美国霸权体系，经历了一系列的演变。尤其20世纪90年代后，苏联解体、冷战结束、美国独霸，使以雅尔塔会议为核心的世界体系产生了诸多突变；经济全球化迅猛发展、全球大市场的形成和现代民族国家的兴起，也赋予了世界经济许多的新特征。全球迈入协作性更强的知识经济、信息时代和网络化时代，信息技术和技术革命对传统产业、传统生产方式进行着翻天覆地的改造，全球经济结构、运行方式和协调机制都发生着重大变化。今天任何一个国家都很难再通过殖民化别国的方式去消化本国产品，而过于激进的革命和战争也并非短期解决本国问题的最好良方。信息化新时代可能不再像传统工业时代那样出现全球性的周期极度大起大落，但局部、部分国家尤其是工业化国家的周期仍将存在，以商品、资本、技术因素交叉相互影响的新周期时代或许逐渐来临。

二、长周期与社会主义运动

马克思、恩格斯开创的科学社会主义理论源自18世纪末、19世纪初的古典政治经济学、黑格尔哲学与晚期批判空想社会主义。科学社会主义源头与第一次工业革命开端的第一轮长周期正好重合。以此计算，科学社会主义运动从理论源起、付诸实践至今约是250年。[1]

在这一进程中，社会主义运动的起伏跌宕亦与世界经济政治的每一次长周期密切关联。每次世界经济危机时期，都是社会主义理论创新与革命运动的高潮期，是社会主义政党团结民众力量，推动社会革命、民族解放、国家独立的伟大斗争期。同样在经济上升期，社会主义政党如果不能代表先进生产力方向，持续改进生产关系，也终会被抛弃在历史的洪流中，苏联解体、东欧剧变就是最大的教训。

第一轮长周期间　危机孕育科学社会主义的理论来源。亚当·斯密代表的古典政治经济学、德国黑格尔哲学以及圣西门、傅立叶、欧文为代表的晚期批判空想社会主义成为马克思主义的重要思想来源。

第二轮长周期间　无产阶级作为独立的政治力量登上历史舞台，马克思主义诞生。马克思主义不仅揭示资本主义生产过程中生产力与生产关系的基本矛盾，奠定了人类社会必将走向社会主义的理论，

---

[1] 于幼军界定社会主义500年是从1516年托马斯·莫尔《乌托邦》为代表的早期空想社会主义面世至今。

而且指出暴力推翻旧的国家机器和和平长入社会主义两种途径。马克思早期的理论与实践都倡导通过无产阶级和被压迫人民的反抗斗争，取得无产阶级政权。其后，包括恩格斯在内开始反思认为"当时欧洲大陆经济发展的状况还远没有成熟到可铲除资本主义方式的程度"。马克思并没有直接提出"和平长入社会主义"的理论，但是在对股份制的研究中认为"这是资本主义生产方式在资本主义生产方式本身范围内的扬弃，因而是一种自身扬弃的矛盾，这个矛盾明显地表现为通向一种新的生产形式的单纯过渡点"。至于过渡形式，马克思认为有股份公司和合作工厂两种形式。这被认为是至少看到一种非对抗解决资本主义基本矛盾的形式。这一观点后来也得到恩格斯的进一步认同。随着竞争为垄断所替代，资本主义垄断组织的股份公司的出现，"为将来由整个社会即全民族来实行剥夺做好准备"[1]。

第三轮长周期间 危机中爆发第一次世界大战，促使社会主义运动出现第二国际与第三国际两条道路选择。恩格斯领导第二国际（1889—1916），以同盟罢工为工人斗争的武器，开启了和平长入社会主义的历史进程。恩格斯在1891年有条件同意德国社会民主党提出的"现代的社会正在长入社会主义"的可能，前提是"在人民代议机关把一切权力集中在自己手里，只要取得大多数人民的支持就能够按照宪法随意办事的国家里，旧社会有可能和平长入新社会"。但欧洲各社会民主党派违背"非战"的决议，反而帮助资产阶级去发动世界大战，第二国际几同消失。

与此同时，随着"一战"的爆发，在帝国主义最薄弱的环节，

---

[1]《马克思恩格斯全集》第25卷，人民出版社1974年版，第495页。

列宁领导苏维埃革命建立世界第一个社会主义国家——苏联，并成立第三国际（1919—1943），号召世界革命。早在1881年3月8日《给维·伊·查苏利奇的复信》中，马克思对俄国农村公社进行分析后，提出了著名的"跨越资本主义卡夫丁峡谷"的设想，并在1882年的俄文版《共产党宣言》中认为"假如俄国革命将成为西方无产阶级革命的信号而双方相互补充的话，那么现今的俄国土地公有制便可能成为共产主义发展的起点"[1]。

但是建立无产阶级政权后的发展问题成为困扰，列宁也认识到社会主义"在欧洲开始革命要困难得多，而在我国开始要容易得多，但是要继续下去，却比欧洲困难。这个客观情况使得我们不得不经历异常艰难、异常急剧的历史选择"[2]。同时，也认为落后国家不能直接过渡到社会主义，而应该通过一系列的中间环节"间接过渡"，为此列宁在1921年提出从战时共产主义政策向新经济政策过渡的重要思想。探索"早熟的"社会主义国家的革命与建设成为社会主义运动的新命题。

第四轮长周期间　西方经济危机及战争为"早熟"社会主义国家的革命建设创造外部条件，通过社会主义"初始积累"，基本完成工业化。大凡跨越资本主义制度"卡夫丁峡谷"的落后国家，革命成功之后都必然要经历一个过渡期，列宁指出："真正革命民主国家中的国家垄断资本主义，必然会是走向社会主义的一个或一些步骤！"[3] 历史证明早熟社会主义国家的发展，既需要依靠西方国家已有的先进生

1　《马克思恩格斯选集》第1卷，人民出版社1995年版，第251页。
2　《俄共（布）第七次（紧急）代表大会文献：中央委员会政治报告（1918年3月7日）》，参见：https://www.marxists.org/chinese/lenin-cworks/34/001.htm#1。
3　中共中央马克思恩格斯列宁斯大林著作编译局编：《列宁选集》第4卷，人民出版社1995年版，第495页。

产技术，也需要通过国家动员完成社会主义初始积累。斯大林在理论上否定、在实践中完成了社会主义的初始积累，"二战"前后引进同盟国先进生产技术，成为世界第二大工业强国，形成了社会主义阵营分工协作体系。中国作为长周期中的革命与战争国家，毛泽东实践了暴力推翻国家机器，领导中国共产党取得无产阶级革命斗争的胜利。中华人民共和国成立后，引进苏联专家技术，并通过人民公社和国企完成了社会主义初始积累，奠定国家工业化基础。

第五轮长周期间 危机及其随后的创新发展，促使社会主义阵营发展进一步分化，资本主义社会进入和平长入社会主义的新阶段。社会主义国家并没有游离于1970年代末的世界经济危机。相比西方资本主义国家复苏与发展，苏联在"两个平行世界市场"的理论指导下，内部危机难以通过投资贸易或科技创新予以克服，最终导致苏联解体与东欧剧变。邓小平用社会主义初级阶段定义"早熟"的社会主义，以改革开放的名义，践行恩格斯关于落后国家走向社会主义必须引进先进生产力和机制的条件设定，开辟了社会主义国家发展的新道路。习近平紧密结合新的时代条件、国内外形势发展和实践要求，突出围绕坚持和发展中国特色社会主义这个主题，提出了一系列富有突破性和创造性的新理念、新思想、新战略，推进了一系列治国理政和治党治军的重大工作，促使中国发生了重大历史性变革，推动中国特色社会主义迈入了新时代。在西方国家，生产力水平的进一步提高以及工人阶级政党的斗争，资本主义和平长入社会主义的特征日趋明显，催生后资本主义社会、福利国家等形态。因此，中国特色社会主义与和平长入社会主义是马克思、恩格斯留给21世纪社会主义运动的两笔巨大实践财富，这必将成为21世纪社会主义运动的新起点。

三、当前世界经济长周期波动的新特征

每一个长周期中,国际政治与经济相互渗透,无论是中心—边缘的地缘政治结构,还是社会主义运动及其发展,传统的分析框架也面临着新的变化,经济活动和政治、科技、社会层面的变化关系都更为密切。在世界经济处于第五轮长周期(1975—2025)的相对衰退期中,经济动荡将更为频繁,经济动荡期与政治动乱或战争高发期相重叠,理论预测将持续到 2025 年左右。美国经济与其股市自 1980 年代以来持续发展,正是发生在这次康氏长周期的上行阶段。1997 年的亚洲金融危机,1989 年以来的日本经济衰落,意味着康氏长周期顶部的形成。而 2008 年开始的新一轮全球金融和经济危机,从美国发起,蔓延到全世界,表明这一轮的康氏长周期已逐步脱离了顶部区域,开始了相对下行阶段。伴随着经济动荡,从 20 世纪 90 年代以来,国际上的战争与动乱确实也显著增加,如伊拉克战争、叙利亚动乱、中东长期的动乱等,进入 21 世纪以来这一增加趋势更加显著。但与此同时,由于全球化以及随之而来的贸易和资本全球化、全球产业结构调整、新一轮科技革命的影响,我们也看到当前世界经济长周期波动出现了一些新特征。

1. 全球产业结构的调整和变迁,使得传统周期所依赖的产业基础发生重大调整

康氏长周期来源于康德拉季耶夫对 18 世纪末到 20 世纪初资本主义国家的批发价格水平、利率、工资、对外贸易等 36 个系列统计项目的加工和经验推论,这一阶段资本主义处于发生和迅速发展期,整个资本主义经济体系建立在迅速发展的工业和贸易基础上,应该说,康氏长波当时主要反映的是工业和制造业经济的长波。

在当前的第五个长波周期中，世界产业结构已经发生了巨大的变化，世界主要发达国家的经济重心开始转向服务业，产业结构呈现出"工业型经济"向"服务型经济"转型的总体趋势。目前，全球服务业增加值占国内生产总值（GDP）比重达到60%以上，美、英、德、日等主要发达国家第三产业在国内生产总值中的比重已上升至70%以上，中等发达国家也已上升至50%左右。第三产业持续发展成为一种不可逆转的趋势，其占GDP的比重也是判断该国经济发达与否的一个重要指标。与此相对应，第一、第二产业比重持续下降。以农业为主的第一产业占GDP总值一般低于10%，以新能源、新材料、生物科技、高新技术产业为主的第二产业占GDP总值的20%～30%。[1]

不同发展水平的国家，产业结构的变迁也呈现出不同的特点。总体而言，经济越发达，第三产业的比重越大，第一、第二产业向第三产业的迁移就越多。对于发展中国家、新兴国家而言，其在国际贸易分工体系中整体仍处于承接发达国家产业结构转移的快速工业化阶段，增长最快的产业部门仍是工业，其次是服务业，农业呈缓慢下降趋势。

产业结构发生变化、工业部门比重下降明显，这样，由工业活动所引致的繁荣扩张及衰退萧条周期也会受到影响，第三产业很多属于轻资产性质，对于固定资产和设备的投资依赖低，产业效率也空前提升，其周期性活动特点与第一、第二产业存在明显差别。

---

[1] 付东辉：《我国与日美发达国家三次产业结构变化对比》，《商情》2016年第38期；谭洪波、郑江淮：《中国经济高速增长与服务业滞后并存之谜：基于部门全要素生产率的研究》，《中国工业经济》2012年第9期。

2. 信息化、互联网化和智能化，第一、第二产业的运行发生了根本性改变

随着新一轮信息技术革命，第一、第二产业也出现了高技术化。产业的高技术化指高新技术被运用于传统产业的改造和应用，科技进步导致生产工具、手段、方法和对象的创新，高技术的大规模应用大大降低劳动力和资源等在投入要素中的比重，智力、智能、自动化和信息化被提升到重要位置，从而使劳动生产率迅速提高。当一部分企业、地区率先启动产业的高科技化，由于市场自由竞争机制的存在，其效率提升也会迅速被普及其他地区和部门，从而带动整个产业的效率提升。

在第一产业，高科技化主要表现为三个方面：一是机械化，运用各种机械化作业、农业机器人、果蔬自动种植采摘等。二是基于物联网技术的智能化，利用先进的传感器设备，对植物生长的环境因子进行精准监测，实时控制环境变量，达到作物所需要的最佳环境状态。三是新的生物技术、基因技术的运用。从植物的遗传信息、微生物等方面对植物进行基因的改良，如进行无土栽培、杂交育种、太空育种、基因优选、精准分子改良等。第一产业的高科技化，还衍生了对农业基础设施更新及投资的需求，没有良好的作业环境条件和灌溉系统，大规模机械化难以发挥用武之地。

在第二产业，高新技术改造传统工业在这一轮长周期中概括性地体现为工业 3.0 和工业 4.0。工业 3.0 是基于可编程逻辑控制（PLC）的生产工艺自动化，广泛应用电子与信息技术，使工业制造过程自动化程度进一步大幅提高。从 20 世纪 70 年代开始，工业 3.0 正好与第五轮周期的开始相交叠，极大地推动了整个世界经济效率的提升和长周期的发展繁荣。工业 4.0 概念最早在 2013 年德国汉

诺威工业博览会上被提出，驱动了新一轮工业革命。工业 4.0 的建立基础是互联网及物联网，核心特征是互联，即通过互联互通，以实时变动的需求端的数据流来驱动生产制造，降低生产和消费之间的信息不对称，加速其相互联系和反馈，最终以规模化的成本，构建出差异定制化的产业。工业 4.0 代表了"互联网 + 制造业"的智能生产，是智能工厂、智能生产、智能物流的协同。

在国际体系中，工业的高科技化也呈现从发达国家向发展中国家迁移的势头。很多发展中国家一方面实施鼓励工业化和制成品出口的政策；另一方面接受了发达国家转移出来的许多制造业部门，规模化催生产业变革和科技应用，也使自身工业生产能力和高科技化能力大幅度提高。金砖国家，东南亚越南、印度尼西亚等新兴工业化发展中国家在工业技术化的发展上越来越接近发达国家。因而，产业高技术化的发展是全球性的、广泛性的。

因而，即便在第一、第二产业的层面，我们也看到本轮长周期中产业运行效率、方式也都发生了巨大的变化，产业效率提升，尤其是智能联网技术的应用，更是改变了传统工业、农业中先生产、后销售的模式，使得大规模库存现象减少，产业供给端可以根据需求灵活地调整生产线配置、设备投入、库存规模，并向产品设计、研发、销售等服务业延伸。加上现代物流体系的建立，最终那些导致经济长周期中衰退的因子可以在早期被发现和调整，这也是我们看到本轮长周期至今为止，除了 2008 年金融危机等突发性危机外，仍然没有出现全局性大幅度长期衰退的重要原因。

3. 以信息技术为核心的新一轮技术革命深刻地影响了全球经济的运行模式和机制

以计算机和信息技术为主导的技术革命，开启了人类社会的信息时代。20世纪70年代以来，除计算机之外，人类在互联网、微电子、原子能、航天技术、新能源、新材料、分子生物和遗传工程等领域都取得了重大突破。1975年，英特尔创始人之一戈登·摩尔提出修正的摩尔定律，指出了由于技术进步，半导体芯片上集成的晶体管和电阻数量将每年翻一番，这一定律揭示了信息技术进步的速度。随着技术进步的加快，加上其他各种复杂因素的相互影响，全球经济的运行模式和机制发生变化，用康氏长周期来解释经济长期增长波动越来越难。

在这个技术变革周期中，硬件的突破带来的计算力和便携性的提升，通信的突破则带来了互联网、移动互联网和物联网的普及。由于多数的关键技术和企业（微软、Intel、IBM等）都产生在美国，美国凭借技术先发优势，率先以增长姿态进入一个新的长周期，其他发达国家和发展中国家随之陆续步入，延续到世纪之交。随着计算机、激光、微电子、电信和因特网等重要信息技术的广泛应用，多领域技术相互渗透融合，新的技术经济体系已经成型，重大颠覆性创新不时出现，信息及信息密集型服务业成为世界经济的主导性产业，世界经济的供给侧约束得到缓解，产业结构再次优化升级。

进入21世纪以来，信息技术的深入发展进一步推动了数字技术创新，人类进入了新的数字时代。各行各业、平台经济、互联网和物联网的联接和应用催生了海量数据资源及交换速度，数据成为重要的生产要素和生产力，并成为智能化的微观基础。在数据的纽带和催化作用下，人工智能、生物技术、新能源技术、新材料技术等接力成为这一轮技术革命的又一个高峰，以信息产业为主导产业的第五个长周期进入创新中高级阶段，也推动生产方式和产业组织呈现出生产方式智能化、产业组织平台化、技术创新开放化、贸易资本全球化的特征，对全球分工也将带来全面而深刻的影响。

预计未来 10 年，以大数据、云计算和人工智能为引擎，发达经济体在全球信息化和数字经济发展中将继续保持领先，但新兴经济体创新实力也在快速上升，发展中国家也会快速崛起。新技术革命会在不同经济体之间同时出现两方面的现象：一是使落后发展中国家的后发优势和弯道超车成为可能。落后国家产业起步晚、工业基础薄弱，但如果结合自身资源、优势，快速进行产业机构调整，消化技术创新，后发先至的可能性是存在的，并将催动发达经济体的共同进步。从演变过程来看，全球产业结构也的确已从劳动密集型阶段发展到资金密集型阶段并向技术密集型转变。二是新兴经济体和发展中国家工业制造业实力的快速增加，也引起了发达国家的警惕和对制造业过度"外包"的担忧。中美之间的贸易摩擦让美国提出制造业回归的口号，新技术革命所带来的弹性化、个性化、精益化、智能化生产制造和服务模式，使发达经济体的高端制造业回归变得更加可行。如果发达国家将更多制造业迁回本国，以数字化方式再生，则发达国家与发展中国家目前制造业的分工格局将被打破，全球分工格局也将面临大的调整。

4. 全球一体化市场的形成，各国之间的经济联动性、同步性加强，也联合加强了全球对周期波动的共同应对和协调

通信手段和交通方式越来越高效，缩小了各国和各地的距离，使世界经济越来越融为整体。从哥伦布发现美洲新大陆起，资本主义国家就开始了寻求其全球化之旅，而这一进程在信息化技术革命周期中最终实现。

经济全球化（一体化）即指各国贸易、投资、金融、生产等活动的全球化，使得资本和产品在全球流动，生产要素在全球范围内实现最佳配置，科技在全球扩张及被广泛应用。全球化中，世界各国经济联系不断加强，相互依赖程度日益提高；各国国内经济体制、规则不断趋于一致，且遵循一些共同的国际规则；国际经济协调机制更加强化，以联合国、国际货币基金组织、世界贸易组织、G20 为主导的各种多边或区域组织对世界经济的协调和约束作用越来越强。

各国贸易、金融与投资开放度增加，产业结构的相似程度都将显著地增加经济周期同步性，加快周期的国际传导。沈子荣发现，[1] 经济全球化、区域一体化和金融、贸易自由化使得世界各国的经济周期波动越来越呈现出同步性，世界经济周期波动呈现出扩张期变得越来越长，衰退期相对越来越短。通过进一步对各个时期的世界经济周期同步性进行比较研究，可发现以 G7 为代表的世界主要工业国家经济周期趋同性较好，但随着新兴市场国家经济实力的增强，世界经济越来越呈现出多极化的趋势。

全球化和一体化在某些方面固然加剧了商业周期同步性，但也促进各国团结起来共同抵御全球性经济和金融危机的影响，采取某些全球性或者区域性合作，比如互相拆除贸易壁垒、减少贸易关税、加强互相之间的合作，共同采用逆周期的财政及货币政策，通过多边组织对发展中国家、困难国家的援助，以共同来抵御危机，防范更同步的、更急剧的经济下滑风险，进而使各国从全球化和一体化中获得最大的正面收益，避免负面效果。

近年来，单边主义、气候变化、民粹主义、不断出现的区域性经济和金融危机、贸易摩擦、新冠病毒等一系列问题给全世界带来了巨大的挑战，这些挑战让世界各国日益认识到团结合作的重要性。

---

1 沈子荣：《世界经济周期发展与中国应对策略》，《国际经济合作》2011 年第 2 期。

在《联合国宪章》发布 75 周年之际，经合组织幕僚长兼 G20 协调人加布列拉·拉莫斯表示，21 世纪以来世界面临着大量复杂的挑战和不稳定性，各国必须通力合作，共同解决。[1]

5. 非经济及技术因素尤其是一国政治对周期的影响加大

在熊彼特之后，很多经济学家、统计学家对长波进行了理论和数据检验，并得出结论：技术创新和资本主义经济运行规律是引起长波的主要原因。这包括：美籍德国经济学家门斯（G. Mensch）提出技术创新长波论，[2] 认为技术创新是经济增长和长期波动的主要动因，他用美国 1900—1975 年耐用生产设备方面的固定投资的时间序列总量数据进行证实。荷兰经济学家范杜因提出创新生命周期理论，认为任何一项基本创新活动都要经历引进、增长、成熟和下降四个阶段，构成基本技术创新的生命周期，与经济长波的繁荣、衰退、萧条和复苏分别对应。经济学家罗斯托提出相对价格长波论，认为初级产品与工业品之间的相对价格高低是决定世界经济长期波动的主要因素。英国苏塞克斯大学教授克里斯托夫·弗里曼强调技术创新对劳工就业的影响，提出了劳工就业长波论。

从资本主义资本积累或者利润率变动提出的有如下主要学者。以戈登、韦斯科普夫等人为代表的"社会积累结构"（Social Structure Accumulation，SSA）学派认为长波实际上是资本积累的周期。在分析资本主义社会资本积累的过程中，他们认为长波实际上是资本积累的周期，资本积累速度相对比较快的时期是长波的上升阶段，而资本积累速度比较慢的时期则是长波的下降阶段。比利

---

1 《全球性危机需要"全球化"解决》，《经济日报》2020 年 6 月 24 日。
2 G. Mensch, *Stalemate in Technology*, Harper Collins Distribution Services, 1975.

时经济学家欧内斯特·曼德尔用马克思主义理论研究经济长波，强调平均利润率的变动在资本主义经济长期波动中的作用，即利润率变动长波论。

日本经济学家篠原三代平则认为引致世界经济出现长期波动的因素除了技术革新、货币供应量这两个经济因素，还取决于能源资源和战争因素，是以上因素综合作用的结果，也认为技术革新是推动长期波动的主要动力。

但在新一轮长波中，由于不同社会阵营、政治制度和经济体制的存在，越来越多学者认为引发长波的因素还有非经济因素，包括政治、文化、教育、军事、外交、社会心理、生态环境、自然灾害等，其中政治因素和政治力量的影响至关重要。

波兰经济学家卡莱斯基最早提出优势政治力量决定政府的经济政策从而导致经济长期波动这一学说，20世纪70年代英国学者弗雷、美国学者诺德豪斯等又发展为政治周期说，80年代意大利都灵大学经济学教授米歇尔、索尔瓦蒂等对此进一步加以发挥和完善。这种理论认为，在实行民主政治的资本主义国家，尽管遵循市场经济原则，宏观调控包括财政、货币等经济政策仍然重要，但政府制定经济政策还是受"广大群众"和"资本家"两种政治力量的制约，占优势的政治力量会影响并决定政府的经济政策。西方民主政治制度的存在，也会使两股政治力量轮流获取优势地位，两者之间的地位变化是一个长期过程，所以政府经济政策重点的变化是长期的，经济情况的变化也是长期的，从而形成长期经济波动。

类似中国、新加坡等一类新兴国家，政府和政策在经济中的作用就更加重要。中华人民共和国在成立后实行高度集中的计划经济体制，之后的改革开放虽推行市场经济，但政府的政策指导、指令、产业政策和宏观调控始终占据重要地位，政府主导的基础设施建设和新基建等，也是经济发展的重要基础。新加坡虽然实行市场经济，但政府在经济中的作用至关重要，新加坡采取威权主义、国家资本主义体制，政府主导推动商业立国，大力发展高新技术产业并对外开放，国家主导经济实现工业化发展。1961年新加坡成立的经济发展局（EDB）代表着国家对经济的完全管控。1974年成立的国家控制企业淡马锡控股，几乎主宰着新加坡经济命脉，这都代表着国家资本主义模式的方向。新加坡模式的成功使新加坡从1980年代起飞以后国家经济始终处于较为繁荣的状态。

政府在应对危机方面的举措也会影响周期波动。2008年金融危机加速之后，美国、日本、欧盟及其主要成员国，以及以中印巴俄等"金砖四国"为代表的新兴经济体等的官方干预和救市行为纷至沓来，措施之密集、力度之强大、协调之频繁和紧密，均前所未有，中国还出台4万亿元的投资计划。2020年的新冠肺炎疫情肆虐，全球国家都深受影响，美国尤为严重。美国经济自2008年国际金融危机以来首次出现全年萎缩，美政府为拯救经济，除了发放补贴、减税，更是开启货币放水模式，短短1年内投放市场高达5万亿美元，拜登上台后又推出2万亿美元的拯救计划，这些都将有助于缩短长波下降期持续的时间，并降低衰退的深度。

6. 在一个长周期中，我们除了看到繁荣期与动荡期的中短周期交替，也看到繁荣期的相对延长

熊彼特认为，在每个康氏长周期中仍有中等创新所引起的若干个波动，这就形成若干个中周期，每一个长周期包括六个中周期；在每个中周期中还有小创新所引起的若干个波动，形成若干个短周期，每一个中周期包括三个短周期。中国康氏长周期理论研究学者

周金涛则总结出"四周期嵌套理论"[1]，他认为一个康氏长波60年运动中套着3个房地产周期，20年波动一次，1个房地产周期套着2个固定资产投资周期，10年波动一次，1个固定资产投资周期套着3个库存周期。

在长周期的前25～30年，世界经济总体处于繁荣期，后一半时间则总体上处于衰退和萧条时期，其中叠加多个中周期和短周期。但观察1975年以来的最近一个长周期，综合之前的重要因素，包括信息科技革命的持续、政府的干预、世界各国的联合应对等，在第五个长周期中出现了一些变化，"繁荣期"明显加长。从1980年代里根总统上台美国经济增长开始，到2007年、2008年危机，出现了一个接近30年的世界经济长期增长（第一波到第四波繁荣期平均为20年），仅在1991年、2001—2002年出现一些小规模的衰退；与此相对应，长周期中的短周期扩张期比过去拉长，从1991年3月至2000年12月扩张期达到117个月。2008年之后，本应处于长周期的衰退和萧条期，但世界经济从2009至2019年再次经历了一个10年左右的发展，有一些学者甚至认为出现了超长长周期，直到新冠肺炎疫情的出现才有明显衰退。今天，以微软、谷歌、亚马逊、特斯拉等大型科技公司所代表的资本主义经济体还如日中天，在世界经济中扮演着重要角色。

2020年突发的新冠肺炎疫情及其全球蔓延给世界经济带来了重大的影响，所有国家都深受影响，世界经济走向负增长。疫情之后，是继续本轮长周期的再一次繁荣，还是进入另一个长周期的开始，还有待实践检验和进一步观察。

---

[1] 周金涛：《涛动周期论》，机械工业出版社2017年版。

第三节　长周期与中国

根据本章对近代至今历史的五次长周期划分，第一次长周期起始于1775年，这是清乾隆四十年，中国正处于康乾盛世的中后期。这一年，美国独立战争开始，瓦特带领人类进入"蒸汽机时代"，英国开启影响未来全球历史进程的第一次工业革命，英国学者亚当·斯密《国富论》成书，奠定了资本主义自由经济的理论基础，其后西方资本主义经济体制快速发展。而同一年，中国与之形成鲜明对比的一件事情是：禁广西商民出口贸易。从此，中国和西方在乾隆盛世时代渐行渐远，历经数个长周期，走向不同的命运和道路。当西方在数个长周期中不断以技术创新和突破达到新的繁荣背景下，原本强大的中国不断下行并在资本主义列强的侵袭下逐渐沦为半殖民地半封建社会，直到中华人民共和国的成立。需要说明的是，中华人民共和国成立后的一段时间内，尽管全面实行计划经济体制，以GDP增长率为指标的社会主义经济仍然有一些波动和周期。改革开放以后，伴随着中国逐渐融入世界经济体系，加之受到西方经济学思想和研究的影响，中国对经济周期及长周期的研究得以开展，并取得相应成果。

一、长周期中近代中国的深重苦难与西方世界的扩张

近现代世界体系形成的过程，也是西方兴起、东方衰落的过程，长周期中资本主义生产过剩大危机，从一开始就通过战争的形式深刻影响了中国历史的走向，使中国在第二次长波周期中由第一类国

家沦为第三类国家,世界体系因此而改变。

1. 1775—1825年,清朝的高度繁荣及转折开始,"一口通商"及拒绝西方开放要求

康乾盛世达到了中国封建社会的最后一个鼎盛时期,取得了多方面的成就,包括疆域版图、耕地数量、人口数量都达到一个高峰。在经济方面,除农业外,手工业、工商业的资本主义萌芽自明朝发端后在清朝也得到了进一步发展,其GDP总量所占的世界比例在中国近三千年历史上也是最高的。据英国经济学家安格斯·麦迪森的研究,1820年清朝GDP总量为2286亿美元,占世界GDP总量的32.9%。清朝GDP数值在1840年前远在欧洲之上,这一说法基本得到普遍认同。世界著名经济学家珀金斯(Dwight H. Perkins)、弗兰克(Andre Gunder Frank)等也认为18至19世纪中国的经济总量、人口总量、国际市场竞争力以及出口能力都远超当时经济迅速崛起的欧洲,是世界上最大的经济体。[1]

清朝政府衰败的原因很多,从主要方面而言,后期大幅度落后于西方世界的原因包括:重农抑商的经济政策,闭关锁国的对外策略,缺乏突破性的世界发明并拒绝来自西方的技术进步及革命等,最终在一系列中外战争中逐渐走向覆灭。

闭关锁国、停止及限制外贸的政策从明朝即开始,闭关锁国政策中最严重的是海禁,其次为一口通关,最后为其他限制性政策。明洪武、永乐和嘉靖年间,政府不断重申海禁令。清朝的禁海运动始于顺治十二年(1655),终于康熙二十三年(1684)。清政府下令

---

[1] 德怀特·珀金斯:《东亚发展:基础和战略》,颜超凡译,中信出版社2015年版;贡德·弗兰克:《19世纪大转型:重新定向19世纪的亚洲和世界政治经济格局》,吴延民译,中信出版集团2019年版。

禁止官民擅自出海贸易，将违抗者交给刑部按律治罪。

乾隆在雍正的基础上更加的重农抑商，在乾隆十六年（1751）颁布上谕关闭泉州、淞沪港口，留下宁波、广州作为通商口岸。乾隆二十年（1755），乾隆帝增加宁波港赋税，所有洋行及来往中国的海外商人皆被赶到广州。乾隆二十二年（1757）撤宁波贸易港，只保留广州作为对外经商口岸，实行一口通商制，广州遂成为当时中国对外贸易第一大港口。外国商人来华交易，都要在广州找指定的行商作为贸易的代理，这些指定行商所开设的对外贸易行店，即十三行，[1] 十三行在乾隆时期达到鼎盛。一口通商及十三行的政策，对出口的商品数量、种类都严加限制，既严重阻碍了中国资本主义萌芽的发展，也跟不上这一时期资本主义大扩张及生产过剩大危机对中国的开放需求。

英国工业革命后，资本主义正处于上升阶段，亟须开辟新市场，除了在北美和世界其他地方的扩展，英国人也把目光投向了繁荣富裕的清朝，希望能够通过与清朝建立外交和贸易关系，以增进英国经济的发展。1792年9月，英国特派马戛尔尼（George Macartney）使团访华。使团访华初期，中英双方因为一系列礼仪冲突而导致马戛尔尼迟迟未能见到乾隆，但最终还是在1793年农历八月得以觐见。马戛尔尼使团带来了众多精心挑选的礼品和发明，甚至包括新型战舰模型、武器和仪器，随后向清政府提出了允许英商到宁波、舟山和天津贸易，在北京设立商馆等六项要求，被清政府一概拒绝。在乾隆给英国王的回信中，更有"咨尔国王，远在重洋，倾心向化……具见国王恭顺之诚，深为嘉许""设天朝欲差人常

---

[1] 粤海关官府招募了十三家较有实力的商行，代理海外贸易业务，俗称"十三行"。

驻尔国，亦岂尔国所能遵行。况西洋诸国甚多，非止尔一国，若俱似尔国王恳请派人留京，岂能一一听许""天朝抚有四海……奇珍异宝，并不贵重。尔国王此次赍进各物，念其诚心远献，特谕该管衙门收纳"等言辞，[1] 不仅彰显了天朝至尊的身份，也回绝了对方派人常驻中国的请求。

马戛尔尼使团访华失败之后，英国于嘉庆二十一年（1816）又派阿美士德（William Pitt Amherst）侯爵率领使团再次来华，企图使用外交手段敲开古老中国封闭的大门。这次英国使团访华因觐见礼仪的障碍而再次夭折。

2. 1825—1875 年，两次鸦片战争，闭关锁国政策破产，中国走向近代屈辱的开始，进入半殖民地半封建社会，经济衰落

正如第一章第三节所述，欧洲在 17、18 世纪出现"中国热"，许多思想巨匠盛赞中国的儒家文化、政治经验以及精美的器物文化。英国马戛尔尼使团访华后，使团记载的中国形象与游记汉学和耶稣会士汉学文献中的"中国"迥异，其中表达了对晚清社会的各种负面认知，如军备落后、医学迷信、女子缠足，等等。[2] 伴随着西方资本主义的上升与西方近现代传教士逐渐来华，西方来华人士目击并主要记录现实中国衰败的一面，欧洲人的中国观由此逐渐发生由正转负的根本性转折。

19 世纪前后，英国在印度种植鸦片，并且大量销往中国，使得中国对外贸易逆转为入超。在使用外交手段达不到开放中国市场目

---

[1] 乾隆皇帝致乔治三世国王的信，见佩雷菲特：《停滞的帝国：两个世界的碰撞》，王国卿等译，生活·读书·新知三联书店 1993 年版，第 330—335 页。
[2] 佩雷菲特：《停滞的帝国：两个世界的撞击》，王国卿等译，生活·读书·新知三联书店 1993 年版，第 68、74 页。

的的背景下，英国决心付诸武力，在1840至1860年发动两次鸦片战争，迫使清政府签订不平等条约。1842年《南京条约》规定，清政府开放上海、宁波、福州、厦门、广州等处为通商口岸，并割让香港岛；随后1843—1844年中英《虎门条约》、中美《望厦条约》、中法《黄埔条约》等一系列不平等条约使外国人大量来华投资，并且建立租界，加速对清贸易。领土主权的破坏使得中国自给自足的自然经济开始解体，逐渐成为世界资本主义的商品市场和原料供给地，成为世界资本主义市场的一部分，中国开始沦为半殖民地半封建社会。客观上促进了中国商品经济的发展，有利于中国民族资本主义的兴起。

第二次鸦片战争迫使清政府先后签订《天津条约》、《北京条约》、中俄《瑷珲条约》等和约，这期间中国还爆发了太平天国运动，列强侵略更加深入，势力扩大到沿海各省和长江中下游地区，并向中国内地延伸。这大大方便了列强向中国倾销商品，掠夺廉价原材料和劳动力，中国受到资本主义经济的侵略性冲击。此前广州十三行处所也在1856年英法联军的炮火中付之一炬，英国商人此后将经营中心转至香港。在这个长周期中，中国经济从世界领先开始衰落。[1]

3. 1875—1925年，民族资本主义开始发展，洋务运动及变法，清朝在中日甲午海战后逐渐走向灭亡，民国早期资本主义工商业的发展共同促进了中国近代经济的第一次繁荣

鸦片战争后，中国被迫被卷入世界经济体系，中国自给自足的

---

[1] 经济学家王玉茹认为，中国近代经济史的阶段划分应以中国近代经济发展过程中的周期运动作为分期的依据，包括四个阶段。第一阶段1850—1887年的37年和第四阶段1936—1949年的13年，中国的国民收入和人均国民收入不但没有增长，反而呈下降的趋势。参见王玉茹主编：《中国经济史》，高等教育出版社2008年版。

小农经济逐步解体，商品经济得到发展，商业流通开始活跃，自然经济开始向商品经济转化。在此背景下，出现了洋务运动和民族资本主义的早期发展。

面对太平天国运动的打击和西方列强的侵略，清政府统治集团中一些较为开明的官员开始学习西方，开展洋务运动，逐渐形成洋务派。洋务派在中央以奕䜣、桂良等权贵为代表，在地方有曾国藩、左宗棠、李鸿章、张之洞等为代表，还拥有一大批知识分子以及民间工商人士。洋务派认识到以机器生产为核心的近代工业革命是富国强民的根本，提出师夷之长技以自强和求富。他们采用西方先进的生产技术，创办了一批近代军事工业和民用工业，包括江南制造局、金陵制造局、福州船政局、天津机器局、轮船招商局、开平煤矿、汉阳铁厂和湖北织布局等。此外，中国一些官僚、地主、商人，也纷纷引进国外先进的生产技术和机器，在上海、广东、天津等沿海地区兴办了近代工业，早期企业有上海发昌机器厂、广东南海继昌隆缫丝厂、天津贻来牟机器磨坊、张裕葡萄酒公司等。这些洋务派创办的近代化军事工业企业和早期的民族资本主义企业，共同形成了中国大地上自己的资本主义工业。

1895年甲午战争的惨败宣告了洋务运动的破产。清政府被迫进行变法图强的改革，放宽了对民间设厂的限制，颁布了《公司注册试办章程》等一系列鼓励投资和规范运作的工商业律令，这些是中国政府推动民族工商业发展的制度安排的重要起点，也迎来我国民族资本与近代工业第一个快速增长的时期。据不完全统计，1895—1898年创办的商办厂矿企业有50余家。《辛丑条约》后，民族资本主义仍保持发展势头，据《中国近代经济史统计资料选辑》统计，1901年至1911年间，全国新设厂矿有346家，超过此前30多年的两倍以上。

辛亥革命推翻了封建专制统治，为中国资本主义的发展扫除了一些制度上的束缚和障碍，提高了资产阶级的社会地位，激发了民族资本家投资企业的热情。第一次世界大战的爆发也为中国民族工业发展提供了一个有利的外部时机，中国民族资本主义在民国初期经历了短暂的春天。1912—1919年，新建厂矿企业470多家，新增资本多达1.3亿元，速度和规模空前，超过过去半个世纪的成就。无产阶级队伍在这一期间也不断壮大，为以后中国新民主主义革命和中国共产党的诞生提供了阶级基础。

在这一长波时期，中国市场被西方国家打开，民族资本主义快速发展，创造了新的经济增长点，开始纳入世界市场体系，经济波动与世界主要资本主义国家经济周期开始产生一定的同步性，西方各国经济波动开始影响到中国经济的发展。根据王玉茹的统计分析，近代中国经济发展的四个阶段中，第二阶段即1887—1914年的27年，经济增长虽然缓慢，但仍有发展。[1] 安格斯·麦迪森也提出过在1900年，中国占世界经济比重大约有11%。[2] 这段时期中国经济的上升与第二次工业革命后资本主义世界第三次康氏长波的繁荣期也较为吻合。

4. 1925—1975年，中国历经国民政府成立、抗日战争、解放战争各时期，中华人民共和国成立后，社会主义工业经济体系奠基，总体保持增长

1927年，南京国民政府建立至中华人民共和国成立前，20多年

---

[1] 王玉茹：《中国近代的经济增长和中长周期波动》，《经济学》（季刊）2005年第1期。
[2] 安格斯·麦迪森：《世界经济千年史》，伍晓鹰、许宪春译，北京大学出版社2003年版。

间民族工业历经了"较快发展—日益萎缩—陷入绝境"的曲折历程。

南京国民政府采取一系列促进经济发展的政策和措施，开展"国民经济建设运动"，鼓励发展工业、农业、交通运输业发展，广大群众抵制洋货、提倡国货的行动也为民族工业的发展创造了机遇。到1936年，民族资本在国民生产总值中已经占据主导地位，超过了官僚资本和外国资本。1935—1936年，中国国民生产总值年增长8.8%，1936年国民生产总值约230亿美元，为日本的1.8倍，占世界经济的近4%，是近代中国经济的最高点。

1937年，日本发动全面侵华战争，民族工业遭到沉重打击。国民政府出于抗战的需要，实施战时体制，强化对经济的全面统制，造成官僚资本的膨胀和民族资本的萎缩，以四大家族为代表的官僚资本主义逐渐垄断社会经济。第二次世界大战结束后，欧洲各资本主义国家的经济势力卷土重来，大幅度地增加对中国的商品输出和资本输出。加之国民政府不断增捐加税，通货急剧膨胀，原料昂贵而产品滞销，中国经济和民族工业发展陷入绝境。根据安格斯·麦迪森的估算，1913—1950年，中国GDP年均增长率为 –0.02%，而同期世界GDP的年均增长率为1.85%。[1]

中华人民共和国成立后，我国通过国家资本主义的形式，逐步完成将民族资本主义经济逐步转变为社会主义经济的历史过程，对民族资本主义经济实行利用、限制的政策，引导其走上社会主义道路。1952年我国完成了国民经济的恢复，从1953年起开始进入工业化发展历程，中华人民共和国经济的周期性波动也由此展开。中

---

[1] 安格斯·麦迪森：《中国经济的长期表现：公元960—2030年》，伍晓鹰、马德斌、王小鲁译，上海人民出版社2011年版。

华人民共和国早期学习苏联的发展模式,坚持优先发展重工业的战略,采用计划经济体制,集中资源和力量进行经济建设,国民经济发展取得很大进步。但这一期间,一方面经济体量总体较小;另一方面由于受到"大跃进""人民公社"以及"文化大革命"等政治运动的影响,经济周期也出现一些波动。

表 4-2 中国历年国内生产总值(GDP)增长率一览(1950—2020 年)

年 份	1950	1951	1952	1953	1954	1955	1956	1957	1958	1959
增长率	23.4%	19%	18.3%	30.3%	9.4%	5.6%	16.5%	6.0%	32.2%	19.5%
年 份	1960	1961	1962	1963	1964	1965	1966	1967	1968	1969
增长率	5.4%	−31.0%	−10.1%	9.5%	17.6%	20.4%	17.3%	−9.6%	−4.2%	23.8%
年 份	1970	1971	1972	1973	1974	1975	1976	1977	1978	1979
增长率	25.7%	12.2%	4.5%	9.2%	1.4%	11.9%	1.7%	10.7%	11.7%	7.6%
年 份	1980	1981	1982	1983	1984	1985	1986	1987	1988	1989
增长率	7.8%	5.2%	9.1%	10.9%	15.2%	13.5%	8.8%	11.6%	11.3%	4.1%
年 份	1990	1991	1992	1993	1994	1995	1996	1997	1998	1999
增长率	3.84%	9.18%	14.24%	13.96%	13.08%	10.92%	10.01%	9.30%	7.83%	7.62%
年 份	2000	2001	2002	2003	2004	2005	2006	2007	2008	2009
增长率	8.43%	8.30%	9.08%	10.03%	10.09%	11.31%	12.68%	14.16%	9.63%	9.21%
年 份	2010	2011	2012	2013	2014	2015	2016	2017	2018	2019
增长率	10.45%	9.30%	7.65%	7.7%	7.4%	6.9%	6.85%	6.95%	6.75%	6.11%
年 份	2020									
增长率	2.3%									

注:数据来源于国家统计局数据中心及其他官方报道。[1]

从 GDP 增长率数据可见,自中华人民共和国成立后,中国就处

---

[1] 参见:http://finance.china.com.cn/roll/20140314/2258951.shtml;http://intl.ce.cn/specials/zxxx/201307/16/t20130716_24577425.shtml。

于高速发展状态，仅在1961年、1962年发生重大自然灾害和苏联撤走专家终止援助，还有1967年、1968年，才出现过短暂的负增长，1974年、1976年因"文化大革命"影响增长率较低，长波的运行有所波动，但总体来看大趋势还是一直处于长波的上升阶段，可以说这一长波自中华人民共和国成立以来就已经起步。

二、第五个长周期延续的中国超长上升长波与主要原因

旧中国衰落的原因在于闭关锁国，远离了世界科技、经济和文化发展的主流，在世界体系的变迁中成为第三类国家；中华人民共和国崛起的原因在于把握住第四、第五次长周期中产业发展的机遇和世界经济周期波动的繁荣上升脉搏，较好地实现了外部机遇与国内优势的顺利对接。

伴随着1976年"文化大革命"的结束，特别是1978年实行改革开放以来，我国经济体制实现了由计划经济向社会主义市场经济的转轨以及经济发展模式的转换，我国经济周期波动又进入了一个新阶段，长波的运行也进入了一个新周期。除个别年份外，我国经济在新长波中的增长率基本保持在7%以上的高位运行，而且很多年份达到了两位数的高增长，增长状态直至2020年受新冠肺炎疫情影响还在持续。在这一新周期中，我国取得了多方面举世瞩目的成就。就经济方面概括而言，经济规模、经济质量和经济结构都得到提升，到2020年，GDP首次突破100万亿元，以美元计价的人均GDP超过1万美元，经济实力和综合国力又跃上一个新台阶；经济质量和结构不断优化，以产业升级等方式从数量型发展转向质量型发展，经济增长正日益转向更多依靠消费、服务业和国内需求，更多依靠劳动者素质提高、技术进步。尤其是党的十八大以来，以习近平同志

为核心的党中央坚持以新发展理念为引领，以供给侧结构性改革为主线，加快推进经济结构战略性调整和经济转型升级，我国经济结构实现重大变革，产业结构、需求结构、城乡结构、区域结构、所有制结构和收入分配结构逐步改善，经济发展的协调性和可持续性不断增强，为推动高质量发展建设现代化经济体系奠定了良好基础。2021年，我国脱贫攻坚战又取得了全面胜利，完成了消除绝对贫困的艰巨任务，创造了又一个彪炳史册、举世瞩目的奇迹。

1950年以来我国的经济超长发展，至今已70年，虽然运行过程中由于各种因素的影响有所起伏，但基本上保持了一种上升的运行态势，直到目前仍处于上升运行状态。中国长波运行上升期的这种超长发展体现出了不同于通常意义长波的特殊性，早已经脱离了传统康氏长波所定义的周期时长及其繁荣和衰退的交替，这种特殊的长波超长上升期的出现可以说是通常意义康氏长波在中国这样一个发展中大国经济发展中的一种变形。我们认为，导致这一轮超长长波的根本原因，主要包括如下四个方面。

1. 坚强有力的中国共产党的领导、有效政府及相对和平的外部环境

经济发展需要有效的政府支持和管理、稳定的社会环境，以及和平的内外部环境。没有坚强有力的政治领导和政府管理，没有制度保障，无法取得巨大成就。

党的领导是中国特色社会主义最本质的特征，也是中国70年长周期持续发展的根本原因。中国共产党及其领导下建立的中国政府和系列制度，包括坚持党的领导、人民当家做主、依法治国有机统一，坚持人民代表大会制度、中国共产党领导的多党合作和政治协商制度、民族区域自治制度、基层群众自治制度，加强文化领域

制度、社会治理制度、生态文明制度建设等，为经济长期发展提供了有效的保障支持、政治基础、社会基础、物质基础，保障了社会大局稳定、人民安居乐业、国家安全，即便在中华人民共和国成立初期和"文化大革命"期间有过一些波折，但很快进行了自我调整，中国取得的长期发展也充分证明了中国政府和制度的效能。

2. 坚持制度优势，并不断进行制度创新

在分析中国取得巨大成就的原因时，集中力量办大事、公有制为主体、土地国有、宏观调控这些社会主义经济制度的关键因素，集中优势资源，聚焦特定的目标，往往可以形成跨越性、突破性、高效率的发展，同时还能够形成带动效应，提升整体的经济社会发展水平。法国前总理德维尔潘总结："中国所具有的集中力量和长期奋斗的决心是西方国家所经常缺乏的。"[1] 俄罗斯国家经济学院国际经济研究生院院长弗拉基米尔·波波夫强调，中国的"国家制度能力"即社会主义制度，保证了中国在遭遇世界经济危机时，依然可以有出色的表现力。[2] 类似的观点还体现在西方学者乔根·兰德斯、奈特·温斯坦，东京大学名誉教授伊藤诚、国际马克思大会社会主义学科主席托尼·安德烈阿尼等人的言论中，他们普遍认为正是这种"社会主义属性"使中国在经济危机中得以幸免，并给全球经济注入了活力。[3] 中国能够集中力量办大事，具备强大的基础资源、动员能力、整合能力和执行能力，并具有强大的危机处理能力，这些制度优势将继续引领中国前行。

---

[1]《当代中国发展进步的根本制度保障》，《人民日报》2019年7月22日。
[2] 毕文胜：《波波夫谈中国发展模式》，《国外理论动态》2011年第1期。
[3] 宋丽丹：《国外看"中国道路"取得成就的主要原因》，《红旗文稿》2015年7月13日。

在公有制和国家宏观调控管理的基础上，我们在经济方面作出的最大创新是通过改革开放引入了市场机制，实行社会主义市场经济，提出了实现社会主义现代化的战略目标，把党和国家的工作重心转移到经济建设上来，走出了具有中国特色、符合中国实际国情的社会主义道路，并在后期改革开放的实践中不断进行优化和调整，与时俱进，坚持理论创新和实践创新，不断进行大胆而又谨慎的制度创新，包括十八大以来的供给侧改革、新基建推进、扶贫攻坚和全面建设小康社会等。这种制度创新的意义在于，我们既可以发挥市场在资源配置中的基础性作用，又可以通过国家集中掌握的资源、能力进行顶层设计、基础设施建设、产业政策推进、宏观调控，充分发挥了社会主义制度与市场化相结合的优势，走出了中国道路，这是西方资本主义经济体所缺乏的要素。

3. 实行改革开放，解放生产力，引进先进技术，推进技术创新

首先，中华人民共和国成立后前 30 年的社会主义探索为改革开放打下了非常坚实的基础。中华人民共和国在社会主义探索时期，在举国体制下集中、合理地利用各种资源，有计划、按比例发展工农业生产。通过土地改革废除了封建剥削制，解放了农业生产力；通过没收官僚资本、开展民主改革，迅速建立了社会主义的工业体系布局，工业技术取得很大进步，不但建立了许多传统的产业部门，如纺织、冶金、机械、石油化工和汽车工业，而且在半导体、计算机、空间科学和分子生物学等尖端科技领域也取得了重大的突破。这些工业基础的建立和技术创新的进展，推动中国逐步脱离了长波的圈外地带。

改革开放为这一长波继续接力。改革开放直面落后的社会生产和人民日益增长的物质文化需要之间的主要矛盾，强调以经济建设

为中心，引入市场经济体制，解放和发展社会生产力。通过体制改革，包括实行联产承包责任制的土地改革、社会主义市场经济体制改革、企业改革和现代企业制度建立、财税体制改革、外贸和外汇体制改革、医疗住房教育改革等，将市场经济与社会主义联系在一起，为生产力的发展提供了强大动力。通过对外开放，充分发挥国内外两个市场的作用，引进外资和先进技术，把中国的发展与世界的发展联系在一起，为生产力的发展开拓出广阔空间。2001年，中国加入世贸组织后取得了全方位、进一步的长足发展。

经过改革开放40多年来的不懈努力，中国从一个工业基础薄弱、工业体系不健全的计划经济体制国家，发展成为一个拥有完整工业体系的制造大国，并初步形成了技术创新体系。从初期非核心技术的引进到初步具备核心技术的创新能力，并在部分领域已展开进一步升级的开放创新，基础研究和战略高技术等领域实现多点突破，导航、国产大飞机、高铁、三代核电、新能源汽车等部分战略必争领域抢占了制高点。企业的创新主体地位全面强化，高等院校和科研院所成为科学探索和知识创新的骨干，各类科技创新孵化器、加速器和众创空间等新型科技服务组织日益壮大，区域创新空前活跃。中国在对外开放过程中充分利用发展中国家的"后发优势"，大力引进和吸收国外的先进技术，并形成了自主、日益完整的技术体系、基础能力和创新能力，从而进一步推动了长波上升期的持续。

4. 人口红利及长期的城镇化进程

多方面因素促成了中国经济增长，劳动年龄人口比重较大的"人口红利"效应在其中具有重要的作用。"人口红利"效应促进中国经济结构转型，从传统农业向城镇化服务业、工业方向转化，促使大批的劳动力逐渐进入了工业部门以及服务业，实现中国人口结构转型，这样不仅为工业、服务业提供廉价而优秀的劳动力，还有利于提升农业生产边际生产力。改革开放后，中国的人口年龄结构就处在人口红利阶段，每年供给的劳动力总量约为1000万人，劳动人口比例较高，保证了经济增长中的劳动力需求，使中国成为世界工厂和世界经济增长的引擎。

据中国社会科学院人口与劳动经济研究所统计，劳动力对中国经济增长的贡献率在26.8%，即人口红利（劳动力）对经济增长的贡献率就达四分之一强。这与此前"人口红利"对日本、新加坡等国经济腾飞的贡献率基本相当。人口学家王丰教授也曾说："中国过去30年的经济快速增长，除了制度变化的因素外，在相当大的程度上受益于人口转变过程中所产生的人口红利……各种不同的估算认为人口红利对中国20世纪最后20年中经济增长的贡献为15%～25%。"[1]

与人口红利相随而来的是城镇化。城镇化是现代化的必由之路，是我国最大的内需潜力和发展动能所在。40年来，在农村经济体制改革、户籍制度改革等系列政策推动下，随着工业化、现代化的快速推进，我国城镇化进程显著加快。大量农业富余劳动力进入城镇。2018年末我国常住人口城镇化率为59.58%，比上年末提高1.06个百分点，比1978年末提高41.66个百分点。[2] 城镇化空间格局持续优化，城市群、中小城市和小城镇加速发展，城镇基础设施和公共服务不断加强。我国城镇化的快速推进，促进了城镇工业化效率的

---

[1] 王丰：《中国人口政策改革的机遇与启示》，澎湃新闻，2018年5月24日。参见：https://m.thepaper.cn/newsDetail_forward_2135333。

[2] 国家统计局：《新中国成立70周年经济社会发展成就系列报告之十七》，2019年。参见：http://www.stats.gov.cn/ztjc/zthd/sjtjr/dl0j/70cj/201909/t20190906_1696326.html。

不断提高，有力推动了产业转型升级和经济结构优化，巨大人口数量的城镇化本身也带来对商品、住房、服务业、公共设施建设等的巨大需求。正是人口红利、城镇化结合制度、技术红利，造就了中国经济的长期发展。

三、未来中国经济的长期增长需要坚持优势及把握发展机遇

当前出现了一些逆全球化的现象，贸易摩擦、经济摩擦和政治摩擦在部分地区可能加剧，世界经济和政治也可能面临一个长期动荡的局面。正像康德拉季耶夫当初提醒苏维埃经济不能不受国际经济长波制约一样，尽管中国在这次长波中被许多人确认为是世界经济的引擎，又是发展最快的国家，但能否把握好世界经济长波的节奏和运行轨迹，确定适应的战略，规避其负面影响，防患于未然，将是我们面临的挑战和机遇。

过去，中国依靠制度优势和制度创新，通过改革、投资和贸易成为第一类国家，在第五次长周期或者未来的第六次世界长周期中，中国仍然需要坚持那些过去取得成功的经验，包括如下三个方面。

第一，坚持党的领导和社会主义国家制度，继续推进完善和发展中国特色社会主义制度，为中国事业发展、为人民幸福安康、为社会和谐稳定、为国家长治久安提供一整套更完备、更稳定、更有效的制度体系，推进国家治理体系和治理能力现代化，为进一步长期发展提供和平稳定的内外部环境。

第二，坚持社会主义与市场经济相结合的中国道路。"中国道路"正是中国人民在自己的奋斗实践中结合自身国情创造的中国特色社会主义道路。这其中有两个关键词，一是"社会主义"；二是"中国特色"。中国道路展现了一个发展中国家走向现代化的新途径，即可

以以自己的方式走向现代化，为世界上那些既希望加快发展又希望保持自身独立性的国家也提供了全新选择。

第三，坚持继续推进改革开放。新时代要继续坚持改革开放，进一步解放思想，突破利益固化的藩篱，以创造性的举措，解决人民日益增长的美好生活需要和不平衡、不充分的发展之间的矛盾。其中包括必须毫不动摇巩固和发展公有制经济，毫不动摇鼓励、支持、引导非公有制经济发展，使市场在土地、劳动力、资本、技术等资源配置中起决定性作用，通过人口质量提升延续二次红利，更好发挥政府作用，通过深化改革加快确立创新驱动的多层次、多元化大国产业发展新格局；扩大开放，继续推进市场多元化战略，加快实施自由贸易区战略，形成以周边为基础、面向全球的自由贸易区网络，不断推动共建人类命运共同体；处理好改革、发展、稳定之间的关系。

历次世界经济长波的产生和运行的重要动因是技术创新浪潮的产生和进展。除了中国的制度创新，在这里，我们需要再强调技术进步和技术革新对中国长周期延续的重要性。虽然当前新冠肺炎疫情仍然还在影响全球，但中国疫苗的普及已经让大家看到曙光。就技术创新周期而言，世界正处于两次科技革命的过渡期、转换期，在第四次科技革命信息科学和信息技术的基础上，第五次科技革命是生命科学和生物技术、纳米科学和纳米技术、人工智能以及新能源为核心的革命，从技术角度看，可能是一次"创生和再生革命"，目标是突破"人类增长的极限"。新科技发明到产业化的过程存在一个红绿灯的现象，与经济危机密切相关，危机将导致世界秩序的重组和新兴力量的出现。国务院副总理刘鹤曾指出，危机具有强烈的再分配效应，它将导致大国实力的转移和国际经济秩序的重大变化。[1]不破不立，对中国而言，把握危机及后危机时代的历史机遇显得尤为重要，这就需要从自身破局。

在构建国内国际双循环新发展格局的关键历史时期，中国需要把握新技术、新能源革命的机遇，进行转型升级和技术革新，至关重要的是要发展硬科技、解决制约产业发展的瓶颈难题。硬科技是能代表世界科技发展最先进水平、对经济社会发展具有重大支撑作用的关键核心技术。当前硬科技的代表性领域包括光电芯片、信息技术、生物技术、人工智能、智能制造、航空航天、新能源、新材料等。2020年美国对华为进行持续制裁的"华为事件"，也倒逼中国企业认真审视硬科技和解决被关键技术卡脖子的问题。

发展硬科技，其中就包括破除影响和制约科技核心竞争力提升的体制机制障碍，打造硬科技产业生态；推进信息基础设施和创新基础设施建设，聚焦细分领域，不断提升核心研发能力和技术水平；以自主研发为主并加强国内外交流，重视科技人才的培养和激励，知识产权保护，等等。围绕新兴技术领域，要实施国家重大科技项目，突出关键共性技术、前沿引领技术、现代工程技术、颠覆性技术创新，在应用基础领域实现跨越式发展。我们很欣喜地看到，这些工作都已经在路上或在规划中。可以预见，在这轮新周期中，中国或将成为新技术革命的引领者。

由此可见，第一个长周期中的清朝和第五个长周期中的中华人民共和国，尽管都有庞大的人口基础和自然资源，但采取不同的政治制度，实施不同的改革方式，对外开放态度和做法截然不同，技术进步和革新上也天差地别，这些叠加在一起，终于决定了在不同长周期时代，两者迥然相异的表现和命运。

---

[1] 刘鹤主编：《两次全球大危机的比较研究》，中国经济出版社2013年版。

第五章　社会主义之路：兼答福山之问

纵观社会主义发展史可以看出：社会主义是人类文明演进的理性选择，是最终克服资本主义大范围周期性危机与战争的全球性制度安排。从这个意义上说，社会主义（共产主义）[1]是后资本主义的人类社会发展的高级形态。为实现社会主义的奋斗目标，人类正在进行多条道路的选择。最终哪一条道路能走通或是殊途同归，还需通过实践来检验。

本章主要讲述当今世界两种社会主义形态，以及社会主义成为人类社会发展"历史终结"的价值基础与实现条件。第一节概述世界社会主义的演进历程及资本主义国家的主要反应；第二节讲述早熟的社会主义是否能跨越"卡夫丁峡谷"问题；第三节主要探索生

---

[1] 马克思、恩格斯在表达和阐释自己的社会主义主张时，先后使用了共产主义、科学社会主义、革命的社会主义、无产阶级的社会主义、现代的国际社会主义、现代社会主义等概念，只是在不同的时期和场合有不同的侧重，并没有进行严格的界定区分。及至列宁才开始对于社会主义与共产主义进行阶段划分，认为"共产主义是社会主义发展的高级阶段，那时人们从事劳动都是由于觉悟到必须为共同利益而工作"。中国也基本沿用了苏联的划分方式，如邓小平认为："社会主义本身是共产主义的初级阶段，而我们中国又处在社会主义的初级阶段，就是不发达的阶段。"现在欧美国家很多人将共产主义视作集权主义或专制主义是错误的。由于共产主义目前还是一种"理想国"，没有具象的表现，在本文的分析中主要采用"社会主义"概念来统一理解与认知。

产力发达的国家和平长入社会主义的可能性；第四节考察未来人类社会在信息技术文明的生产力条件下，社会主义的可能实现形式。

第一节　社会主义的历史进程

20世纪80年代，国际风云变幻莫测，世界局势动荡不安。社会主义国家经过几十年的实践，深深感到苏联模式难以坚持，纷纷抓住国际局势发生剧变的时机加紧探索本国社会主义的发展道路。1987年，中国共产党的十三大确立了使人民富裕、国家富强的改革开放的总路线；1985年上台的戈尔巴乔夫打出"全面改革"的旗帜，提出了"人道的民主的社会主义"改革方案。

中俄的改革引起美国的政治家们、学者们的注意，他们纷纷设计出美国应付社会主义国家变动的对策。1988年，美国前总统理查德·尼克松的《不战而胜》一书正是这一背景下的产物。尼克松认为，苏联对即将来临的21世纪的追求目标是不战而胜，美国则不能谋求不战而和，它也必须谋求不战而胜。尼克松认为，美国需要的是一项将威慑、竞争、谈判结合在一起的综合性政策。一边遏制苏联，一边利用美国经济技术的优势同苏联进行无限制的竞争，并利用苏联国内的困难和急于同美国缓和的时机，同苏联谈判，要苏联让步。尼克松的"不战而胜"，不仅要达到美国对苏联的不战而胜，而且要达到资本主义对社会主义的不战而胜。

东欧的社会主义国家大多受到戈尔巴乔夫"人道的民主的社会主义""新思维"的鼓动，可惜的是这些国家的改革最后都陷入了举步维艰的局面。1989年，作为冷战标志并存续了28年之久的柏林墙倒塌。随着柏林墙的倒塌，东欧社会主义国家的改革非但没有成功，反而改变了颜色，就像多米诺骨牌一样一个接着一个地倒下。仅仅一年时间，东欧就有 6 个社会主义国家取消了共产主义政党的领导，修改了宪法，改变了国家性质。1990 年 3 月 11 日至 10 月 25 日，立陶宛、爱沙尼亚、拉脱维亚、俄罗斯、乌兹别克等 11 个苏联加盟共和国先后宣布独立，退出苏联。在 11 月 7 日这个神圣的日子里，在中国人耳熟能详的列宁格勒斯莫尔尼宫面前，俄罗斯三色旗和苏联红旗打成一团，有人当场把苏联国旗付之一炬。有着 90 多年历史、执政 70 多年、列宁创建的苏联共产党曲终人散，曾经与美国争霸世界的第一个社会主义国家以解体的方式而成为历史。随着东欧社会主义国家的接连垮台，社会主义制度在这些地区整体消失，东欧社会主义阵营的大厦轰然倾覆，有的国家甚至还出现了对共产党人的清算。

东欧剧变的速度之快、程度之激烈，"多米诺骨牌"倒塌效应之轰动，完全超出人们的预料。面对苏联解体、东欧剧变，西方预言家欢呼雀跃。有人断言：在 20 世纪兴起的社会主义运动还会在 20 世纪内灭亡。还有人叫嚣：社会主义中国当灭亡于 20 世纪的最后关头。他们认为，西方民主模式是最完美的，是人类社会最终的规则、最好的模式。在他们眼里，柏林墙倒塌和苏联解体、东欧剧变标志着共产主义和马克思主义的终结，历史的发展只有西方的市场经济和民主政治一条道路。

曾担任过美国总统国家安全事务助理的布热津斯基出版了《大失败——20 世纪共产主义的兴亡》一书。他在该书的前言中声称：这是一本论述共产主义的最后危机的书。他甚至断言，到下个世纪，共产主义将不可逆转地在历史上衰亡，它的实践与信条将不再与人类的状况有什么关系。共产主义只有抛弃其内在的实质才能兴旺发达，它将作为20世纪最后反常的政治与理性畸形物载入史册。20世纪90年代初，美国日裔学者福山更是在布热津斯基观点的基础上抛出了"历史终结论"，认为历史发展将以美国为代表的资本主义道路为终结。他说："作为一个统治体系的自由民主的正统性，一个值得注意的共识这几年已在世界出现，因为自由民主已克服世袭君主制、法西斯与共产主义这类相对的意识形态。""自由民主可能形成'人类意识形态进步的终点'与'人类统治形态的最后形态'，也构成'历史的终结'。"[1]

苏联解体、东欧剧变后，世界上的社会主义国家还有五个：中国、朝鲜、越南、老挝、古巴。世界对社会主义的关注骤然聚焦于中国，中国面临着巨大的压力。有些西方媒体铺天盖地地对中国进行攻击和污蔑，进而妖魔化、丑化中国，颇有"黑云压城、风雨欲来"之势。在相当长的一段时间里，社会主义运动在国际上陷入了失语的状态。

苏联解体、东欧剧变，并不意味着社会主义的终结，只是说明苏联模式已不合时宜。中国特色社会主义不仅顺利地推进到21世纪，而且经受住了世界金融危机和新冠肺炎疫情危机的冲击，正呈现出蓬勃发展的态势。客观事实说明，西方自由民主可能并非人类历史进化的终点，社会主义经历低谷后正呈现出新的生机和活力。

---

[1] ［美］弗朗西斯·福山：《历史的终结》，本书编译组译，远方出版社1998年版，第1页。

第二节　跨越"卡夫丁峡谷"

要理解当前的现实社会主义，必须要回到对于实现社会主义的"两条道路"选择上来。第一条道路是按照社会形态演进的正常发展道路。马克思所设想的社会主义是资本主义生产方式自身扬弃的产物，首先在商品经济繁荣和生产力高度发达的欧美国家内产生。在他看来，一个新的更高的生产关系只有在"它的物质条件已经存在或者至少是生成过程中的时候，才会产生"[1]。因此，生产力的巨大增长和高度发展，是建立共产主义绝对必须的实际前提。"共产主义革命发展得较快或较慢，要看这个国家是否有较发达的工业，较多的财富和比较大量的生产力。"[2] 第二条道路是在经济贫困落后和生产力不发达的国家，通过无产阶级革命建立起早熟的社会主义国家。俄国（苏联）、中国的革命胜利都证明了社会主义往往在生产力不发达的国家首先取得胜利。

一、早熟社会主义国家的"卡夫丁峡谷"

社会形态是马克思主义所特有的范畴。它指的是同生产力发展的一定阶段相适应的经济基础和上层建筑的统一体，即一定社会的经济形态、政治形态和思想意识形态的具体的历史的统一。

1851年，马克思在《路易·波拿巴的雾月十八日》一书中第一次提出了"社会形态"的概念，后又在《1857—1858年经济学手

---

1 《马克思恩格斯选集》第2卷，人民出版社1995年版，第33页。
2 《马克思恩格斯选集》第1卷，人民出版社1995年版，第241页。

稿》《德意志意识形态》等著作中逐步发展和完善了对"社会形态"的论述。目前理论界对于社会形态的划分存在着马克思"三形态说"（自然形成的社会、文明创造的社会、共产主义社会）、恩格斯"五形态说"（原始氏族社会、古代奴隶制社会、中世纪农奴制社会、近代雇佣劳动制即资本主义社会、未来的共产主义社会）和列宁斯大林的"五形态说"（原始公社制、奴隶制社会、封建制社会、资本主义社会、社会主义社会）等的不同说法。从理论本身而言，我们有必要进一步加以考证论证，但无论哪种划分方式或论证逻辑，都是在论证人类社会与人类文明发展进步的进程与方向，这也应该是我们青年人思考人类社会历史与未来的基础。

如果人类社会形态演进规律是科学的，是人类理性追求的必然，那么人类社会的发展是按照不同社会形态依次演进，还是可以跨越式发展的？对此，理论界的看法并没有达成共识。譬如，除了西欧之外，几乎没有一个民族的发展是依次经历"五种社会形态"的，如欧洲日耳曼民族超越了奴隶制而直接进入封建社会，美国"资本主义社会不是在封建制度的基础上发展起来的，而是从自身开始的"，非洲许多民族从奴隶制甚至从原始社会直接走向资本主义社会。但是按照马克思的历史唯物主义而言，更高级的生产关系，必须建立在更高水平的生产力基础上，超越生产力的生产关系是无法适应的。人类社会形态的演进总体来说是无法跨越的，但个别国家和地区是可以通过移植方式追赶现有发达生产力水平的国家，实现社会形态的跨越。

当然，这些都只是解释了资本主义及其之前的社会，对于还不存在社会主义先例的情况下，人类社会能否跨越资本主义而直接进入社会主义社会？这就是马克思及马克思主义者一直在试图回答与实践的跨越"卡夫丁峡谷"问题。这个问题首先是针对俄国农奴制之后的发展道路而引出的。

19世纪中叶的俄国,是一个"东方专制主义"国家,在经济上远远落后于英、法等资本主义迅速发展的西欧国家。英法在1853—1856年的克里米亚战争中打败了俄国,使俄国国内的社会矛盾空前激化。沙皇亚历山大二世被迫在1861年进行农奴制改革。1861年的农奴制改革,使农奴成为"自由人",为资本主义的发展提供了大量的自由劳动力,巨额的份地赎金为资本主义的发展又积累了大量资金。俄国从此走上了资本主义道路。但俄国的这一改革并不彻底,它仍然保留着大量的农奴制残余,生产力和社会发展仍受到严重阻碍,在封建主义和资本主义的双重压迫下,人民群众的不满情绪日益高涨,俄国面临着更深刻的社会变革。

1867年《资本论》第1卷出版后,正值俄国废除奴隶制,开始向资本主义发展之际,俄国学者和政论家对《资本论》中提出的由封建生产方式向资本主义生产方式转变的历史必然性和俄国农村公社的命运以及俄国社会的发展道路等问题展开了激烈的争论。

马克思从1850年代末1860年代初就开始关注俄国社会的发展问题。1877年11月左右,马克思在致俄国《俄国纪事》杂志编辑部的信中,曾谈到俄国有可能走一条不同于西欧资本主义国家的发展道路,批判了俄国民粹派理论家米海洛夫斯基把《资本论》中关于西欧资本主义起源的历史过程歪曲为一般发展道路的观点。马克思认为,西欧资本主义道路不能照搬到俄国。他特别引用《资本论》的原文说明,他关于资本主义起源的论述只限于西欧。但米海洛夫斯基"一定要把我关于西欧资本主义起源的历史概述彻底变成一般发展道路的历史哲学理论,一切民族,不管它们所处的历史环境如何，都注定要走这条道路，……（他这样做，会给我过多的荣誉，同时也会给我过多的侮辱）"[1]。同时，马克思在信中含蓄地说道："如果俄国继续走它在1861年所开始走的道路，那它将会失去当时历史所能提供给一个民族的最好的机会，而遭受资本主义制度所带来的一切灾难性的波折。"[2] 也就是说，如果俄国能抓住历史所带来的最好机会，就有可能免受资本主义制度所带来的灾难性的后果。

1881年2月16日，俄国女革命家查苏利奇写信给马克思，就俄国农村公社可能的命运，以及世界各国是否由于历史的必然性都应该经历资本主义生产各阶段等当时俄国民粹派热烈讨论的问题向他请教。对俄国社会发展道路这个重大问题，马克思进行了深入研究和思考，在准备给查苏利奇回信的过程中，他曾拟写了四个草稿，但正式的复信却十分简短，这表明马克思在对这个问题的高度重视和极为慎重的态度。马克思在回信初稿中指出：《资本论》对资本主义生产的起源分析明确限制在西欧的范围内。同时，马克思认为，在俄国以土地公有制为特征的农村公社依然存在，俄国是全国范围内把农村公社保存到今天的欧洲唯一国家，俄国"农民习惯于劳动组合关系，这有助于他们从小地块劳动向合作劳动过渡"，因此"和控制着世界市场的西方生产同时存在，就使俄国可以不通过资本主义制度的卡夫丁峡谷，而把资本主义制度所创造的一切积极成果应用到公社中来"[3]。马克思认为，俄国农村公社跨越资本主义历史阶段的发展是符合时代发展趋势的。当然，马克思这里所说的跨越还只是一种可能，要使这种可能变为现实，首先要以俄国发生革命为前

---

[1] 《马克思恩格斯文集》第3卷，人民出版社2009年版，第466页。
[2] 《马克思恩格斯文集》第3卷，人民出版社2009年版，第464页。
[3] 《马克思恩格斯文集》第3卷，人民出版社2009年版，第575页。

提。正如马克思所说:"如果革命在适当的时刻发生,如果它能把自己的一切力量集中起来以保证农村公社的自由发展,那么,农村公社就会很快变为俄国社会新生的因素,变为优于其他还处在资本主义制度奴役下的国家的因素。"1

1882年,马克思和恩格斯在《共产党宣言》俄文版序言中指出:"《共产主义宣言》的任务,是宣告现代资产阶级所有制必然灭亡。但是在俄国,我们看见,除了狂热发展的资本主义制度和刚开始形成的资产阶级土地所有制外,大半土地仍归农民公共占有。""那么试问:俄国农民公社,这一固然已经大遭破坏的原始土地公有制形式,是能直接过渡到高级的共产主义的土地所有制形式呢?或者,它还必须先经历西方的历史发展所经历的那个瓦解过程呢?""对于这个问题,目前唯一可能的答复是:假如俄国革命将成为共产主义发展的起点。"2 马克思在这里将俄国爆发革命与西方无产阶级革命相互补充,看作是俄国农村公社可能跨越资本主义发展阶段的根本前提。

19世纪与20世纪之交,资本主义从自由竞争阶段向垄断阶段转变,马克思主义面临新的挑战。特别是恩格斯于1895年辞世后,在工人运动内部出现了对新时代课题的不同解读,因而产生了尖锐的理论分歧,从而也造成了社会主义两条道路发展的分野。以伯恩斯坦为代表的"第二国际"修正主义者,认为马克思所揭示的资本主义社会发展规律已经过时了,需要对马克思主义进行"修正"。他从1896年10月开始,以"社会主义问题"为总标题在《新时代》

---

1 《马克思恩格斯文集》第3卷,人民出版社2009年版,第528页。
2 《马克思恩格斯文集》第2卷,人民出版社2009年版,第18页。

杂志上发布了一组文章，对马克思主义公开进行挑战。1899年，伯恩斯坦出版了他的代表作《社会主义的前提和社会民主党的任务》，全盘否定马克思主义哲学、政治经济学和科学社会主义的理论。他特别指出：资本主义制度表现出很大的适应性并在向社会主义进化，主张欧洲发达资本主义国家走"和平长入社会主义道路"，即走民主社会主义道路；以俄国为代表的经济落后国家，在列宁领导下通过革命首先建立起社会主义国家政权，成立"第三国际"，力争跨越"卡夫丁峡谷"，提前进入社会主义，所以可以看作是"早熟的社会主义"[1]。由于两条道路的理论认识分歧，加上"二战"中欧洲民主社会主义"民粹化"，并对苏发动战争，更进一步加剧两条道路的"水火不容"，也造成了长期以来世界社会主义阵营的分裂。

　　从长周期规律看，早熟社会主义国家的诞生具有历史的合理性。但无论"一战"时的苏联，还是"二战"后的中国等国家，都是生产力相对落后的国家，并没有具备马克思和恩格斯所说的"资本主义生产力高度发达的基础"。早熟社会主义国家的革命之所以能够成功，与资本主义的全球快速扩张导致的资本积累与贫困积累分离有关。在资本主导的中心—边缘体系中，"中心"的经济是主体和主导，"外围"的经济依附并服务于"中心"的需要和要求，由此导致"中心—边缘"体系。西方发达资本主义的原始积累建立在血腥的殖

---

[1] 俄国十月革命成功后，"第二国际"理论家考茨基提出社会主义早产论，认为俄国建立无产阶级专政和社会主义制度这种做法，"无非是一种想要超越或者用法令来取消那些自然的发展阶段的大规模试验而已"，就像"一个怀孕妇女，她疯狂万分地猛跳，为了把她她无法忍受的怀孕期缩短并且引起早产。这样生下来的孩子，通常是活不成的"。用"早熟"以示区别，因为社会主义国家在特定环境下的提前出现有其历史必然性，从实践来看并没有完全失败，关键还取决于早熟之后对于社会主义道路的探索选择是否成功，承认并符合早熟的国情实际。

民掠夺基础上，全球掠夺使资本主义快速完成原始积累，顺利进入以剩余价值为增长源泉的继续积累阶段，形成了自我壮大的循环发展模式，并在全球化时代通过金融垄断和技术壁垒不断得以巩固。但对于边缘地带不发达国家来说，其原始积累是在发达资本主义国家已经取得世界经济支配地位的情况下进行的，因而不得不纳入发达国家的生产体系并服务于发达国家资本积累的需要，始终受到发达国家的决定和制约。因此，如果这些国家不采取革命手段建立夺得国家政权，民族与人民将长时期处于贫困状态。所以列宁也认为俄国革命是和第一次世界大战相联系的革命，战争造成了革命形势，无产阶级应当首先抓住这一时机进行社会主义革命，夺取政权，创造社会主义的政治前提，然后再在苏维埃政权的领导下，发展生产力，创造社会主义的物质基础。

取得政权只是早熟社会主义国家跨越"卡夫丁峡谷"的第一步，接下来面临的问题就是如何发展社会主义生产力问题，其中最重要的就是社会主义是否需要有一个"初始积累"问题。

二、社会主义初级阶段的"初始积累"问题

我们现在所提出的"社会主义初级阶段"，也与早熟社会主义国家的生产力仍然相对落后有关。从列宁的新经济政策、毛泽东的新民主主义理论和不发达社会主义论述，到邓小平的初级阶段理论，应该都是指不同时代背景下的"社会主义初级阶段"。在社会主义初级阶段，采取什么样的方式发展生产力，是经济落后的国家进行社会主义建设必须要解决的难题。

早熟的社会主义国家在发展社会生产力方面通常面临着三个方面的困境：一是国家生死存亡的威胁。反帝反封建的政治目标决定

了早熟的社会主义国家,从诞生之初就必然受到强大反动势力的军事包围和经济打压,这导致了社会主义国家出于国家安全的需要,普遍选择了集中全国资源优先发展国防工业和重化工业的发展道路,偏重资本投入的产业选择迫使社会主义初始积累成为必然。二是跨越式发展社会化大生产的困境。任何生产方式下的社会化大生产都需要巨额的资本投入,其来源无非三种渠道:外部剥夺型原始积累、外部借贷型原始积累、内部强制型初始积累。[1] 早熟的社会主义国家基础薄弱,无论是自身实力还是政治路线,都不可能采取殖民扩张的外部剥夺型积累政策,资本主义列强的恐慌与敌视,也断绝了通过外部借贷进行工业投资的可能性,内部强制型初始积累因此成为唯一选择。三是缺乏国际消费市场的困境。拉动经济增长有投资、消费和出口三种途径,早熟社会主义国家在发展历史过程中普遍面临的是帝国主义业已瓜分完毕的世界市场,这使其希望通过出口来拉动经济几无可能,美国对古巴近半个世纪的封锁就是明证。对此,列宁曾论述道,"在欧洲开始革命要困难得多,而在我国开始要容易得多,但是要继续下去,却比欧洲困难"[2]。基于以上三个方面的原因,早熟的社会主义国家普遍选择了内部强制"初始积累"的发展模式。

这一相关理论最初由苏联经济学家普列奥布拉任斯基提出。从1923年起,普列奥布拉任斯基成为托洛茨基派的首领之一和主要理论家,陆续写出不少反映该派思想观点的经济著作,他在《新经济学》第一卷提出"社会主义原始积累"论,借用马克思对资本主义起源的分析,把社会主义国家"主要来源于或同时来源于国营经济

---

[1] 王战:《初始积累与经济改革——"贫困"型社会主义的历史选择》,《复旦学报》(社会科学版)1988年第5期。
[2] 《列宁选集》第3卷,人民出版社2012年版,第440页。

综合体之外的物质资源的积累叫作社会主义原始积累"[1]，实现"社会主义原始积累的主要办法是社会主义国家运用预算、信贷以及货币价格等手段"。他认为这是一条客观规律，并且，在从资本主义到社会主义的整个过渡时期，始终贯穿着体现社会主义计划性的社会主义原始积累规律同反映市场自发性的价值规律的斗争。扩大社会主义积累所需的资源，还必须从非社会主义经济中取得，在当时的情况下，这就意味着它们主要来自农业部门。他认为工业是社会主义国民经济中效率最高的部门，实现社会主义的工业化，可以利用国家的垄断地位，在不等价交换的基础上，从国营经济综合体外部获得国家发展大工业所需的物质资源的积累，从而把资金最大限度地从农业抽调到工业中来。

"社会主义原始积累"论源于马克思关于资本原始积累的论述，即"国家政权自觉或不自觉地利用旧社会制度来为新制度创造产生和加速发展它的条件"。普列奥布拉任斯基属于当时托洛茨基反对派的主要经济理论家，尽管如此，在斯大林计划经济模式下，苏联事实上走上了一条社会主义初始积累的道路，并取得了前期的成功，为赢得反法西斯战争的胜利奠定了物质基础。

关于社会主义国家资本积累的说法，我们以为采用社会主义"初始"积累更为合适，以此有别于资本主义的"原始"积累。两者之所以作出区分，主要是出于对不同社会形态国家资本积累的总体路径差异的考虑。不同社会形态的国家其资本积累的途径方式有着本质差别。对资本主义国家而言，其资本原始积累是在资本主义上

---

[1] 叶·阿·普列奥布拉任斯基：《新经济学》，纪涛、蔡恺民译，生活·读书·新知三联书店1984年版，第41页。

升时期，通过圈地运动、殖民扩张、经济掠夺、侵略抢劫、黑奴贸易等活动方式聚敛大量财富，甚至用战争方式瓜分世界，在本国造成贫富分化、环境恶化等问题，在国外带给非资本主义国家的更是深重的灾难，这种资本积累手段造成了资本主义的原罪。社会主义初始积累则建立在国内节衣缩食、自力更生的基础上，并未对世界其他国家进行军事侵略或财富掠夺。例如，中华人民共和国成立后在社会主义建设探索阶段，发展经济、积累财富的重要途径是制订国民经济发展的五年计划，并实现农业、手工业、资本主义工商业的三大社会主义改造。中华人民共和国政府接管国民政府时期残留的官僚资本主义和西方殖民者的企业，对于民族资本主义则采取和平赎买政策和"四马分肥"的利润分配形式，通过一系列经济举措控制了国家经济命脉，实现了生产资料的社会主义公有制转变。正如英国首相丘吉尔所言："资本主义的原罪是，有福时大家并不一定共享；社会主义的先天美德是，有难时大家一定同当。"因此两种资本积累因其社会形态制度差异而在积累方式上存在性质的根本差别，故以"初始"和"原始"的不同加以区分。

初始积累是早熟社会主义国家发展的现实需要，既推动了经济增长，也稳固了社会主义政权，但也存在着社会主义国家内部激烈的争论，各国在公开的文献中普遍采取了严厉批评的态度。但是回顾世界社会主义运动的百年发展史不难发现，各个社会主义国家迫于经济增长和建设大工业体系的现实压力，对于"初始积累"普遍采取了"理论上否定、实践中执行"的做法——无论是社会主义苏联、中国，还是东欧各国，在其经济的成长阶段，都实行了扭曲要素价格、农业补贴工业等社会主义的初始积累模式。

虽然各社会主义国家的初始积累成效明显，但也存在一些比较突出的问题。社会主义初始积累的最大问题在于这种"初始积累"必须建立在行政性指令和权力集中的"计划经济"体制下，才能系统性地压低某一部门的要素价格，以此补贴效率更高的工业部门。在传统的重化工业发展阶段，这种方式能够在短期内集聚大量的资本，甚至取得让整个资本主义世界都为之惊奇的经济增长奇迹，在政治上占据优势。但是这种扭曲要素价格体系模式的负面影响也十分明显，为实现初始积累必须实行高度集权的管理体制，高度的指令性体制和层级管理模式严重压制社会活力，直接导致了整个社会僵化和缺乏创新。如果说在传统的工业化发展阶段，这种纯粹的指令性经济管理模式还具有一定的制度优势，当整个世界由工业化时代进化到信息化时代时，人力资本、技术和创新成为经济增长的决定性因素，指令性经济下僵化、缺乏弹性的积累模式和管理体制就根本无法适应信息社会的发展要求，直接导致了整个社会生产体系的无效，进而诱发早已存在的经济结构矛盾和社会阶层矛盾，最终使得反应迟钝、改革滞后的苏联轰然崩溃。

因此，社会主义初始积累的模式也需要随着生产力进步与国际环境的变化而与时俱进。面对形势的变化，早熟社会主义国家试图在总结指令性经济模式经验教训的基础上，进行自发的改革，吸取资本主义国家在企业微观管理和市场运营模式上的经验，对传统的企业进行物质激励机制和指令性经济体制的改造，从而融入全球的生产体系，使社会主义初始积累过程中被压低的要素价格得到重新确认，由于开放的外部条件与改革的路径选择不同，其他"社会主义"国家与中国的发展成效也有不同。

中华人民共和国从成立到进入新时代中国特色社会主义，走过了两个阶段的初始积累，第一阶段的初始积累（1949—1978）主要是国营企业的统购统销和人民公社的统购统销。虽然这一时期的初始积累为中国快速建立起大工业体系作出了巨大贡献,但也直接导致了8亿农民被固定在相对低效的农业部门,使得改革开放前30年国家建设和发展的成果只能惠及少数的城市居民。第二阶段的初始积累(1979—2012)来自改革开放后的城市化建设。这一时期的初始积累主要通过低价把农业用地转化为城市建设用地,以及通过旧城改造等方式,大概完成了30万亿元的第二阶段初始积累,从而快速推进了城镇化建设,为融入全球产业体系和经贸体系积累了必要的发展条件。

中国两个一百年的现代化进程,总体处于社会主义初级阶段。邓小平用社会主义初级阶段定义"早熟"社会主义,以改革开放名义,践行恩格斯关于落后国家走向社会主义必须引进先进生产力和机制的条件设定。中国特色社会主义理论阐释社会主义初级阶段实践的特殊性,必须要注意两个误区。一是不能"过于拔高"。由于已经取得的成就而过早跨越初级阶段,拔高福利消费,降低初始积累。二是切忌"故步自封"。未来30年中国将处于社会主义初级阶段的完成阶段,也需要探索新的积累模式,来完成社会主义初级阶段的建设,顺利完成第二个百年奋斗目标,实现中华民族的伟大复兴。关于中国特色的社会主义现代化道路,将在本书第六章予以系统解读。

第三节　和平长入社会主义命题

现有的资本主义国家能否演进到社会主义社会?这些国家会以

什么样的方式演进到社会主义？这仍然是一个需要探讨的问题。自从西方爆发资产阶级革命、确立资本主义制度和进行工业革命以来，社会主义和资本主义就成为世界上长期并存的两种价值观、两种社会制度、两种意识形态，并且在繁荣与萧条、革命与战争的长周期中，为了各自的国家、政党乃至特定阶层利益而进行激烈斗争。尤其是"二战"以后的冷战时代，更是形成社会主义与资本主义的两大阵营。对于社会主义与资本主义，不管是身处社会主义国家还是资本主义国家，在绝大多数人眼中都是在用不可调和的阶级斗争理论来对待一切分歧，这是当前无论是国外，还是国内的大众精英，都具有非此即彼的"简单两分法"认识。

根据马克思对于未来社会形态演进规律的判断，资本主义国家最终也会走向社会主义社会，现有的资本主义国家一方面孕育了走向更高级社会的发达生产力；另一方面也孕育着推动资本主义发生本质变化的社会主义因素。因此，从人类全球发展进程的角度而言，社会主义是一个世纪的普遍存在与历史发展的必然，只不过在不同国家、不同发展阶段，有着不同的表现形式与实现道路。改变对"社会主义"的狭隘认识，而不是沦为国家利益博弈、政党利益团体轮替斗争的牺牲品，就必须从全球、全人类的文明演进进程中重新审视，因为科学社会主义从诞生之日起，就是世界性、国际性的运动。

一、社会主义运动的世界性

苏联解体、东欧剧变以及时至今日的全球化浪潮，已经迫使我们对于社会主义的认知不能只局限于"第三国际"的列宁-斯大林范式，否则会使得我们的社会主义道路越走越窄。

埃及著名马克思主义经济学家萨米尔·阿明力图运用马克思主义经济学的基本原理和方法，批判国际帝国主义政治经济强权，反对西方中心主义，研究发展中国家的社会经济发展问题，以维护发展中国家的民族利益。他在 2014 年将现有"朝向社会主义的运动"（movements toward socialism）分为三个谱系，包括世界资本主义中心地带的社会主义运动谱系、世界资本主义半边缘地带的社会主义运动（列宁主义谱系）和世界资本主义边缘地带的社会主义运动谱系。[1]

历史进程表明，在长周期的相对繁荣期，社会主义运动往往处于低潮；在长周期的相对衰退期，社会主义运动趋于高潮。总体来看，各种不同谱系的社会主义运动，从 20 世纪 80 年代开始总体处于低潮期。一些社会主义国家改革的失误使社会主义的全球吸引力在下降，东欧剧变更使世界社会主义运动跌入低谷。尽管许多国家的共产党多年来不断调整纲领、路线、政策，试图淡化共产党色彩，但仍难解决民众所关心的问题。但是，我们并不能因此就认为中国的社会主义道路是孤立、少数的，世界社会主义运动事实上依然存在。现在世界上除社会主义国家执政的共产党以外，还有 130 个左右处在非执政地位的共产党。根据初步统计，规模大的共产党有 100 万至 110 万名党员，如印度共产党（马克思主义）；中等规模的党有 10 万至 40 万名党员，如日本、法国、西班牙、意大利、俄罗斯、巴西、南非、葡萄牙、印度、尼泊尔等国的共产党，10 万名党员以下的共产党就更多，美国共产党也约有党员 5 000 名，党员成

---

[1] ［埃］萨米尔·阿明：《世界社会主义运动的谱系、现状与未来》，《马克思主义研究》2015 年第 10 期。

分主要是产业工人,也包括一些科技人员、教育和医疗工作者等。

对于世界社会主义运动,我们不能光从党派的名称来划分,还要看其政党的政策主张是否具有社会主义的倾向。事实上,坚持走"第二国际"道路的各国工党、社会民主党,也应是世界社会主义运动的重要力量,而不应该完全与"共产党"割裂。当前作为第二国际的承续,还专门存在社会党国际（Socialist International）的组织,其是主张民主社会主义的社会民主党、社会党、工党及其他政党的国际联合组织。

目前,以社会党国际为中心,民主社会主义已经形成为有广泛群众基础的国际性运动。截至2015年,其有各类成员党和组织153个,其中有54个成员党在所在国家执政或参政,是当今世界上规模与影响力最大的国际性政党联盟。虽然政党名称不同,但它们都主张以和平、民主的方式对资本主义制度进行改良。从政策主张看,社会党国际于1989年在第18次代表大会上通过的《斯德哥尔摩宣言》主张实行民主社会主义,即在政治、经济、社会和国际层次上实行民主,认为多元化与人权是社会主义的本质,反对权力集中和阶级专政,宣称在宏观调节下通过市场才能使社会创新,要求对国有制进行限制并实行民主控制。社会党国际对和平与发展问题极为关注,认为维护世界和平是"当前时代的最高任务",赞成南北对话。在国际政策中主张缓和紧张局势、裁减军队,建立国际经济新秩序,加强同第三世界国家的合作。社会党国际成立之初,曾主张既反对共产党也反对资本主义,特别是反对与共产党建立任何形式的合作,但自1972年第12次代表大会起,开始允许成员党自由决定他们自己同共产党的双边关系。总体看,世界范围内共产党与社会党之间共识大于分歧。

尤其是2008年金融危机爆发后，社会主义的道德价值和政策主张在世界范围重新受到重视，《资本论》在西方国家畅销，托马斯·皮凯蒂（Thomas Piketty）的《21世纪资本》，从分配角度再现了近几十年来世界贫富差距的严重恶化。当前在美国，前10%的人掌握了50%的财富，而前1%的人更掌握了20%财富。现有制度只会让富人更富，穷人更穷。在美国2016年大选中，以"民主社会主义者"自称的桑得斯，是美国历史上第一名信奉社会主义的参议员，一度成为民主党候选人的黑马，这也说明美国平民阶层日益开始接受社会主义的价值理念。

二、资本主义能否和平长入社会主义

资本主义能否"和平长入社会主义"也是一个颇具争议性的命题，值得深入研究与实践。马克思、恩格斯之后的社会主义发展道路，在理论与实践上一直面临两条道路的选择。第一条是以列宁为代表的第三国际通过暴力革命推翻旧的国家机器的道路。利用革命与战争的机遇，一些经济相对落后的国家直接进入"早产的"社会主义阶段。不过，这些国家只有中国特色社会主义道路取得初步成功。第二条是第二国际在欧洲实践的民主社会主义，即"和平长入社会主义"道路。这条道路在工业化的欧洲资本主义国家发展民主社会主义。过去100年间，受各自利益限制，两条道路互不认同。

马克思、恩格斯著作中对于两条道路都有保留意见与认同倾向。譬如，马克思在1872年9月的《关于海牙代表大会》一文中提出了"和平手段"："工人总有一天必须夺取政权，以便建立一个新的劳动组织……推翻维护旧制度的旧政治；但是我们从来没有断言，为了达到这一目的，到处都应该采取同样的手段。我们知道，必须考虑到各国的利益、风俗和传统；我们也不否认，有些国家像美国、英国——如果我对你们的制度有更好的了解，也许还可以加上荷兰，——工人可能用和平手段达到自己的目的。"[1]1890年，德国工人运动出现了新的高潮，当年2月的议会选举中，德国社会民主党获得了四分之一以上的选票。恩格斯深受鼓舞，并以此为例说明了无产阶级调整斗争策略的必要性。他指出，德国工人阶级充分利用了普选权，并将它作为自己的一种崭新的斗争方式发挥了作用。他在1891年有条件地同意德国社会民主党提出的"现代的社会正在长入社会主义"，前提是"在人民代议机关把一切权力集中在自己手里、只要取得大多数人民的支持就能够按照宪法随意办事的国家里，旧社会有可能和平长入新社会"[2]。

马克思、恩格斯并没有明确否定甚至支持和平长入社会主义的可能性，但对于"和平长入社会主义"命题系统论述来自伯恩斯坦，其不加区分地反对党"走暴力的、流血的革命道路"，要"走合法的，即改良的道路"，同时否定马克思、恩格斯的阶级斗争理论。因此，"和平长入社会主义"的观点在我国长期以来被认为是修正主义而予以全盘否定。这不完全符合马克思、恩格斯的分析判断，也不完全符合社会主义运动的实践。对两条道路的选择要辩证看待，两条道路是并存的，适应着不同的国情与条件。当然，我们也要反对伯恩斯坦对于列宁第三国际道路的否定。日本共产党曾在2004年的纲领中提出："在日本社会发展的下一阶段中，谋求超越资本主义，向社会主义和共产主义社会前进的社会主义变革将成为重要课题。

---

[1] 《马克思恩格斯全集》第18卷，人民出版社1964年版，第179页。
[2] 《马克思恩格斯选集》第4卷，人民出版社1995年版，第412页。

在迄今为止的世界上,还没有在资本主义时代高度发达的经济和社会的基础上真正开展社会主义变革的经验。在发达资本主义国家中实现向社会主义和共产主义社会的迈进是21世纪世界上的新课题。"[1]

如果资本主义"和平长入社会主义"道路成立可行,那么我们以怎样的可接受的标准来说明这种变化呢?相对于200年前,资本主义在许多方面发生了重大改变,其中包括:一是股份制的充分发展使得私有制日益社会化、公众化;二是工人阶层的待遇、地位有了提升;三是参与民主选举的民众代表日益广泛,种族歧视逐渐减少;四是国家财政收入占GDP的比重日益上升,二次分配的比例不断提高,资本主义的国家化、公共化趋势日益明显;五是对于国内资产阶级寡头垄断的管制有所增加;此外还有西欧国家的高福利社会,等等。这些都是在资本主义国家在工人运动推动下所取得的社会进步,尤其是包括了社会党国际的运动力量,因此"和平长入社会主义"不应排除在社会主义运动之外。而且,每经历一次危机,民众的公平、正义、平等价值观念就会得到一次伸张。

当然也不可否认,现有资本主义社会的本质并没有改变。这在2016年美国总统大选中就得以充分显示,大资产阶级的幕后利益团体仍然占据主导地位,普通民众在民主权力方面并没有太大选择余地。在世界上,美国依靠霸权实力,以金融帝国主义为手段,通过美元霸权、利用美元周期性升贬值的隐蔽形式,进行全球性攫取的本质没有变。现在,最接近社会主义的资本主义国家就是北欧国家和新加坡。前者是建立在民主社会主义基础上的福利国家,后者是

---

[1] 刘洪才主编:《当代世界共产党党章党纲选编》,当代世界出版社2009年版,第124页。

建立在威权政治基础上的"非共的社会主义国家",其经济生产力发展与社会分配方面做到了很好的协调。目前,这些国家都不认为自己是社会主义,但也不承认是完全的资本主义国家。资本主义社会能否和平长入社会主义?我们目前依然只看到方向,还没看到结果。总之,中国在成功探索社会主义初级阶段的发展之际,是一味反对其他形式的社会主义,还是与之相反,结成反对逆全球化的国际统一战线?答案是显而易见的,这也是我们要探索的一个重大理论问题。

三、世界社会主义道路的探索历程

世界社会主义运动的历史发展告诉我们,自马克思发表《共产党宣言》以来,世界上出现了两种社会主义形态。一是马克思经典意义上的社会主义,即资本主义生产关系跟不上生产力的发展,在历次危机后,资本主义国家内生的社会主义因素不断增加,形成和平长入社会主义现象;二是早熟的社会主义国家,即资本主义生产力尚未成熟的发展中国家,在受到发达国家的战争掠夺后,不得不从生产关系变革着手,通过建立社会主义政权来发展生产力。这个历史进程始于列宁建立苏维埃政权,历经挫折与失败,当今中国在成功地推进这一进程。

就社会主义的历史进程来客观评价,列宁在后起的资本主义国家建立了第一个社会主义政权,探索了市场经济的新经济政策;斯大林理论上否定、实际上又实施了社会主义初始积累,为社会主义构筑了大工业体系,并由此赢得"二战"胜利。毛泽东在半封建半殖民地国家建立起统一的社会主义政权,在一个一穷二白的国度初步完成工业化积累。邓小平开拓性地推进了早熟社会主义国家的建设:一是第一次在理论上把早熟的社会定义为"社会主义初级阶段";二是明确了在早熟的社会主义,发展生产力是第一要务;三是既坚持土地公有制,又以土地使用权有偿转让完成城市化积累;四是以市场化开放的途径推进社会主义现代化。在邓小平倡导的改革开放年代,江泽民以"三个代表"重要思想指明中国共产党作为执政党的党建方向,胡锦涛以科学发展观深化了发展是中国共产党执政兴国第一要务的发展理论。中国特色社会主义进入新时代后,以习近平为核心的党中央站在新的历史起点领导中国人民进行伟大奋斗,形成了习近平新时代中国特色社会主义思想,指导中国特色社会主义从初始积累走向创新积累,在实现第二个百年奋斗目标之际,走向社会主义初级阶段的完成阶段,与马克思经典意义上的社会主义汇流。

中国特色社会主义道路是"第三国际"道路硕果仅存的探索者。回顾大分流以来的中国历史可知,社会主义道路是带领中国人民重新崛起的最优制度选择。萨米尔·阿明认为,"在资本主义发展的边缘地区,只能由以毛泽东为代表的中国共产主义者来提出一种不同的社会主义运动概念,不是与列宁主义的传统决裂,而只是超越它。这就构成了另一种社会主义运动的谱系"[1]。中国已完成三分之二的社会主义初级阶段发展任务,还没有完全完成,当前中国正处于"最终形成社会主义关系"的关口,需要通过全面深入的改革开放,充分吸取人类文明发展的经验和教训,将马克思主义的普遍原理(而不是断章取义的教条)与中国发展的具体实践结合起来,在中华人民共和国成立百年之际,完成社会主义初级阶段的发展任务,探索

---

[1] [埃]萨米尔·阿明:《世界社会主义运动的谱系、现状与未来》,《马克思主义研究》2015年第10期。

建立代表人类文明进步方向的社会主义社会，带领中国人民完成创造幸福生活、实现中华民族伟大复兴的历史使命。

未来30年社会主义两条道路的选择将呈现分久必合的大格局。一方面以中国为代表的中国特色社会主义道路完成初级阶段发展任务，初步实现马克思经典意义上的社会主义，开辟不发达国家创造条件、发展社会主义的道路；另一方面，西方发达国家随着生产力水平提高以及工人阶级政党斗争，资本主义和平长入社会主义的特征日趋明显，催生出后资本主义社会、福利国家等形态。科技创新推动生态文明与信息文明达到新高度，成为社会主义发展的新推力。21世纪下半叶，在下一轮科技革命后的世界经济相对衰退期，世界或有和平长入社会主义的可能。因此，中国特色社会主义与和平长入社会主义是21世纪社会主义运动的两笔巨大实践财富，可考虑予以积极把握。

第四节 历史终结：社会主义社会

人类历史文明演进的道路分分合合，工业革命之后的周期性危机反反复复，促使我们思考人类社会最终走向何方？这个"历史的终结"命题，是哲学社会科学理论中的哥德巴赫猜想。事实上，马克思的科学社会主义理论对人类社会未来的发展走向，作了科学的论证与描绘。以福山为代表的西方学者所推崇的"西方的自由民主制度是人类最后的制度和人类的意识形态终结"观点，虽然盛行一时，但自由民主制度只是人类文明进步的一个方面，并不是全部，而且现有资本主义社会自由民主制度，虽然比200年之前已经有很大改进与完善，但其与生俱来的局限性也暴露无遗。所以，人类社会的文明还需要继续向前进步。

一、人类始终在追求共同的文明价值

人类社会各文明具有相通的价值需求。由于人类文明演进道路的不同，形成了不同国家、民族的文化差异，但是人类文明背后的价值追求与实现愿望是相同的，所以人类文明是存在"共同价值"的。任何一个国家的老百姓都希望能过上安定、幸福、自由发展的生活，这是全世界每一个人的共同愿望。2015年，习近平在第70届联合国大会的演讲中提出："和平、发展、公平、正义、民主、自由是全人类的共同价值。"这是针对西方中心论的"普世价值"发出的代表所有大众的心声，也是一直坚持社会主义道路的国家领袖所提出的人类共同价值观。

应该承认，资本主义社会倡导的"民主、自由"等理念是人类文明共同价值的重要组成部分，但其在资本主义国家的实现形式和实效上存在问题与局限。今天资本主义世界的"普世价值"发端于欧洲文艺复兴时期的人本主义思想，启蒙运动中实现了近代欧洲的第二次思想解放，以18世纪末法国资产阶级大革命中颁布的《人权宣言》里提出的"自由、平等、博爱"价值观为最典型代表。美国价值观的基因——自由主义和新教伦理即源自西方自文艺复兴以来广为传播的契约精神。

然而西方的"普世价值"并不普世。[1]在这套资本主义价值观

---

1 对于西方文明、西方价值的系统的、历史的批判分析，参见钱乘旦：《西方那一块土：钱乘旦讲西方文化通论》，北京大学出版社2015年版。

的激励下，美国提出的革命口号是自由和私有财产。资产阶级民主制度的安排通过多党轮流执政和三权分立，来维护其价值理念。但是，目前这套制度仍然存在根本性缺陷：一是没有彻底解决大资产阶级利益集团的"幕后政治"与普通大众的"民主暴政"问题；二是目前的西方民主仅局限于国内，而对于国外仍然是"暴政"，因此是狭隘的；三是现有的普世价值观具有内在的基本矛盾。正如阿明所认为的，自由和私有财产两者结合起来让不平等成为合法，不平等似乎成为个人才能和勤奋的结果。除了在法律面前一律平等之外，他们不承认任何超越该原则的平等诉求。究其本质，自由和平等是彼此冲突对立的两种价值观，[1]只有资产阶级财产被压制的时候，这两种价值观才能和解。因此，这套价值观是资本主义能够接受但却无法实现的，如果要真正实现这些价值观，则需要更高层次的社会文明。

社会主义的价值立场多产生于资产阶级革命，社会主义思想中都具有自由、民主、平等、公平的价值理念，但其是建立在对资本主义价值实现形式的反思与批判基础之上，更具有深刻性与代表性。马克思对于这些理念的思考在当今仍然具有思想洞察的深刻性，譬如马克思提出民主是"人的自由产物""自由就在于把国家由一个高踞社会之上的机关变成完全服从这个社会的机关"，在未来的共产主义社会中，自由和平等、博爱一起，将在更高的形式上复活，在新社会里"每个人的自由发展是一切人的自由发展的条件"，它将"给所有的人提供真正的充分的自由"，使他们"成为自己本身的主

1　宋婕：《自由和平等，还是自由或平等？——西方近代以来对自由与平等关系问题的争论》，《西南民族大学学报》（人文社科版）2003 年第 9 期。

人——自由的人"。在综合考察法国、美国的宪政制度之后，马克思得出了"政治解放本身还不是人类解放"的精辟判断。当然就现阶段而言，社会主义价值最终需要依靠什么样的制度来保障实现，其中包括社会主义的民主政治制度，还需要做进一步探索。比如如何用中国优秀传统文化去涵养我们的价值观，这需要有一个从不完善到完善的漫长过程。

人类文明历史演进的终极状态是以人类共同文明价值的最大实现为目标，其并不终结于部分国家的阶段性制度安排。从社会形态的演进而言，资本主义社会是历史长河中的过渡社会，它必然会发生质的变化，这种情形已经在局部出现。在战争与革命中诞生的社会主义国家，是民族国家在资本主义工业国包围下取得独立自强、用较短的时间跨入现代化的历史必然选择。资本主义与早熟社会主义都是进入真正社会主义社会的前一阶段的制度安排。因此，历史并不终结于资本主义"三权分立"的现代民主制度安排，也不终结于早熟社会主义阶段的国家所有制安排，这些都是部分国家阶段性经济社会发展的工具性制度安排，其中有科学合理性，但并不能作为简单化目标。"人类共同价值"不会改变，社会主义与资本主义国家都存在"人类共同价值"，两种社会形态国家的差异甚至对立是对于价值实现方式与道路选择的不同。

是社会主义的终结，还是历史终将终结于社会主义？20世纪末，伴随苏共下台、苏联解体和东欧剧变，西方理论家和政治家都认为"社会主义失败""共产主义消亡"，甚至历史将终结于资本主义，宣称"作为世界历史要素之一的共产主义制度决定性地衰落了""共产主义的最后一幕已经演完了"。过去30年的历史表明，社会主义并没有终结。相反，以中国为代表的世界社会主义国家的发展展现出蓬勃生机，或许代表着人类文明的未来进步方向，历史或将终结于社会主义。

二、信息文明：社会主义实现的新技术条件

在社会形态的演进过程中，我们究竟需要达到怎样的生产力发达程度，才能真正跨入社会主义的门槛？工业革命以来的历次长周期起伏，总体上都是工业文明中的技术进步，直到2008金融危机之后，很多定义仍然是"第三次工业革命"。总体来说，资本主义的生产力基础是建立在工业化及工业文明基础之上的，资本主义的生产方式是与工业化时代的生产生活方式相适应的。但是，现有的资本主义生产方式，能否使得世界各国人民过上现代生活、实现自由发展？就目前而言是根本不可能的。一方面，大资产阶级利益群体不会自动履行全球责任。美国以占世界不到5%的人口，消耗世界能源产量的34%，并制造出大致相当的污染物，但美国迟迟不肯加入旨在减少全球温室气体排放量进而改变地球气温持续上升的《京都议定书》，担心会大幅降低美国GDP增长，影响美国人的生活质量与生活方式，说到底是怕影响到不同的团体利益。另一方面，生态危机日益成为资本主义生产方式的掘墓人。全球200多年的工业化，仅仅使不到10亿人口实现了现代化，但自然资源已面临枯竭的威胁，生态环境遭受到巨大破坏。金砖四国人口近30亿，如沿用西方国家高物耗、高能耗生产生活方式，将耗尽地球资源和环境容量。这说明，资本主义国家的生产方式和生活方式不可持续，如果地球所有人都享受资本主义社会的生活方式，那地球生态环境将远远无法承受。美国总统奥巴马在2010年访问澳大利亚时曾接受电视台采访，他声称："不能让中国人都过上美式生活，不然美国人没有好

日子过，甚至全世界都有可能陷入灾难。"[1]

曾经辉煌的南美洲玛雅文明、中东苏美尔文明、印度河哈拉帕文明等都最终走向衰落和消亡，究其原因，都直接或间接地同人与自然关系不协调有关。所以人类社会的继续向前进步，必须要从生产力与生产关系上打破这种循环。从生产力而言，这次技术创新与以往有很大不同的是，信息技术的革命由此而产生的互联网经济、人工智能等突破性发展，其带来的生产、生活方式变化及政治影响将超出以往，直到将人类从工业文明社会，带入信息文明社会。譬如以3D打印机为代表的生产工具将进一步促进产业分工，每一个个体劳动者将拥有极大的生产工业化产品的能力，并且会极大地提升创新创意能力。对传统工业化大生产，特别是劳动密集型制造业的重要突破，将会极大地提升人类社会的生产力，改变当前的产业结构甚至社会结构。智能工厂将根据用户要求实现定制化生产，并能够实现按需生产，减少库存，实现供给与需求的精准对接，改变生产组织方式、企业组织方式，甚至彻底改变传统康氏长周期规律，结束人类社会危机与革命战争的轮回循环。随着工厂的智能化、物联网经济的发展，家庭远程办公改变工人工作方式将成为一种普遍现象。人类将依托互联网实现个体的自由发展。另外，新能源技术，尤其是核聚变、氢能的商业化开发应用，将大大突破人类的能源、资源瓶颈，为进入更高级社会奠定物质基础。

信息社会也会孕育社会主义生产关系。信息文明的主要特征是人类从简单的劳动中解放出来，各种生产使用智能化机械完成，物质生产十分丰富。智能化的各种机械深入我们每个人的生活和生产

---

[1] 参见：https://wenku.baidu.com/view/b79adb0fa300a6c30d229f03.html。

中时，人类将从繁杂、艰苦和简单重复的劳动生产中解放出来。这样人类就开始进入了信息社会，人所从事的工作主要是组织、管理和创造性工作。马克思在《1857—1858 年经济学手稿》中把社会发展过程划分为自然经济、商品经济、计划经济三种经济，并从人的发展的角度提出了人类发展需要依次经历的三个阶段，即自然经济条件下的对"人的依赖关系"，商品经济条件下对"物的依赖性"，产品经济条件下人的"自由个性"的发展。资本主义以生产资料私有制为基础的民主和自由，实质是财富基础上的选票民主，并不能代表人的自由发展方向。当人类的物质财富丰富到能够摆脱对"物的依赖"时，适应物质生产的资本主义生产关系必然转向人的"自由个性"发展，这是个别劳动和社会劳动协作发展的历史规律。信息社会为人的全面自由发展提供了技术实现条件。因此真正走向社会主义不是工业化设备，而是在互联网经济。它把原来马克思主义所论证的，资本主义生产、流通、分配、消费四个环节实现了扁平化，将与人的自由发展和全面发展没有关系的生产交给机器人。今后人的生产地点和生活地点将会结合起来。马克思所讲的人的全面发展和人的自由发展或许就会在信息社会得以实现。在政治方面，互联网日益改变影响着的政治选举，将来甚至会改变民主政治的实现形式。总体看来，信息社会的新生产力与新生产方式将再次演绎科学社会主义以及经典马克思主义对于未来社会走向的预判，也会实现全新实践与经典理论的再次相互印证。

三、社会主义与人类命运共同体

300 多年的资本主义发展并没有给世界带来太多的和平。当今世界格局体系仍然是由资本强权与国家霸权主导，甚至可以说世界仍处于"春秋战国"时代,现有"和平"主题依然是建立在霸权利益的妥协基础之上,而不是真正的基于人类共同价值的治理合作。联合国的成立应该是人类文明的一大进步,但是在诸多领域,当前全球治理的合作是还很有限,金融风险、贸易保护、网络安全等领域缺少充分协调,甚至成为各国利益博弈的工具,造成世界的动荡。作为国际社会主体,各国政府在认识和处理世界性问题时,总要从本国利益和要求出发,而不会按照所谓"普世价值"要求把全人类利益和价值置于首位,并以此作为制定内外政策的根本依据。以国际货币为例,美元作为全球性储备货币实现了全球流通,但美元的货币政策只掌握在美国政府手中,美国可以操控美元来操控世界。这种格局肯定不是可持续的制度安排,未来国际货币体系的走向也是应该实现国际民主化的,其中信息社会的区块链技术也可能会是一种选择。

资本主义普世价值实际上并不能通过资本主义制度实现。人类的共同价值实现必须要找到新的实现方式。习近平指出:"改革开放40年的实践启示我们:开放带来进步,封闭必然落后。中国的发展离不开世界,世界的繁荣也需要中国。""前进路上,我们必须高举和平、发展、合作、共赢的旗帜,恪守维护世界和平、促进共同发展的外交政策宗旨,推动建设新型国际关系。"[1] 作为社会主义国家代表,中国提出了"构建人类命运共同体"的倡议。打造人类命运共同体所提出的"人类共同价值",符合社会主义思想的价值理念。同时,人类命运共同体超越了单个国家的利益,这与社会主义的国际性相通。因此,人类命运共同体可以看作是 21 世纪社会主义运动的标志性话语,也可以成为新阶段社会主义者的共同理想。

---

[1] 习近平:《在庆祝改革开放 40 周年大会上的讲话》,人民出版社 2018 年版,第 33 页。

第六章　中国现代化道路：兼答雷默之问

1949年中华人民共和国成立，社会主义基本建设拉开序幕；1978年中国迎来改革开放，经济实力与地位迅速提升。毫无疑问，中华民族出现几百年来所未有的复兴。两百年前，拿破仑曾言"中国是一头睡着的雄狮"[1]，两百年后的今天，我们可以有底气地说"中国是一头已经睡醒的和平狮子"[2]。分久必合，过去70年，中国重新拉近与西方世界发展的差距，中西世界经历历史大分流之后，我们所选择的道路是否能使中国与世界、使东西方在21世纪实现交融汇合，共同缔造人类的全球文明，这应是包括中国在内的各国人民期盼和努力的方向。

中国综合实力与国际地位的显著变化，引来全球关注与重视。对中国现代化之路的讨论，始于"北京共识"的提出，或者说"雷

---

[1] 1818年，英国外交官阿美士德伯爵向拿破仑求教中国问题时，拿破仑认为"中国并不软弱，它只不过是一只睡眠中的狮子。以今天看来，狮子睡着了连苍蝇都敢落到它的脸上叫几声。中国一旦被惊醒，世界会为之震动"。

[2] 2014年3月，中国国家主席习近平在法国举办的中法建交50周年纪念大会致辞中引用拿破仑的比喻，并认为"中国这头狮子已经醒了，但这是一只和平的、可亲的、文明的狮子"。参见：http://phtv.ifeng.com/program/fhzbc/detail_2014_03/28/35237554_0.shtml。

默之问"。"北京共识"这个明确的概念,正是由原美国高盛公司高级顾问、现任基辛格国际地缘政治咨询公司副主席兼首席执行官乔舒亚·库珀·雷默(Joshua Cooper Ramo)于2004年系统提出。[1] 雷默认为,中国已经找到一条独特的现代化之路,而且认为"北京共识"可以替代"华盛顿共识"[2]。在他看来,"北京共识"具有三个主要特征:以创新驱动为基础;强调可持续发展与社会公平;反对外来强权,奉行独立自主。[3]

那么,"北京共识"有没有?这是我们总结中国改革开放取得的巨大成就和成功经验时所需要思考的问题。中国基于自身历史与文化传统之上的现代化建设是"中国模式",还是"中国道路"?目前仍无定论。现在或许只能讲"中国道路",还不能称其为"中国模式",因为"中国模式"是西方学者提出和热议,被视为是已形成、固定而封闭的发展模型。而"中国道路"是结合中国国情所正在进程中的有中国特色的社会主义道路,更具开放性、尚未形成固定模型,[4]

---

[1] 乔舒亚·雷默:《为什么要提出"北京共识"》,参见俞可平、黄平、谢曙光、高健主编:《中国模式与"北京共识":超越"华盛顿共识"》,社会科学文献出版社2006年版,第5—10页。

[2] "华盛顿共识"是1989年由英国经济学家约翰·威廉森(John Williamson)提出,包括建立财政纪律、削减政府补贴、推行税收改革、让市场决定利率、保持竞争性汇率、鼓励贸易自由、进行国企私有化、撤销(费用、价格等)管制和法律保护财产权利等政策主张。参考:John Williamson,"What Washington Means by Policy Reform" in John Williamson, ed., *Latin American Readjustment: How Much has Happened*, Institute for International Economics, 1989, p.7。

[3] Joshua Cooper Ramo, *Beijing Consensus: Notes on the New Physics of Chinese Power*, London: The Foreign Policy Centre, 2004, pp.1—6。

[4] 轩传树:《如何认识西方视野下的"中国模式"》,《中国农业大学学报》(社会科学版)2011年12月,第28卷第4期;轩传树:《构建一种向世界解释中国发展道路的话语体系——从西方热议"中国模式"谈起》,载中共中央文献研究室科研管理部编:《中国共产党90年研究文集》,中央文献出版社2011年版,第2017—2027页。

可能具有其他国家难以照搬和复制的独特性，同时也或兼具他国发展可咨借鉴的元素。那么，中国为什么会选择这条道路？中国是怎样走过这条道路的？中国未来如何继续走出自己的道路？许多人都会带着这些疑问来探询"中国道路"之谜。

本章主要讲述中国异于西方的现代化道路发展的历史和现状。第一节概要回顾海外学者视野下的中国现代化道路；第二节从长周期的视角、资本积累的方式考察中国社会主义现代化道路的探索和发展进程；第三节从历史和现实的角度分析中国现当代复兴发展与中国的人地国情之间的关系；第四节讲述中国共产党的两个百年史以及中国现代化建设的新阶段。

第一节　海外学者关于"中国道路"的研究

伴随着中国改革开放的不断深入、经济发展取得更大成就并平稳度过全球金融危机，国外学者开始提出并持续关注和研究"中国模式"。很多西方学者开始反思以美国为代表的资本主义发展道路，认为世界应该学习"中国模式"，探索自己的发展道路。[1]雷默从一个西方学者视角，对中国改革开放以来的变化和发展做出了较为详尽的阐述，并探讨了中国的发展经验对世界上其他国家的适用性问题。他提出的"北京共识"引发国外学界对"华盛顿共识"的一系列反思，以及对于"中国模式""中国道路"等问题广泛深入的探

---

[1] Niv Horesh, "The 'China Model': Expounding American Viewpoints", *China Review International*, Vol.18, No.3, 2011, pp.270—284.

讨。[1]

一、"北京共识"与"华盛顿共识"

中国改革开放之初,就有海外学者关注中国对现代化道路的探索。不过,对中国是否已经形成一条不同的现代化之路的讨论,则始于雷默对于"北京共识"的提出。雷默认为,中国已经找到一条独特的现代化之路,即可替代"华盛顿共识"的"北京共识"。

雷默提出的"北京共识",一定程度上是相对于"华盛顿共识"而言,"华盛顿共识"是以西方新自由主义为基础,强调自由市场和有限政府,备受国际货币基金组织、世界银行、美国政府推崇,并向拉美和其他发展中国家推广。然而,实践证明,完全照搬"华盛顿共识"是不行的,拉美国家自20世纪末就已经因为吃了苦头而开始批评"华盛顿共识"的理论与实践,国际货币基金组织与世界银行被指责是为了美国经济利益而推行"华盛顿共识"。[2] 美国经济学家、诺贝尔经济学奖获得者、新兴凯恩斯经济学派代表人物、哥伦比亚大学教授约瑟夫·尤金·斯蒂格利茨(Joseph Eugene Stiglitz)指出"华盛顿共识"看到了政府的问题,而没有认识到市场也不是万能的,因此主张采取政策的同时完善市场与政府。他认为"华盛顿共识"并非现代化的必经之路,任何发展模式都必须与该国国情

---

[1] 中山大学学者刘庆军、郭文亮对"北京共识"提出以来海外对于"中国道路""中国模式"等的探讨和研究做了比较系统的梳理。参见刘庆军、郭文亮:《从"北京共识"到"中国模式"——改革开放以来海外学者对"中国道路"的研究进展》,《社会主义研究》2019年第2期。

[2] Riodan Roett and Guadalupe Paz, "Introduction", in Riodan Roett and Guadalupe Paz, eds., *China's Expansion into the Western Hemisphere, Implications for Latin America and the United States*, Brookings Institution Press, 2008, p.10.

相适应。[1]

二、海外视角下的"北京共识"

在雷默提出"北京共识"后,有不少海外学者表示了积极的支持态度。法国记者、前左翼报纸《外交世界》编辑阿兰·格雷斯(Alian Gresh)认为,"北京共识"确实第一次提供了一种解释,那就是殖民地半殖民地国家独立后如何遵循自己的意愿而独立发展。[2] 西班牙马德里康普顿斯大学国际安全与合作研究所高级研究员格雷斯·阿巴德(Gracia Abad)希望"北京共识"能够经受实践考验,因为它的存在不仅将会成为制约西方国家的平衡器,而且也将有助于西方国家更好地理解和发展自身。[3] 波兰华沙大学国际关系研究所非欧区域研究部专家艾维力纳·偌扎·卢比安涅卡(Ewelina Róża Lubieniecka)认为,"北京共识"虽然没有如"华盛顿共识"那样具体的政策建议,但是却为发展中国家指明了方向。[4] 土耳其科奇大学政治与国际关系系穆斯塔法·亚克西博士(Mustafa Yagci)比较"北京共识"与"华盛顿共识"的异同后,认为"北京共识"为发展中国家提供了无附加条件的互惠互利的发展

---

1 Joseph Eugene Stiglitz, "More Instruments and Broader Goals: Moving Toward the Post-Washington Consensus," see: https://www.globalpolicy.org/component/content/article/209/43245.html.
2 Alian Gresh, "The World Turned Upside Down: Understanding the Beijing Consensus", *Le Monde Diplomatique*, November 2008.
3 Gracia Abad, *The Beijing Consensus in the Shadow of the Global Financial Crisis*, UNISCI Discussion Papers, 2010, pp.45—60.
4 Ewelina Róża Lubieniecka, "Chinese Engagement in Sub-Sabaran Africa: Can the Beijing Consensus be Explained Under Word-Systems Analysis ?", *Fudan Journal of Humanities and Social Sciences*, Vol.7, No.3, 2014, p.433.

机会。[1]

与此同时,也有不少学者对"北京共识"的提法持批评态度或保留意见。美国国际战略研究中心和中国研究项目副主任甘思德(Scott Kennedy)认为"北京共识"不可与"华盛顿共识"相提并论,它只是一个虚构的神话,因为中国并非如其所描述的那样。即使这样,甘思德不得不承认,"北京共识"的提出将有助于激发学者去探寻中国道路的主要特征及其对于世界的重要意义。[2] 前总统尼克松、福特及里根时期美国政府官员、现任英国剑桥大学政治系美国研究所主任斯蒂芬·哈尔波(Stefan Halper)批评"北京共识"其实经济上仍然奉行"华盛顿共识"提倡的自由市场,只不过没有进行相应的政治改革。[3] 德国杜伊斯堡-艾森大学政治学研究所、东亚学研究所所长托马斯·海贝勒认为,中国仍处于社会转型时期,除了经济变革,政治变革、文化变革、社会变革仍在持续,谈论"中国模式"还为时过早。[4] 美国俄勒冈大学教授阿里夫·德里克(Arif Dirlik)认为"共识(Consensus)"与"华盛顿(Washington)"组合是一个特定语境下霸权主义性质的概念,将"共识(Consensus)"与"北京"放在一起不合适,他还认为雷默

---

1 Mustafa Yagci,"A Beijing Consensus in the Making: The Rise of Chinese Initiatives in the International Political Economy and Implications for Developing Countries", *Perceptions*, Vol.11, No.2, pp.29—56.
2 Scott Kennedy,"The Myth of the Beijing Consensus", *Journal of Contemporary China*, Vol.19, No.65, 2010, pp.461—477.
3 Stefan Halper, *The Beijing Consensus: How China's Authoritarian Model Will Dominate the Twenty-First Century*, Basic Books, 2010.
4 托马斯·海贝勒:《中国是否可视为一种发展模式?》,参见俞可平、黄平、谢曙光、高健主编:《中国模式与"北京共识":超越"华盛顿共识"》,社会科学文献出版社2006年版,第113—120页。

提出的"北京共识"只是一个想法，而不是一个概念或思想，缺乏内在一致性。[1]

三、海外持续探索"中国道路"之谜

自雷默提出"北京共识"并引发讨论后，近些年来，海外学者对"中国模式""中国道路"的研究和探讨又进一步深入。国际期刊《亚太评论》主编、英国华威大学政治学与国际研究教授沙恩·布思林（Shaun Breslin）认为，在新千年之初，"中国模式"开始代替新自由主义主导发展话语。[2]

海外学者还对"中国模式"的本质和特征进行了探讨。有美国学者认为"中国模式"本质上就是私有化。[3] 同时也有另外一些学者，比如加利福尼亚大学圣地亚哥分校中国国际事务研究资深专家巴里·诺顿（Barry Naughton），却持相反观点，认为"中国模式"经常被误以为就是私有化，其实私有制经济和公有制经济两者都扮演着相应角色。[4] 国际货币基金组织学者莱斯利·科塔（Leslie Lipschitz）等认为"中国模式"主要是依赖国内高储蓄、政府投资和国外直接投资，以及大量廉价劳动力。[5] 而乔治华盛顿大学政治与

---

1 Arif Dirlik，"Beijing Consensus：Beijing 'Gongshi.' Who Recognizes Whom and to What End？"，University of Oregon Position Paper，2006.
2 Shaun Breslin，"The China Model and the Global Crisis：from Friedrich List to a China Model"，*International Affairs*，Vol.87，No.6，2011，pp.1323—1324.
3 Stefan Halper，*The Beijing Consensus：How China's Authoritarian Model Will Dominate the Twenty-First Century*，Basic Books，2010.
4 Barry Naughton，"China's Distinctive System：Can It Be A Model for Others？"，*Journal of Contemporary China*，Vol.19，No.65，2010，pp.437—460.
5 Leslie Lipschitz，Céline Rochon and Geneviève Verdier，*A Real Model of Transitional Growth and Competitiveness in China*，International Monetary Fund，2008.

国际关系研究教授布鲁斯·迪克森（Bruce Dickson）认为"中国模式"正在发生变化，比如中国不再只是制造"中国商品"，而是正在打造"中国品牌"；中国已不再是依靠低工资、低技术劳动力，而是鼓励中产阶级的崛起、依靠国内消费促进经济增长等。[1]英国剑桥大学政治学与国际研究系资深研究员马丁·雅克（Martin Jacques）认为"中国模式"就是经济上改革但政治上保持不变。[2]新加坡国立大学东亚研究所所长郑永年认为，"中国模式"经济上的成功恰恰是稳定的政治社会秩序促成的，这正是其他许多发展中国家应该学习的地方。[3]

至于"中国模式"是否具有可复制性，原美国加利福尼亚洛杉矶分校中国研究中心教授、牛津大学社会法律研究中心研究员裴文睿（Randall Peerenboom）在其著作中详细比较了对于"中国模式"两种截然相反的观点。一种观点认为中国为其他发展中国家在全球化背景追求快速发展提供了成功的范式；而另一种观点就是"中国崩溃论"，认为中国缺乏法治、政治不稳定、时刻会崩溃，谈何"中国模式"。他在书中通过大量的细节和经验数据，有力地驳斥了关于"中国模式"的消极观念。在他看来，每个国家国情不一样，面临的挑战与机遇也不同，没有一种万能不变的单一模式，任何模式都必须与该国情况相适应和结合，"中国模式"根植于中国人口规模、政治和经济等情况，因此它无法为其他任何国家提供一个详细

---

[1] Bruce J.Dickson, "Updating the China Model", *The Washington Quarterly*, Vol.34, No.4, 2001, pp.39—58.

[2] Martin Jacques, *When China Rules the World: The Rise of the Middle Kingdom and the End of the Western World*, Allen Lane, 2009, p.12.

[3] Cheng Yung-nien, "The Chinese Model of Development: An International Perspective", *Social Sciences in China*, Vol.31, No.2, pp.44—59.

具体的发展蓝图，不过它的某些方面对于其他国家无疑具有借鉴意义。[1] 诸多海外学者纷纷在《中国研究》和《中国季刊》等国际权威期刊发表书评，对裴文睿此书表示极大的肯定。[2] 马来亚大学中国研究所副主任林德顺（Ling Tek Soon）等海外学者在相关研究中也注意到，虽然国际热议"中国模式"，但是中国政府和学术界却非常谨慎，强调世界上不存在普世的发展模式，也没有一种发展道路是完美的，试图避免给外界一种向外输出意识形态的形象，激起国际对中国崛起的恐惧，加剧"中国威胁论"。[3]

美国薛顿贺尔大学外交与国际关系学院学者欧美尔·格阁客斯（Omer Gokcekus）和日本武藏大学经济学院学者铃木维（Yui Suzuki），通过对非洲34个国家与中国贸易的20年数据分析来研究"中国模式"对其他国家的影响。塞尔维亚贝尔格莱德大学经济学家维斯纳·加博诺维克（Vesna Jablanovic）尝试运用混沌理论来解释中国稳定经济增长。[4] 法国巴黎第八大学学者托尼·安德尼（Tony Andréani）和法国国家科学研究中心雷米·埃雷拉（Rémy

---

[1] Randall Peerenboom, *China Modernizes: Threat to the West or Model for the rest ?*, Oxford University Press, 2007.
[2] Sarah Biddulph, "China Modernizes: Threat to the West or Model for the Rest? By Randall Peerenboom", *The China Journal*, No.62, 2008; Brue Gillyey, "China Modernizes: Threat to the West or Model for the Rest? By Randall Peerenboom", *The China Quaterly*, No.191, 2007, pp.755—756; Guy Caire, "China Modernizes Threat to the West or Model for the Rest? by Randal Peerenboom", *Revue Tiers Monde*, Vol.49, No.194, 2008, p.452.
[3] Ling Tek Soon, "Perception of Reform: 'China Model' as Affirmation?", *International Journal of China Studies*, Vol.2, No.1, 2011, pp.99—113; Shuisen Zhao, "Whither the China Model: Revisiting the Debate", *Journal of Contemporary China*, Vol.26, No.103, 2017, pp.1—17.
[4] Vesna Jablanovic, "The Chaotic Economic Growth Model: China", *Advances in Management and Applied Economics*, Vol.3, No.4, 2013, pp.89—94.

Herrera）深入具体分析中国经济的不平衡、要素分配及价格、股票债券市场、国有企业、公共服务、战略计划及其在中国特色社会主义的重要位置，指出"中国模式"为"市场社会主义"。[1] 加拿大政治哲学学者贝淡宁（Daniel Bell）认为，"中国模式"关键组成部分就是政治精英体制，这种体制在中国的确立，不仅因为它根植于中国政治文化，而且因为它能够给中国带来经济好处。[2] 加拿大英属哥伦比亚大学亚洲研究所主任保罗·埃文斯（Paul Evans）认为，贝淡宁"政治精英体制"的提出以及对西方资本主义政治体制弊端的揭露，有力地刺激了新自由主义者的神经，因为他们一直以来就盲目相信西方资本主义民主选举制度的优越性。[3] 澳大利亚悉尼大学政府与国际关系学者陈明璐与西交利物浦大学中国研究教授古德曼（David Goodman）认为，中国共产党的强大适应性是"中国模式"最显著的特征。[4] 美国霍普金斯大学社会学系教授、世界体系理论主要代表人物乔万尼·阿里吉（Giovanni Arrighi）在《亚当·斯密在北京》一书中，通过重新检阅斯密和马克思的著作，挑战现代资本主义理论基础新自由主义的解读，指出区分市场经济与资本主义的关键在于劳动与生产的关系，并将"中国道路"置于全球动态地理版图和整个政治经济学理论谱系中进行审视，寻求历史与逻辑的统

---

[1] Tony Andréani and Rémy Herrera，"Which Economic Model for China？—Review of La Voie chinoise by Michel Aglietta and Guo Bai"，*International Critical Thought*，Vol.5，No.1，2015，pp.111—125.

[2] Daniel Bell，*The China Model：Political Meritocracy and the Limits of Democracy*，Princeton University Press，2015.

[3] Paul Evans，"The China Model：Poltiical Meritocracy and the Limits of Democracy by Daniel Bell"，*Pacific Affairs*，Vol.91，No.1，2018，pp.138—140.

[4] Minglu Chen and David S.G.Goodman，"The China Model：One County, Six Authors"，*Journal of Contemporary China*，Vol.21，No.73，2012，pp.169—185.

一，避免陷入历史虚无主义，超越简单的资本主义与社会主义之争。他系统阐释了"中国道路"是一种基于自身历史与文化传统的非资本主义市场经济发展道路。在他看来，这正是斯密所曾描述的一种可以重塑世界贸易和全球力量平衡的重要力量。[1]

第二节 中国道路的历史抉择

探寻发展道路其实一直是20世纪以来世界各国的中心课题。20世纪30年代，西方资本主义世界出现"大萧条"，而社会主义苏联呈现出"风景这边独好"的景象。在凯恩斯主义引导下，美国等资本主义国家借鉴社会主义的做法，加大国家对经济的干预力度，度过了这场经济大危机。在长达半个世纪的冷战对峙中，苏联模式弊端逐步暴露出来，为了解决系统性危机，苏联和东欧社会主义国家采纳了西方鼓吹的"休克疗法"改革，最终导致苏东剧变、政权更替。此后，在美国主导下，新自由主义在全球大行其道，"华盛顿共识"被广为推崇。然而，随着拉美经济危机、东南亚金融危机、2008年全球金融危机的爆发，以新自由主义为基础的欧美模式造成许多拉美、东欧以及亚洲国家的发展停滞和衰败，这些表明世界各国的发展道路还需反思和进一步探寻。其中最受全球瞩目的，正是中国结合本国国情在现代化道路上所做的积极探索、成功实践和取得的巨大成就。

---

1 Giovanni Arrighi, *Adam Smith in Beijing: Lineages of the Twenty-First Century*, Verso, 2007.

一、中国是长周期调整过程中的"第三类国家"

根据第四章对长周期理论及世界各国与中国在长周期中各自表现的分析可知,中国作为长周期中的"第三类国家",在长周期调整过程中,既不属于用投资贸易解决危机的"第一类国家",又不属于用科技创新与技术革命来解决问题的"第二类国家",而是通过革命与战争来寻求发展路径的国家。历史证明,自鸦片战争以来,真正能够把中国统一起来的还是中国共产党及其领导的人民军队。

从全球看,在"一战"与"二战"期间,苏联及部分中东欧国家和地区都与中国一样,通过革命战争来解决长周期危机,差不多有十几个社会主义国家都可以归为第三类国家。1917年俄国"十月革命"一声炮响,建立了第一个社会主义国家——苏维埃俄国。通过革命战争建立新政权的这些社会主义国家,接下来面临的就是建设与发展问题,此类国家基本都选择了"早熟的社会主义道路",因为面对国际封锁,不能像第一、第二类国家那样通过贸易投资或科技创新来实现发展。加"早熟"二字,是指此类国家实行的"社会主义"与马克思提出的"社会主义"不完全一致,这可能会带来很多不同观点的讨论。

苏联成立后在"社会主义"的旗帜下着手建设。列宁起初采用的政策与马克思阐述的社会主义政策存在差别,他用过布哈林倡导的"新经济政策"。苏联最终形成"斯大林模式",斯大林专门写了《苏联社会主义经济问题》,提出社会主义社会的国民经济应由计划经济占统治地位。事实上,周边的社会主义国家也被纳入其中,采用"斯大林模式",形成一套覆盖范围很广的专业分工体系,同时也留下了不少后患。[1]

作为长周期中第三类国家的中国，在中华人民共和国建立后的相当长一段时间内也采用了"苏联模式"。在"一五"时期，苏联援助中国156个重点项目，这些重点项目基本上布局在中国的西北和东北。中国后来改革开放先从东南五省开始，出现了"广东模式""温州模式"等，与计划经济时期的这种国有企业和产业布局有很大关联，因为此前从上海到广州的东南沿海地区没有获得苏联的援助重点项目。此外，由于处于"对台前线"、被美国封锁，一直没有工业布局，唯有通过改革开放闯出一条自己的路来。

无论是1840年后的中国历次战争，还是中国共产党成立后领导中国人民革命和社会主义建设的进程，背后都暗含着由长周期规律推动的必然性，在长周期危机调整中，中国唯有通过革命与战争来调整生产关系，以寻求生产力的解放，同时也在历史实践中塑造了中国道路的独特性。

二、社会主义初级阶段：前30年的探索

革命、战争，连同计划经济等都是长周期规律的体现和危机调整的手段，中国共产党领导的社会主义新中国登上历史舞台，这是历史的选择。在怎么建设和发展的问题上，中国共产党面临从革命党向执政党转型的探索与波折。

---

[1] 当时苏联的计划经济分工非常细，明确这个城市做化工、那个城市做钢铁等，而且分工不只在苏联范围内，甚至跨越到其他社会主义国家。如此分工，留下很大隐患。苏联解体后，很多加盟共和国独立出来，但因为没有独立的工业体系，国内经济不成体系，有些国家的问题一直延续到现在都没解决。比如，乌克兰的问题就与解体前的分工有关，此前它在苏联的分工体系中是负责造航空母舰的。独立后一个奇怪的现象就是，乌克兰能造得出航空母舰，却不能生产制造其他必需品。

中华人民共和国成立后，中国现代化发展的基本态势是历经波折，终获成功，大致可分为三个时期：（1）1949—1966年的奠基时期，通过采用苏联式的计划经济模式，中国初步打下工业化基础，但同时也存在体制僵化、工农业发展不平衡等问题；（2）1966—1978年的停滞时期，十年"文化大革命"给中国现代化造成浩劫，国民经济濒临崩溃的危险；（3）1979年后，中国进入改革开放时期，社会主义现代化取得飞速发展和空前成功，并形成有中国特色的社会主义现代化道路。[1]

1. 中国的现代化探索历经曲折

步入近代以来，中国对于发展道路的探索波折起伏。两次鸦片战争使中国处于非常危险的境地，并逐渐沦为半殖民地半封建国家。从1840年至中华人民共和国成立的100多年里，历经洋务运动、戊戌变法、辛亥革命等变革，几代仁人志士孜孜探求民富国强、民族复兴之路，但终归于失败，根本原因在于中国现代化落后于西方工业革命约100年，加上外强凌辱、国家动荡的环境，民族资本难以真正独立与发展壮大，没有足够的资本积累推动实现工业化与经济起飞。

直至中国共产党领导革命成功，建立新中国，赢得国家民族独立的地位，为发展提供前提条件。但接下来，以何种方式完成资本积累、实现经济起飞，改变积贫积弱的民生国力成为首要问题。中华人民共和国成立后也一直在苦苦探寻发展道路，其间又出现"大跃进"等诸多波折。"大跃进"的结果就是出现三年自然灾害，三年自然灾害后经济发展很不成功，于是从"四清"开始全国转向阶级

---

[1] 马敏：《现代化的"中国道路"——中国现代化历史进程的若干思考》，《中国社会科学》2016年第9期。

斗争，四清是"文化大革命"的前兆，斗争不断升级，最后在1966年演变成"文化大革命"。

关于这段历史，学术界已有很多褒贬不一的研究。纵观中华人民共和国社会主义道路发展的整体历史可知，我们在这段历史时期，实际上已经用尽很多办法来探索我们的发展道路。中华人民共和国成立后前30年，我们一直在探索中国的建设到底怎么搞，"一五"时期跟着苏联走，中苏关系破裂后想"走自己的路"，由于急于求成反而出现很多问题。如果将其放在约170年中国近现代史的整体过程中，可知中国其实始终都在寻找一条适合本国发展的道路。如果没有这些前期的探索，我们今天也找不到这条路。

2. 资本初始积累方式与中国的路径选择

有一些研究在总体评价中华人民共和国成立至改革开放前这30年时，认为其中有许多不合理的方面，但从经济学的角度公允客观地来分析，其实总体上是合理的。

中华人民共和国成立前30年属于社会主义初始积累。在世界经济史上，英国通过圈地运动、殖民扩张，用血腥、残酷的方式完成资本原始积累，实现工业化与经济起飞。这种现象和经济规律有什么关系？主要是因为工业生产扩张对资源的需求是无限的，英国纺织工业需要大量羊毛，因此需要大量的牧场养羊，这就出现了"羊吃人"的情况。后来，英国国内出现生产过剩、经济危机，然后就有了海外扩张。

总体看来，资本积累有三大基本类型。第一种是前述的资本主义原始积累；第二种是战后"四小龙"模式，向资本主义国家借贷，采取出口导向型战略，通过引进投资进行资本积累、发展经济；第三种就是我们国家倡导的"自力更生"。其中，外部借贷积累模式要付出政治代价，所谓的政治代价就是必须跟着西方走，主要是跟着美国走。西方，尤其是美国之所以愿意给中国台湾地区以及韩国、新加坡投资，与其全球战略考虑有很大关系。[1]

从第五章的分析可知，社会主义国家的经济建设也有一个资本初始积累阶段。马克思所设想的社会主义，是资本主义生产方式自身扬弃的产物，将首先在商品经济和生产力高度发达的欧美国家内产生，是资本主义后的社会主义。但实际情况是，社会主义往往在生产力不发达的国家首先取得胜利，可是社会主义建设总不能在小农经济的基础上进行。因此，社会主义初始积累需要回答两个问题。其一，"贫困"型的社会主义应当采取怎样的方式进行必要的初始积累？其二，马克思所没有预见到的社会主义初始积累阶段，如何用现代经济发展的理论予以解读分析？

社会主义中国建立后要实现发展，必须建立大工业体系，那就要修公路、造铁路、建码头。那我们就来看中华人民共和国建设的第一批资金的来源问题。一方面，社会主义制度本质决定了中国不能采取早期资本主义国家侵略、掠夺他国资本的原始积累方式；另一方面，当时外部国际政治经济形势，又决定了我们不存在向资本主义国家借贷来形成工业投资的可能性。因此，问题解决的出路，只能是自己设计社会主义初始积累的方式与机制，亦即走"自力更生"的第三条道路，即内部强制性的初始积累。

---

[1] 日本在"二战"当中的罪行绝不亚于德国，战后美国为什么反而大力扶持日本？主要是因为中国共产党打败国民党不符合美国的意图，美国采取了围堵中国战略，在北边发动朝鲜战争，后来在南边发动越南战争，并形成围堵中国的岛链。美国一方面对新中国实施经济制裁；另一方面利用日本来牵制苏联和中国，通过把第一岛链经济发展起来的方式实现军事封堵的目标，通过军需品订单等很多手段来扶持日本，所以日本经济"二战"后恢复与起飞速度很快。

3. 中华人民共和国成立后的 30 年社会主义初始积累机制

在中华人民共和国成立后 30 年时间里，中国既不能对外扩张、搞资本主义的原始积累，也不能像"四小龙"那样搞外部借贷式的原始积累，只能靠"自力更生"。中国的社会主义初始积累机制主要体现在三方面。一是在经济体制上，采取中央集权的指令性经济；二是在运行机制上，实行完全国家所有制，政府充当唯一的投资主体；三是在意识形态上，强调艰苦奋斗、勤俭建国的革命精神，降低人力资本成本。总体而言，在初始阶段，这种方式是有效的。从发展经济学角度而言，后发国家均有不同程度的加大政府干预的倾向，中央集权的指令性经济是政府干预的一种表现。

那么中华人民共和国成立后的 30 年里，我们初始积累的来源在哪里？

第一个来源是农民。通过土地改革，把土地分给农民，但是小农经济生产力落后，所以后来搞了初级合作社。用经济学观点分析，如果当初中国初级合作社能够一直坚持做，可能中国农业会很发达。可是，当时初级合作社还不成熟，就开始搞高级合作社，很快转变成人民公社。很多觉得这是瞎折腾的人只看到表象了，当时这么做有更深的意图。只有通过办人民公社，才有可能实行"统购统销"，通过统购统销压低价格，从农民身上实现初始积累。如果延续小农经济，根本没办法实现足够的积累。[1]

---

[1] 根据王战教授的回忆，当时农民生产 1 斤粮食的成本大约是 1 角 1 分钱，而国家收购的价格是 1 角钱 1 斤。用 1 角钱收购 1 角 1 分钱成本的稻谷，农民不可能会富，所以当时流传一句话叫"增产不增收"。当时大家只是觉得国家这样做很不合理，但并不知道为什么要这样，因为没有从国家层面去想——美国人封锁住岛链，苏联人撤走援助，连图纸都给拿走了，中国要搞社会主义的基础是什么？钱从哪里来？怎么去造铁路？怎么去造大工厂？这些都得有资金来源，可以说不得不这么做。据初步测算，通过统购统销、压低价格，在不到 30 年的时间里，共从农民头上挤出 8 000 亿元人民币。

第二个来源就是国企。从经济学角度看,中华人民共和国成立后搞的公私合营模式是挺好的。为什么还要搞国营企业？大家可能认为只是因为学习苏联模式。其实没有看到更深层的原因和道理,那就是只有采取国营企业制度,才能实现"统收统支",国家才可以掌握税收和利润,实现国家层面的财政分配。据估计,通过"统收统支"收上来的工业企业财源有约 8 000 亿元人民币。

我国第一阶段的初始积累过程一直持续到 1978 年,是社会主义各国中历时最长和积累强度最大的国家。中华人民共和国成立后这 30 年的积累发展,基本完成奠定中国大工业体系与人力资本积累的阶段性任务。

4. 社会主义初始积累与改革开放前后 30 年的内在逻辑

现在很少有人讲社会主义初始积累。那什么叫社会主义初级阶段？社会主义初级阶段就是与"不合格""贫困"的社会主义联系在一起的。而社会主义初级阶段的第一件要做的事就是内部强制性积累。我们不可能绕过初始积累搞建设,在"一五"计划时期,国内一穷二白,国外对中国封锁,这种情况下改革开放根本无从谈起。因此,社会主义初始积累是客观存在的。这个理论可以解释苏联为何搞集体农庄,所有被封锁的社会主义国家都有这样强制积累的过程。

回顾过去 70 余年的历史,中国现代工业体系初具雏形是中华人民共和国成立后社会主义初始积累阶段实现的,并为中国未来发展奠定物质基础,表现在如下几个方面：第一,这一阶段中国的人口增长提高,成为改革开放后 30 年中国发展人口红利的重要来源。第二,中国在教育和文化上有着大量投入,20 世纪 70 年代中国经济很落后,人均 GDP 大概只有 180 美元,但有研究表明,中国当时在教育、科技、卫生等方面已基本达到中等发达国家水平。前 30 年基本上保证了每个儿童都能读书。第三，兴建农村水利、交通等基础设施，为改革开放后30年的发展奠定重要基础，譬如红旗渠、治黄治淮等工程，[1]这些基础设施的大投入是改革开放后30年、始自小岗村的家庭联产承包责任制的必要基础和重要前提。再譬如成昆铁路，始建于1958年，后多次停工复工，1970年7月全线竣工运营，2018年完成复线改造。如果没有前30年大量人力、物力、财力的积累，后期的铁路建设进展就不会如此顺利。由此可见，很多前30年的初始积累的效益明显地反映在后30年的发展中，中国的建设与发展在改革开放前后30年之间存在显然的内在关联。

有些人用一种鄙视的眼光看前30年，但是如果深入分析，历史中存在大的逻辑。我们确实应该对前30年做一个合理中肯而非"非黑即白"的评价。

回顾70余年的新中国历史，争议最多、最大的问题可能是如何看待改革开放前后30年的关系问题。在意识形态领域，左右两派各持己见，将改革开放前后30年的中国发展模式相互对立、互相否定。习近平总书记曾指出"不能用改革开放后的历史时期否定改革开放前的历史时期，也不能用改革开放前的历史时期否定改革开放后的历史时期"[2]。正如1981年《中国共产党中央委员会关于建国以来党的若干历史问题的决议》中所言："我们现在赖以进行现代化建设的物质技术基础，很大一部分是这个期间建设起来的；全国经济文化建设等方面的骨干力量和他们的工作经验，大部分也是在这个

---

[1] 比如在新中国建设史上，"一五"和"三线"建设时期，国家把河南定为重点建设区，在洛阳、郑州等地进行大规模的工业建设，并且围绕黄河、淮河、海河和长江四大水系治理，开展以治黄治淮为重点的水利建设和水土保持工作，取得了显著成效。
[2] 中共中央党史研究室：《正确看待改革开放前后两个时期》，《人民日报》2013年11月8日。

期间培养和积累起来的。"因此，只有辩证地认识两个阶段的关系，才能正确把握中国道路的独特性。

三、"文化大革命"：中国道路的反作用力

1966年5月至1976年10月，中国爆发了一场为期十年的"无产阶级文化大革命"，给党和人民造成严重灾难，成为中国经济与社会发展"失落的十年"。现在我们要如何看待与评价这段历史呢？

"文化大革命"对中国经济、文化、社会建设等各方面的影响几乎是灾难性的，威胁到了党和国家的稳定。所以当前青年人要反思认识"文化大革命"，主要是引起对未来发展道路的警醒。而事实上，从"文化大革命"的深刻教训来反思、引导中国道路的选择，在其后30年中已经有所体现，这是一种在思想、行动上的反作用力。

日本有一位专门研究中国"文化大革命"史的著名学者毛里和子，她来华时曾经发问："为什么中国改革开放这二三十年来这么顺，而像泰国，隔两三年就红衫军、黄衫军满街都是，这么一搞，经济就下来了。"现在看来，中国之所以稳定，就是由于国内的有识之士痛定思痛，认为中国不能再发生动乱，要一心一意把经济搞上去。

以中国台湾地区的政局为例。陈水扁在任期间，大街上满是标语横幅，谁都可以去冲击行政机构，还可以在议会打架，导致问题越来越多，反而不利于稳定民心和社会秩序，极大干扰和危害了生产发展和民众福祉。中国台湾人发现这与中国大陆的"文化大革命"极其类似。事实上，中国大陆也存在这种风险，比如在十八届三中全会前"唱红打黑""网络大V"等一系列现象都有"文化大革命"的色彩。如果当时真走上岔道，中国面临的可能又是一场大乱，国

家这么大，一乱起码十年。而且在当前技术与信息传播条件下，发展到极端就是一场网络"文化大革命"。大部分人上网看信息、写评论都比较理智，但同时也确实存在一批"愤青"，把不满发泄在网上，这无可非议。但是，如果他们在网上树"敌"，譬如"凡是政府官员都是不好的"或者"凡是警察都是不好的"等，这就会引导到非常危险的程度。网络上很多"大V"热心公益，但也存在一些人利用网络散布谣言以谋不当之利或煽动民情，譬如"大V"薛蛮子事件就给了我们很大警示。

令人欣慰的是，中国大部分人已经意识到其危害性，尤其是经历过"文化大革命"的人更有切身感受，最终选择了稳定和发展的正确方向。所以，这就是"文化大革命"对于中国道路选择的反作用力。在其后的 30 年，甚至更长时间内这都将成为中国道路选择时无论如何都必须守住的"警戒线"。所以，改革开放前后两个 30 年的关系，尤其是十年"文化大革命"的反作用力，这种深刻反思对于中国坚持稳定、改革开放在思想上的警惕意义在全世界绝无仅有，这也是中国道路的一个独持性。

四、改革开放：中国道路的再设计

前面讲了社会主义初始积累积极作用的一方面，那为什么还要改革开放？因为社会主义初始积累还存在副作用的另一方面，使得改革开放变得必要和迫切。前 30 年的社会主义初始积累，与后来的改革开放是有着关联和对应关系。

1. 社会主义初始积累的副作用

前 30 年的社会主义初始积累为后 30 年中国改革开放的发展奠定前提，与此同时也带来很多副作用。我们来做个分析。

先从农民、工人讲起。在1953—1985年全国实行统购统销政策期间,农民在整个集体化时期向国家贡献了约8 000亿元,[1]造成的直接后果就是农民的购买力少了8 000亿元。工人也类似。[2] 其实这是社会主义初始积累的内在要求,必须把工资成本压得越低越好。再看企业。为什么中国国有企业存在这么大的问题?国有企业盈利全部上交而无法惠及作出突出贡献的人。[3] 最后看上海。上海在改革开放前30年交给国家3 500亿元税收。中央返给上海35亿元,仅占全部税收的1%,也就是说上海创造100元的财政收入,99元是给中央。这也就能解释为什么到1978年上海还和刚解放时一样,基本没有新的基础设施,因为税收基本交上,没钱搞建设。这造成什么问题呢?国家把16 000亿元的初始积累拿过去后,建筑大工厂、生产产品,比如上海石化把尼龙都做出来了,大工业体系形成和工业产品产出后,最大的问题是没人买。这也正是著名经济学家雅诺什·科尔奈(János Kornai)《短缺经济学》中分析的问题。

中国没大工业时想搞大工业,把大工业搞起来了,却发现各种商品没有需求者。农民、工人是我国最大的群体,因为钱都收上去了。企业也是这样,国家对企业统收统支,企业设备就不能更新,上海有的国有企业的设备陈旧到难以想象的地步。在世博会前,上海江南造船厂还有五个汽锤是"一战"时用的,有一个已经打裂了还在用。当时国有企业设备要大修、设备要更新,是很难的,都是要层层报到上面去批的。

---

[1] 张天潘:《农民通过集体户向国家贡献了约8 000亿》,《南方都市报》2012年6月10日。
[2] 王战教授的回忆说:"1979年我从农村回来,还没考大学前,我一个月的收入是31.6元。"
[3] 李鹏当总理时,有次去某国有企业的全国劳模家里看,一看就掉眼泪了。国有企业赚了那么多钱都到哪里去了?都上交了。

中国的大工业体系建起来以后,国家把老百姓消费的钱转化为原始积累,导致消费严重短缺。没有消费和市场,也就不能讲市场经济。在这种情况下,国家实行了票证供给制。在人均收入极低的情况下,购食品等东西都要凭票。过年时专门有年货的单子,上面列着鸡1斤、花生1斤,等等。在百姓收入、生活水平极低的情况下,这些刚性需求只能通过布票、粮票、食品票工业券等形式配给。

2. 改革开放是对前30年社会主义初始积累的自我扬弃

前30年初始积累措施的副作用必然导致后30年的改革,这两者之间存在的关联同样适用于所有社会主义国家。《短缺经济学》的作者科尔奈是匈牙利人,写的是东欧的情况。为什么东欧、苏联的情况和中国类似?因为这些国家都通过集体农庄,对农民实行强制性积累,都搞国营企业,对企业实行统收统支,产生的结果和中国一样,他们做这些事情还走在中国前头。因此,我们就看到一个高度相关的事情,经济体制改革首先从东欧国家开始,继而苏联,再到中国。可知我们并不是第一个搞改革的社会主义国家。

同时,还有另外一个现象可以反证内部强制性积累和经济改革的高度相关性。那就是在某些社会主义国家不搞内部强制积累,而主要靠其他国家援助。比如古巴主要靠苏联援助,阿尔巴尼亚和朝鲜主要靠中国援助。这些国家小,有了援助就可以存活下去了。当时大部分社会主义国家进入改革阶段以后,不改革的就是这几个国家。古巴是到劳尔·卡斯特罗时才提出搞改革,朝鲜因为不断有援助,在内部就一直没有改革压力,但是在2018年4月20日召开的朝鲜劳动党第七届中央委员会第三次全体会议上也决定,将集中全部力量发展经济,选择改革开放,"打开国门,拥抱世界"。

中国是通过革命与战争解决长周期问题的第三类国家,这决定了中国的建设不可能重复发达国家走过的道路。到今天为止，还有不少包括新自由主义派在内的人天真地认为，中国只要学西方国家就可以。但真的可行吗？东欧国家就是反面教材。苏东剧变后，这些国家全盘接受欧盟的条件，心想只要加入欧盟就能变成西方发达国家，但事实远非想象的那样好。现在，中东欧国家反而非常需要、欢迎中国去投资建设。

两百年来，西方发达国家只有10亿人，从对发展中国家的不等价贸易中获利颇丰，其发达在某种程度上就是建立在剥削发展中国家的基础上。中国14亿人、印度10亿人、俄罗斯1.6亿人、巴西2亿人，如果都和发达国家一样，那他们从哪里去得到好处？众多勤劳、劳动力成本极低的后发国家被雇用的工人辛苦劳作，是发达国家富裕的一个重要原因。

所以中国必须探索、走出自己独特的发展道路，把一些规律性的东西搞清楚，不能轻易地否定自己。我们中国人太容易否定自己，一个朝代否定一个朝代，走不出这个圈子来。中国应进行集成式创新，借鉴历史上的经验教训，进行合理取舍。历史上留下的有合理性的好东西，不要轻易抛弃；历史上发展的问题，我们也要通过改革来改变。因此，中国的改革开放就是对前30年社会主义初始积累的自我扬弃。

其实，在理论上还有个很多人一直没有搞明白的问题，那就是一讨论改革开放前30年存在的问题，主要就是批评所谓的搞计划经济。而实际上，前30年中国搞的并不是马克思说的计划经济。马克思所提出的计划经济理论，是他在剩余价值理论和废除资本主义基础上产生的结论，主要依据是资本主义即市场经济私有制所内含的生产社会化与私人占有之间的矛盾，企业生产的有组织性与无政府状态的冲突，最终会导致经济危机。所以，他提出要用公有制取代私有制，实现计划经济，改变资本主义生产的无政府状态。因而，马克思意义上的计划经济，是后资本主义经济阶段，建立在较为发达的社会主义经济基础上，目标是为了克服资本主义经济虽然发达但无政府状态的弊病。中华人民共和国成立之初30年所实施的计划经济，建立在一穷二白的经济基础之上，在内涵、阶段上与马克思的计划经济存在区别。我们只能说这是社会主义初级阶段的第一个阶段，是为了适应社会主义内部强制性的初始积累，我们实行的是中央指令性计划经济，或者说中央集权的指令性经济，譬如发布票、粮票、工业券等都是指令性经济。这和马克思讲的计划经济不是一回事。这个理论问题搞清楚很重要，不然的话，就等于在批判马克思的计划经济。

因此，从前30年社会主义初始积累的制度选择看，有其历史必然性与合理性。但是，政府过度干预必然会带来扭曲，主要问题是压制居民消费、扭曲城镇化与产业均衡发展，主要表现有：城乡人民消费水平被人为压制到极低水平；农民缺乏长期稳定的生产积极性，农业发展水平难以提高；老工业企业无力更新改造；老工业城市由于财政统收统支，城市基础设施建设严重滞后；重工业与农业、轻工业以及第三产业发展日加失衡，隐性失业严重。第一阶段初始积累使命完成后，就迫切需要改革开放，为生产力的解放、经济社会的发展注入动力。这些问题也是很多人批评、否定前30年的主要原由之一。关键是我们应该怎么看待这些问题。这其实是一个局部与整体、当前与长远的利益分配问题，应当承认其中存在扭曲，但总体是利于整体与长远发展的，更多的红利体现在了后30年的发展之中。

3. 苏联、东欧改革失败的深层原因

中国的中央指令性计划经济模式很大程度上来自苏联。苏联模式的终结意味着中国必须选择探索一条适合自己的发展道路。20世纪80年代后，苏联、东欧等社会主义国家也开始改革，均以失败而告终。为什么苏联、东欧改革都不成功？如果把这些问题搞清楚，再反观中国的改革为什么会成功，就能提供一个参照系。

苏联、东欧改革主要存在以下三方面问题。

第一，苏联、东欧的经济分工是跨国界的，波兰、匈牙利、捷克等的工业类别全部围绕苏联来进行分工，这种分工体系决定了其本国的国民经济体系不完整，不同国家之间彼此钳制，使其改革很难成功。

第二，苏联改革走入死胡同的一个重要原因是技术创新枯竭，这也是更深层次的原因。实际上，20世纪五六十年代，苏联是社会主义国家的榜样，当时亚非拉民主运动形势也非常好。可是到了20世纪七八十年代，形势逐渐逆转。为什么前20年苏联能发展得这么好？其实这跟第四章分析的长周期有关系。"二战"前西方对苏联进行经济、技术封锁，"二战"时由于苏联和英国、美国结成同盟，西方开始向苏联转让两万多项技术，这些技术成为战后苏联经济实现高速发展的重要原因。正如前述分析的那样，苏联体制属于搞集体农庄和国营企业的原始积累体制，除军事外，本身不具备创新能力。"二战"时西方转移给苏联的技术在之后20年发挥了重要作用，但由于苏联本国不具有自主创新能力，20世纪70年代的技术过时、经济后劲不足的情况就逐渐显现，这实际上是苏联变弱的很重要原因之一。外因则是美国放出搞军备竞赛的诱饵，编造出星球大战计划，苏联也紧随其后搞星球大战，把国民经济大部分精力放到军事

和军火工业上,国内经济生产因此变得更加脆弱。

第三,就是改革路线选择错误的问题。主要表现在两个方面:其一,苏联没有把经济体制改革和政治体制改革的顺序摆正,把政治体制改革放在前面。这就是戈尔巴乔夫提出的改革路线问题,各个加盟国都可以对国家的体制、国家发展道路进行自由选择。苏联本身又是通过军事把这些独联体国家集合在一起,这种公开化实际上导致很大的离心力,缺少在国家、社会稳定情况下搞改革的前提条件。其二,苏联在经济体制改革中采取了美国人设计的激进式改革,或称休克疗法。这是中国和苏联改革的最大差异,中国采取的是渐进式改革。那么激进式改革的问题在哪里?苏联共产党采取的激进式改革导致了通货膨胀、物价飞涨,严重损害了老百姓的利益,导致民众对当政者的严重不满,苏联共产党因此失去了民心,垮台也就成为必然。[1]

三重因素结合在一起,注定了苏联、东欧改革的失败。

---

[1] 王战教授对此有段亲身经历,他说:"1990年,我去匈牙利参加一个暑期研讨班,经过俄罗斯,去的时候还是1卢布兑换1.6美元,等我回来时已变成1美元兑换30卢布,在一个月时间里贬值竟如此之多。因此,我从莫斯科回来,坐了五天六夜的火车到北京,在路上只用了1美元。那时主要吃黑面包杂碎汤,有时还能吃到土豆烧牛肉,一天只要5个卢布,6天一共30个卢布,就是1美元。回来后去参加一个研讨会,主要是对中国和苏联的改革进行比较。有位在苏联访学过一年的学者介绍说苏联怎么稳定、价格怎么低廉,认为苏联不会出事。由于有了这段亲身经历,我的观点跟他相反,认为苏联一年当中一定会出事情。问题出在什么地方?从老百姓的角度去想,其实就能想明白。苏联当时人均收入是3 800美元,在银行储蓄也有一大块。好比说,一个家庭在银行里存了几十万卢布,心是很定的,日子过得很好,不会有其他想法。但是一个月内货币急剧贬值,这也就是说,原来有45万卢布存在银行里面,用美元计算等于有70多万美元,心里肯定不愁。可是现在一下子就变成只有1.5万美元存款了,当然要着急了,就会对当政者表达严重不满。到后面苏联共产党垮台时,有个朋友当时在苏联,本来还想着苏联共产党垮台肯定会闹翻天,他就跑到红场去看,结果红场上一个群众都没有。这就是说,这么大个苏联共产党到垮台的那一天,人心向背已经很清楚了。"

4. 中国改革开放道路选择的成功经验

上述可知，社会主义改革并非始于中国，但是其他社会主义国家改革均以失败而告终，只有两个国家改革坚持到现在，一个是中国；另一个是基本上仿照中国进行改革的越南。[1]

为什么中国的改革开放道路能够成功，并带来中国经济社会的繁荣发展，取得中国近代史上前所未有的发展成就？因为这是一条基于中国国情独特性、道路独特性而作出的改革开放战略选择。中国改革和越南改革都有一个特点，都是由低到高、先易后难的渐进式改革。两个国家的改革都从农村改革开始。我们的基础首先是农业，大部分的人口在农村，从农业改革开始会给老百姓带来利益。如果我们当初模仿苏联搞价格改革，那我们的改革也会失败。其中，关键问题就是要认识到我们国情的独特性。

总体来说，中国改革首先考虑的是如何提高人民群众的生活水平。所以先进行农村改革，通过家庭承包制使占中国人口绝大多数的农民的收入提高，就得到了农民的支持。中国采取了渐进式改革，虽然当时没有总方案、路线图、时间表，但实际上改革路径很清楚：前五年是农村改革，1984年开始进行城市经济体制改革，然后是国企改革，差不多都是五年一轮。

---

[1] 王战教授曾访问越南，发现越南模仿中国的若干方面："我1990年到越南去访问，当时就觉得很有意思。我和越南国家社科院中国研究所所长交流，他们一路跟着我们，对我们的研究很细。你们怎么改，他们也怎么改，就是换了一个名词。比如，我们叫改革，他们叫革新。然后我们搞农村改革，他们一看农村改革搞得不错，然后他们再做点加法，他们的土地制度比我们改得彻底。那次我去的时候，我们国内正好在搞股份制，他们就打听上海股份制怎么搞、证交所怎么搞，都很详细地了解。甚至他们抽烟都是抽中国的烟，当时别说中华牌的，就拿一包牡丹牌的烟他们都觉得是非常好的烟。他们唱的也都是我们中国的革命歌曲。我记得，从河内坐面包车一直到胡志明市，一路上他们唱的都是中国歌，这些人好多都在中国培训过。"

中国改革一个主要经验,就是基于"人多""地少"这两个独特的基本国情,采取实事求是、解放思想的改革举措,抓准改革的主线——人口与土地这两个最基础的改革,而后面一系列改革发展战略都是在此基础上做加法。

第三节 人地国情与复兴发展

国情独特性也决定着改革开放道路的选择。我国的改革开放之所以取得举世公认的成就,应当归功于在牢牢把握住基本国情的前提下,不断地"摸着石头过河",从而走出了一条有中国特色的发展道路。什么是中国的基本国情?说到底,就是人们通常所说的"人多地少",因人多而地少,因水少而地少,因山多而地少。我国经济社会的每一次转折变革,实际上都与"人地关系"紧密相联。

一、"均田制"与中国人地结构

由于历史和制度的因素,中国最终形成人多而地相对少的"人地结构"。公元前221年,秦始皇统一国家时,人口约2 000万人。到清末的1840年,中国人口已达到4.12亿人。[1] 这是由于生产力的提高,带来了人口数量的上升。

在人口再生产上,"均田制"实际上或许也成为一个促进因素,正如第三章分析"均田制"时所讲到的。由于当时生产力水平较为低下,按照一个男丁40亩耕地,再加20亩林地,一人耕种的力量

---

1 赵文林等:《中国人口史》,人民出版社1988年版。

有限，因此或可推知，只有多生儿子，才能把地种下来，生活才能富起来，中国的一个传统观念"多子多福"或许与其有关联，这是中国农耕社会的一个特点。而西方长子继承权带来的影响就完全不一样，其出生率的下降比我们要早很多。由于人口数量增长，导致因人多而地少，就会产生一系列问题。

中国"地少"还因为"山多"和"水少"。一方面，是因为山多而地少。全国土地总面积960多万平方公里，其中山地占33%，高原占26%，盆地占19%，平原占12%，丘陵占10%。截至2009年12月31日，全国耕地仅有203 077万亩，人均耕地1.52亩，不到世界人均水平的一半。如果能像美国一样，一马平川、望不到头，那中国绝对不用担心缺粮。

另一方面，是因为水少而地少。中国其实并不缺地，在新疆、甘肃有太多的地，可惜大部分是戈壁滩、草滩，主要是缺水。中国总体上是一个缺水严重的国家。[1] 新疆160万平方公里有大量地表缺水、植物稀少的戈壁滩。再比如，云南的人均水资源和降雨量比干旱的以色列还少，虽然云南貌似水很多，但大部分都是过境水，都是从喜马拉雅山冰川上下来的水。云南4 000亿立方水中，2 000多亿立方都是过境水，通过怒江、澜沧江等往下游流走。由此可见，中国地少与水少有直接关系。

总体上，中国是多山之国，山地、丘陵和高原的面积占全国土

---

[1] 虽然淡水资源总量为2.8万亿立方米，占全球水资源的6%，仅次于巴西、俄罗斯和加拿大，居世界第四位，但人均只有2 300立方米，仅为世界平均水平的1/4、美国的1/5，在世界上名列121位，是全球13个人均水资源最贫乏的国家之一。扣除难以利用的洪水径流和散布在偏远地区的地下水资源后，我国实际可利用的淡水资源量就更少，仅为1.1万亿立方米左右，人均可利用水资源量约为900立方米，且分布极不均衡。

地总面积的 69%。当然，随着经济发展，中国"山多"也正转变为旅游资源的优势。现在公路四通八达，山区成为旅游胜景。随着经济发展与生活水平提高，评价标准也在发生变化，这里潜藏着巨大的市场需求。

二、人口国情：人口大国的可持续发展

中国一直是世界上人口最多的国家，这是最大的国情。[1] 充分认识中国国情的这一独特性是中国改革成功的起点。中国与只有约 3 亿人口的美国不同，因此改革需建立在对这一最大国情认识的基础上。因为这一国情，1979 年中国实行的是家庭联产承包责任制，而不是家庭农场。

1. 人口红利是中国发展的最大推动因素

通过 40 多年时间的检验，对中国发展起了最大推动作用的不是农村家庭承包制，而是人口政策带来的人口红利。[2] 中华人民共和国成立后 30 年人口激增，产生大量年轻劳动力，1982 年以后实施计

---

[1] 中华人民共和国成立时，中国大陆人口约为 5.6 亿人，占世界人口的 22%。其后，由于社会安定、生产发展、医疗卫生条件改善，人口迅速增长，到 1969 年已增长到 8.07 亿人。

[2] 20 世纪 70 年代，中国政府开始深刻认识到，人口增长过快对经济、社会发展不利，如果不能有效遏制人口过快增长，将对土地、森林和水资源等构成巨大压力。中国政府明确指出国家大、底子薄、人口多、耕地少是我们国家的基本国情，决定实行计划生育、控制人口增长的政策，以促进人口与经济、社会、资源、环境的协调发展。改革开放后的计划生育政策，基本控制住了人口过快增长的势头。如果按照实行计划生育政策前 1980 年人口出生率 18.2% 计算，从 1980 年至 2010 年，因为实行计划生育政策，中国出生人口至少减少了 2.7 亿人。中国实际上已成为世界上人口增长最慢的国家之一，到 2013 年年底中国人口占世界人口的比重已降至 19%。所以，中国改革开放成功的第一条还不是农村家庭承包制，而是计划生育政策，这点被很多人忽视了，因为没有把计划生育政策看作改革政策。这个政策在印度无法推行，预计 2025 年印度的人口就有可能超过中国。

划生育政策,在新生儿减少和存在大量中青年劳动力的情况下,中国生产力飞速发展。与之对比,中华人民共和国成立前后出生的一代基本都有多个子女,上面有父母,中间夫妻为劳动力,家庭收入平摊到多个人头上去,人均收入显然比一孩家庭低。计划生育政策后,即使收入没变,夫妻的收入,只要平摊到5人头上,人均收入水平显然高于此前的多孩家庭。而且,改革开放后的整体发展水平大大发展,人口红利就更加明显。中国用30多年的时间,实现人均收入水平从1978年的190美元跃升至2012年的5 680美元。因此,人口政策带来的人口红利应是中国改革开放后经济发展的第一推动力。

人口红利首先体现在农村,通过实施家庭承包制提高了效率,而且释放了农村剩余劳动力。家庭联产承包责任制使得劳动生产率提高,人均收入水平从而快速提高。从1979年至1984年,农村人均收入年均提高16%左右,大多数老百姓得益于此,对改革也就有了认同、形成共识。更为重要的是,随着农民收入的提高,老百姓的购买力越来越强,各个家庭买布添衣,进而买收音机、电视机、自行车等,各种需求都出现了,对这些生活资料的需求增长,带动了轻工业的较快增长。占全国人口70%以上的农民有了购买力,这才是我们讲市场是决定性作用的源泉。

轻工业的快速发展之后,才有了重工业的进一步发展。以20世纪80年代中期的柳州和包头的发展比较为例。改革开放前两个城市的人口规模、产业结构均类似,重工业占70%,轻工业占30%。改革后的情况大不一样,柳州农村改革后产业结构调整很快,重工业大量转向轻工业,逐步转变成轻工业占70%,重工业占30%。而包头没有及时转变,仍然是重工业占70%左右,譬如包钢、稀土等产业都还在。两个城市的发展速度因此大不相同，柳州很快成为中部地区的发展明星，因为它面对农村五年改革农民收入的快速增长，其轻工业发展有了广阔市场。只有几十万人的柳州能够生产电冰箱、洗衣机、电风扇等电器产品，有些产品一度成为全国第一，还有两面针牙膏等生活用品，产量很惊人，发展水平迅猛提升。而且改革开放后，企业也搞承包制，政府鼓励企业投资，企业在消费品市场打开后就有了资金积累、生产设备就可以更新，进而推动了重工业的发展。

此外，除了有人口红利的第一推动力，为改革开放后中国三四十年的高速增长做出贡献的，还有其他诸多因素。最初是农业快速发展，劳动密集型产品的增长，再后来是机电产品等重化工业发展，再后来是汽车、住房等。同时，我们还要看到外资进入中国的作用，大量外资企业的设立解决了中国庞大的人口就业问题，与中国人口红利阶段非常契合。

这里还要纠正一个有误导性的说法，即中国的发展战略要转向扩大内需，好像原来发展都是靠外需（出口）带动。实际上，中国改革最初是从扩大内需、增加农民的货币购买力开始，然后再到增加城市居民的货币购买力。到了 20 世纪 90 年代，出口导向型战略的深化，加工贸易做得非常之大，在内需动力基础上又加了一块很大的外需动力。

2. 前 30 年的人口政策决定着后 30 年的经济发展模式

现在再看人口政策与人口红利、产业发展的关系，可能又要重新做出分析和判断。我们将社会主义初级阶段划分为改革开放前后 30 年这两个时段，也与我国的人口周期特点密切相关。

中华人民共和国成立后 30 年的鼓励生育政策使得人口数量快速

增长。然而严格户籍管制和计划经济模式带来的问题是工业化、城市化进程的严重滞后，隐性失业情况非常普遍，人民生活水平长期保持较低水平。到 20 世纪 70 年代末，随着新增人口密集进入就业与生育期，我国必须以计划生育政策的方式来控制人口总量，并通过发展乡镇企业、开放型经济、民营经济等多种所有制经济的发展，来解决就业问题，以及促进工业化与城市化的发展。可见，改革开放后的人口红利，本质上是中华人民共和国成立后鼓励生育人口政策与改革后计划生育政策叠加带来的红利。

改革开放以来长期实施的计划生育政策，虽解决了当时最为担心的人口总量问题，但同时也影响了后 30 年的人口结构问题，因为鼓励生育时出生的人口陆续进入老龄化阶段，而实施计划生育政策后出生的独生子女开始进入新一轮的生育期。前 30 年的人口政策影响决定着后 30 年的经济发展模式，这一定程度上是我国人口发展内在规律的必然反映。当前包括土地、产业、企业、城市、社保等体制机制在内的各种改革，都需要围绕未来 10 至 20 年人口结构与需求的特点来制定。因此，中国独生子女政策带来的问题意味着生育政策的改革，中国近几年实行的全面二孩、三孩政策正是对先前计划生育政策的反思和改革。

中国的农村和城市发展进程与欧美国家很不一样。在欧美，城市化进程是建立在农业高度发达的基础上，所以农村收入水平与城市不会有太大差异。而且在资本构成中，农民比工人更丰富，不仅有收割机等生产工具，还要懂良种、化肥、机械甚至期货市场等丰富知识。在中国，工业和城市的发展是靠挤压农业和农村发展来实现的，而不是建立在农民收入大幅提高、农村劳动生产率极大提高的基础上。从农村流动到城市的两三亿农民工，绝大部分都是青壮年，留守农村者基本都是年长者、儿童或女性。从这个角度来讲，中国农村发展存在由此带来的问题和风险。[1]

三、土地国情：土地制度与中国发展

中国地大，但是用于粮食生产的可耕地面积相对人口而言并不多，2009年的统计数据是20.3亿亩，人均耕地1.52亩，[2]不到世界人均水平的一半。民以食为天，就土地总量而言，首要战略是保证粮食安全问题，长期保障13亿至16亿人的粮食供应。[3]

1. 历史上党的革命和建设的成败与土地制度变革密切相关

回顾我国现当代史，革命建设成败与土地制度变革密切相关，主要有六个阶段：第一是在大革命时期的1927年通过《关于土地决议案》，没收大中地主的土地，分给佃农及无地农民。第二是在根据地建设时期的1931年，发出《土地问题与反富农策略》通告，变地主土地所有制为农民所有的土地所有制。第三是在抗日战争时期的1942年，发布《关于抗日根据地土地政策的决定》，实行地主减租减息、农民交租交息的土地政策，提高农民抗日和生产的积极性，

---

[1] 张连德：《当代中国农村文化贫困现状思考与对策探讨》，《中共贵州省委党校学报》2011年5月，总第135期；王维、胡可馨：《社会性别视角下的农村留守女性生命史》，《中国农业大学学报》（社会科学版）2020年第2期；王云霞、王鑫：《浅析当代中国农村留守儿童的生存状态与教育状态》，《青春岁月》2012年第2期。

[2] 《第二次全国土地调查数据出炉，我国耕地数量为20.3亿亩》，《中国农资》2014年第2期。

[3] 1994年，美国学者布朗提出"谁来养活中国？"这个命题。联合国粮农组织（FAO）和经合组织（OECD）联合发布的《2013—2022年农业展望》指出："在经济快速增长和资源有限的制约下，中国的粮食供应是一项艰巨的任务。"中国农业的最大现实是用占世界不足9%的耕地，养活世界1/5的人。从全球农业市场进口只能作为补充，中国在主要粮食作物上要达到一个很高的自给率。我国在"十一五"时期就已明确提出18亿亩耕地概念。"坚决守住十八亿亩耕地红线"于2009年写入《中共中央关于推进农村改革发展若干重大问题的决定》。

也有利于联合地主阶级一起抗日。第四是在解放战争时期的1947年，通过《中国土地法大纲》，没收地主土地、按农村人口平均分配土地，实现耕者有其田的土地政策，激发农民革命和生产的积极性。第五是1950年《中华人民共和国土地改革法》规定废除封建土地所有制，实行农民土地所有制，但在社会主义改造中的政策实际推进中，土地逐渐国有化和公社化，生产力发展受到严重制约。第六是1978年推行农村家庭联产承包责任制，极大地调动了广大农民生产的积极性，为我国改革起了个好头。

2. 改革开放以来高速增长与土地制度的关系

中国宪法规定土地为国有和集体所有的制度，一定程度上促进了改革开放中国的快速发展。中国在发展建设过程中，因为土地为国有和集体所有，土地征用相对比较容易，与其他国家相比，中国建设项目的时间周期最短、效率最高，所以才能发展得这么快。很多国家存在严重的征地困难问题。以中日机场建设比较为例，日本成田机场建设征地前后就花了30年时间，机场建成时还有几个"钉子户"一直没搬。而中国浦东机场一期工程自1997年10月开工至1999年9月通航，仅用了约两年时间。

土地国有制的另外一个作用，就是可以将土地变钱。改革前后最大的区别是原来土地是无偿使用的，土地是没有价格、价值的，可以任意划拨，改革开放后城市里的土地则逐步实现了有偿转让。如果说中国农村改革从家庭联产承包责任制开始，那么中国城市改革应该是从1987年上海和深圳土地批租开始。

3. 土地批租、城镇化与第二次初始积累

改革开放后30年的发展，可以被定义为是第二次初始积累。第一次初始积累是通过统购统销、统收统支，将资金集中到中央政府手中，推进了铁路、港口、大工厂等基础设施建设，为国家发展奠定了大工业基础。第二次初始积累，则是在沿海城市，通过土地批租实现新的积累，并以此推动城镇化建设进程。

第一次初始积累主要推进了工业化建设进程，城镇化进程则大大滞后，由于户籍制度限制等因素，大量人口滞留于农村。改革开放初期实行的农村联产承包责任制，提高了农业劳动生产率，也导致出现了大量农村剩余劳动力，由于城市建设缺乏积累，开始主要依靠乡镇企业解决这些劳动力，推进"离土不离乡"、就地解决的小城镇化路径，但不很成功。

引进外资后，外资企业取代乡镇企业吸纳大量就业人口，推动改变了中国的城镇化发展路径。其中的关键问题是外资企业发展所依托的交通运输、园区建设、城市发展的资金从哪里来？主要是通过集体土地征用制度与国有土地出让制度来解决，这成为中国城镇化建设初始积累的主要来源。有学者估计，政府过去几十年从土地差价中获取的收入至少有30万亿元。通过土地批租实现第二次原始积累的城镇化道路的影响十分深远，30多年时间实现了近3亿农民进城，促进中国消费结构升级，带动轻工产业与服务业发展，同时也为工业化的扩张，尤其是为出口加工贸易产业发展提供了低成本的土地要素，加速了东部沿海三大都市圈的形成。

土地制度也决定着中央和地方的财权分配问题，土地批租收入基本归地方政府所有，中央只收取其中的1%。改革开放之初的十年里，长三角很多城市的基础设施都没有太大变化，直到实行土地批租政策后，地方政府财政收入大为增加，基础设施才实现翻天覆地的变化。到了20世纪90年代以后，沿海城市的基础设施全面改善，推动了各地的快速发展。

现在不少人批评土地批租政策，对此应历史、辩证地看待，土地批租在当时对中国整个改革起到革命性突破的作用，对城市经济体制改革是一个质的飞跃。就像计划生育政策一样，前30年最大的人口红利来自计划生育政策的实施；但后30年，出现问题的原因之一也源自计划生育政策。应与时俱进地看问题，不能因为现在出现的问题，去简单否定前面的事情。

4. 土地总量瓶颈与结构失衡压力叠加

从根本上讲，如今土地问题的困境，是人多地少的国情加上土地管理制度没能与时俱进造成的。其深层次表现就是土地结构问题，一方面整个农村的有限耕地无法养活这么多人，所以中央定了18亿亩红线；另一方面是工业化、城镇化用地问题，土地、房产价格居高不下，实际上也不够用。

如果只强调18亿亩红线，那就相当于回到欧洲18世纪重农学派奎奈的理论了，只强调农业用地，而不管工业用地和城市化用地。而中国现在是进入城市化快速发展阶段，需要把城市化用地算进去，[1] 然后再考虑农村土地如何平衡的问题，否则就无法平衡。

因此，当前土地问题的主要矛盾是土地供应总量与结构难以适应城市化与产业化发展的需要，土地总量瓶颈与结构失衡压力相叠加。主要表现在三个方面：一是城市用地和农业用地冲突加剧，既表现在量的方面，同时在制度设计上也有冲突。农业用地18亿亩红线的底限是有效的管理措施。但城市化用地的缺口也有近3万平方公里。我国一直没有很明确快速城市化进程中城镇建设用地的总量

---

[1] 按一平方公里一万人的人口密度（在国际上欧美可能低于这个数字，在日本可能高于这个数字），我国城市化大概需要10万平方千米。参见中国发展研究基金会：《中国发展报告（2010）：促进人的发展的中国新型城市化战略》，人民出版社2010年版。

规模和人均规模,使得城市和农村的用地冲突加剧。在制度设计上,也需要找到更好的替代选择。二是土地开发利用效率低、集约化程度低,土地使用粗放程度严重。[1] 三是全国土地资源分布不均、差异大,不宜同等开发。我国"人多地少"的基本国情,还有其自身特点,土地开发需要因地制宜,实现跨区域的分工协调,不宜全盘推进城市群建设,尤其是在生态脆弱的中西部山地地区。

总体上看,中国改革开放前30年在土地制度上的两个基本做法都遇到了瓶颈:一是农村实行家庭联产承包责任制,一定时期内解决了农业生产力和农民积极性问题,但这个制度安排的效率在降低,农民种地种粮的积极性已经大为减弱。二是依托土地国有制度,在城市建立起一套土地财政制度,客观上推动了城市化建设的进程,但是土地财政的可持续问题、对土地征用的公平正义问题受到了质疑。

5. 以农村土地制度改革为切入口的又一次土地改革

农村土地制度有必要进一步实施改革,这既涉及农民切身利益,也涉及城乡土地的市场化流动,涉及"三农"的全局性战略问题。农村家庭承包责任制推行以来,土地长期未得到真正的确权。这个状态的长期存在,必然会影响金融进入农业,影响土地流转和土地适度规模化经营,从而使得农业的弱势产业地位进一步加剧。另外,农村水利建设和农田基本建设缺乏制度性安排,再加上大量农业劳动力尤其是农村青壮年人口离开了农村,已经对我国农业发展造成

---

[1] 从2000年至2010年,全国人均城镇工矿用地从130平方米提高至142平方米,城市建成区人口密度下降,从每平方公里7 700人下降至7 000人。农村土地闲置状况比较严重,2008年,农村居民点空间为16.53平方公里(不包括农村道路),约为城市建设空间的3倍。同期,进城务工农民数量为2.3亿至2.6亿人,农村人口在减少,但农村建设用地的数量却反而增加,因此导致大量农村居民点的闲置用地。根据估计,目前闲置规模达到185万至285万公顷,相当于城镇用地的1/4至1/3。

了极为不利的影响。

农村土地问题主要涉及三块地——非农建设用地、宅基地、承包地。除了总量外，用地性质也限制了农民，农民的地根本没有成为一种市场要素。农村土地不能抵押，农村金融就进不了农村，农村土地就不能规模化经营。大量青壮年出去打工，就是因为在农村没办法更好地养家糊口，这也正说明了家庭联产承包责任制需要与时俱进。

怎么做？其方向就是进一步扩大农民土地经营使用的自主权。包括四方面的内容：一是抓紧农村土地确权。建立健全农村宅基地、耕地、林地等产权确权、登记、颁证制度，这是改革前的基础工作。更重要的是要做到"确权到户、永久不变"，防止实际操作中存在多次、反复确权而损害农民的利益。二是鼓励耕地承包经营权流转，在有条件的地方实现农业规模经营。这是发展家庭农场和农业合作社、走现代化农业道路的制度前提。三是承认农民对祖传宅基地的所有权，这也是最能得民心的举措。这不仅还给农民权利，也有利于推进城市化。对于已进城的农民，农村宅基地仍不肯放弃，但也得不到有效利用，如果承认农民对于宅基地的产权并允许交易，可以大大提高农村土地的使用流转效率。以农村土地制度改革为切入口，是我国的又一次土地变革，区别于以往战争年代和农业经济社会时期的变革，将成为我国在工业化、城镇化发展阶段的一次具有里程碑意义的改革。四是以家庭农场和专业合作社为切入口，形成家庭联产承包责任制的改革升级版方案。

四、走向复兴的三大发展战略

如何评价中国 40 多年改革开放的发展战略？这是非常重要的问

题。这里主要探讨产业发展战略、区域协调发展战略和城市化发展战略这三个方面。

1. 产业发展战略

改革开放前的中国整个产业非常落后。经过 40 多年的发展，中国现在已成为世界公认的制造业中心。

20 世纪 90 年代后半期，美国对伊拉克发动的第二次战争，完全是现代化战争，从中展现出的美国军事工业实力，一定程度上刺激和推动了中国的尖端科技的发展。伊拉克战争后，海外媒体中有不少关于中国"杀手锏"计划的报道，关注中国在预警机、新一代战斗机、洲际导弹、反潜导弹等各式各样高精尖军事武器的开发与制造。经过一二十年的研发，我们在这方面基本跟上去了，同时还推动了航空母舰的改造与建造。这些领域的发展，均需强大的工业基础作为支撑，如果没有工业基础，只能靠买，而有的东西是买不到的。中华人民共和国成立后特别是改革开放以来中国各产业发展的顺利推进，为此打下较为坚实的基础。

改革开放后，中国在产业发展推进中，第一步是发展乡镇企业，在技术上基本没有突破；第二步是利用外资，通过引进外资推进产业发展。在利用外资方面，当时在中国应该采用进口替代战略还是出口导向战略上也有很多讨论。在此之前，拉美国家主要是采用进口替代战略，"四小龙"国家则主要采用出口导向战略。而对于中国这样的大国，最后走的道路，其实是两个战略并进，既有出口导向战略又有进口替代战略。

中国有一些产业通过进口替代战略或出口导向战略的实施，实现了比较好的发展。比如核电设备、电站设备产业，目前已经与美国、西欧基本处于相同的技术水平，不只是实现了进口替代，而且已经可以大量出口。前几年英国还邀请中国去帮助兴建核电站，这个案例非常典型，因为这样的产业完全靠进口是不行的，同时自主创新也不是凭空可以实现，而是要建立在引进、消化、再吸收基础上的，中国在引进和消化国外技术方面做得非常成功。另外一个成功因素是其市场模式，电站设备产业发展基本是一种垄断竞争模式，而没有直接交给央企去做，否则容易形成完全垄断，缺乏竞争会导致将来技术的落后。全国生产电站设备的最主要有三家——东北、四川和上海各一家，三家竞争非常激烈，极大推动了产业的技术创新。目前，上海电气的市场份额大约占40%，其他两家各占近30%。这方面的成功案例，还有军用飞机的研发制造，主要有沈飞、成飞、西飞，也是三家竞争，不仅实现了战斗机的进口替代，而且也已开始出口我们自主生产的战斗机。

当然，在产业发展方面也有遗憾。比如磁悬浮没能得到推广。从浦东机场到龙阳路站这30公里的磁悬浮线做得很成功，商业运行总体良好，但在应用推广方面，选择了比较保险的轮轨高铁技术，理由是磁悬浮成本太高，同时日本、欧洲的轮轨高铁技术在中国的引进吸收做得很成功。德国在磁悬浮项目上技术经验丰富，掌握该项目专利技术的克虏伯公司有意把这些技术全部转让给中国，如果当时中国接手，首先从中得益的就是中国的城市群建设，这将会是建立在磁悬浮这样一个新的技术前提下。因故未得到推广，所以在这方面有点遗憾。

总体而言，中国通过实施对外开放，大量利用外资，充分用好技术上的溢出效应，也包括管理上的溢出效应，中国在有些领域建立了很好的产业基础，实现了技术升级，无论是制造业还是服务业，都有迅猛的发展。

中国的服务业也经历了一个不断探索、逐步开放的发展过程。以上海为例，上海最早开始探讨放开服务业时，都非常担心一旦开放，国内市场可能会被外资全部占领。在推进服务业的开放实践方面，上海采取了以小见大、从易到难的原则和步骤。首先做成的就是在淮海路上的伊斯丹（日资），继而在其他领域推进，宾馆业开始引进外企管理，最早引进的是喜来登，这种管理模式引进以后，使得上海宾馆的管理在全国处于领先地位。再后来，上海又开始试验推进现代商业模式，先是在淮海路搞大卖场，结果失败；然后在普陀区试验麦德龙，取得成功，自此大卖场的商业形态在国内得以确立和推广。

总体上说，无论是制造业还是服务业，我们整个产业发展战略是改革开放 40 多年来做得最成功的。与产业发展战略相比，中国的区域协调发展、城市化战略相对滞后。

2. 区域协调发展战略

区域发展不平衡问题从一开始就是必然的。外资选择投资的地址，取决于对收益和成本的考虑。如果产品要出口，那么一定选择在沿海投资。因为外资企业必须考虑运输成本，运输成本较低、最合适的显然是东部沿海。大量外资在东南沿海的投资推动了东部地区的城市化进程，同时也拉开了中国东部与中西部的差距。

21 世纪后，中央有意识地开始着力解决区域协调发展问题，先是于 1999 年提出西部大开发战略，随后不断补充和调整，先后提出东北振兴战略、中部崛起战略，后来在十六大、十七大报告中就形成了由"西部大开发、东北振兴、中部崛起、东部加快发展"这四句话构成的总体战略。

这个总体战略在大方向正确，但具体做法上存在一定问题。邓小平同志作为改革开放的总设计师，在推进改革开放时提出渐进式推进，我们的区域发展战略最大的问题就是普遍号召、同时进行。西部有570万平方公里的广阔区域，覆盖13个省市自治区，普遍号召进行开放，就会导致各级政府为了政绩而大搞开发区，哪怕不一定能吸引到外资。针对这些问题，国家之后的区域发展战略又作了新的调整，由原来的四句话改成沿线沿轴发展，提出"两横三纵"等思路，希望沿着一些增长轴破解西部、中部发展的难题，同时重点推进京津冀、长江经济带、"一带一路"倡议等发展战略，推动形成双向开放、极轴发展的区域协调发展战略。

3. 城市化发展战略

城市化战略晚于产业发展战略，城市化战略实际上经历了三个阶段：

第一阶段是农村经济改革以后，家庭承包制提高了劳动生产力。从1979年至1984年这五年，农民收入年均提高16%。农民收入的提高意味着部分人从农业中分离出来，参与到城市建设中。20世纪80年代，我国东南沿海地区陆续出现费孝通先生提出的"苏南模式""温州模式""珠三角模式"等三种经济发展模式，[1] 三种模式因各城市（群）在自然禀赋、经济基础、产业结构和交通区位等因素的

---

[1] 苏南模式，由社会学家费孝通在20世纪80年代初率先提出，通常是指苏南的苏州、无锡、常州和南通等地通过发展乡镇企业实现非农化发展的方式。"苏南模式"的概念最早见于1983年费孝通教授撰写的《小城镇 再探索》："苏、锡、常、通的乡镇企业发展模式是大体相同的，我称之为苏南模式。"温州模式，由费孝通于20世纪80年代中期率先提出，指浙江温州以家庭工业和专业化市场的方式发展非农产业，从而形成小商品、大市场的发展格局。改革开放初期，温州模式享誉全国，引起社会普遍关注。"珠江模式"是费孝通提出的又一区域经济发展模式。珠江三角洲借助于邻近香港的地缘优势普遍发展"三来一补"企业，与香港形成前店后厂的格局。可以理解为引进外资和发展外向型经济为主的一种经济模式。

较大差异，在发展路径上也产生差异。三个区域发展模式体现出政府主导、外向经济、民营经济市场化以及国内外市场联动的四大特征。[1] 三大模式在探索学习中前行，推动了本区域城市经济的发展，并对其他区域城市形成示范借鉴效应，成为改革开放初期中国在现代化建设道路探索中，区域城市发展的一个重要本土特征。

第二阶段是从20世纪80年代后期到90年代，中国开始利用外资。外资的引入，带来了城市区域发展的两个不平衡，一是东、中、西部的不平衡，即东部发展特快而中西部的城市化进程缓慢的不平衡。在此过程中，中西部人口大量跨省市涌入东部，其中两亿多农民工占重要比例。一是大、中、小城市的发展不平衡，即人口往大城市流动，而中小城市发展机会少的不平衡。大中小城市的协调发展问题至今仍是有待解决的重要问题。

第三阶段是1990年代之后的城市群发展战略。这个战略1998年破题。上海在1994年提出了城市群战略，即上海大都市圈战略。中国城市化的一个重要途径是发展城市群。城市群是战后高速交通网建成后的城市化发展模式，它可以解决大、中、小城市协调发展的问题。以昆山为例，因其靠近上海的独特地理优势得以迅速发展。上海的发展带动了苏、锡、常的发展，乃至昆山的发展。因此城市群的发展建设，是实现区域内大、中、小城市协调发展的可行路径。

与城市群战略相对应的是后来提出的新型城镇化问题。新型城镇化是对我们这个不成熟的城市群战略的一个反思，因为，此前太关注大城市的城市群，还是没能解决中小市镇的发展问题。从某种

---

[1] 白素霞、蒋同明：《苏南模式、珠江模式与温州模式的比较分析》，《中国经贸导刊》2017年第34期。

角度讲，新型城镇化问题以及包括特色小镇的发展，主要的推动力就是必须在发展城市群战略时候关注中小城市甚至城镇的发展。当然，关注中小城市的发展必须是新型的，所谓新型应该是紧凑型、低碳的网络节点。

当前城市群战略面临的一个技术问题就是交通问题，便捷和四通八达的交通网络对于促进各城市经济社会发展，起到媒介和联通的作用。这是日本东京城市群发展的一个经验。在这方面，香港是一个示范城市。香港本岛面积只有不到100平方公里，人口也远比上海少，香港的一个优势在于其有发达的交通网络，通过地铁将周围区域联结起来，因此，轨道交通对于香港的发展起到了支撑作用。此外，轨道交通必须从通勤角度考虑，只有轨道交通能够发挥通勤的作用，才能够将中心城区的人口分散到城市各区上下班。这个优势在东京、大阪等城市群都有明显体现。进一步的轨交规划正在实践中，即在京上广深等一线城市以外，还要考虑全国范围的轨交布局，通过交通规划使全国各地联结成城市网，其在经济发展中扮演的角色类似于中国古代的运河网络。

综上可知，中国的国情到中国的道路都有自己的独特性，照抄照搬西方模式是不行的。中国今天的改革，从历史上、从国外吸取了很多经验教训，但是最后必须走自己的路，也就是有中国特色的社会主义道路。因此，之所以存在"中国道路"之谜，是因为中国国情与历史道路选择的独特。而求解中国复兴之道的出发点也正是基于中国国情的独特性，以及由此决定的改革发展道路的独特性。正是基于有中国特色社会主义的发展道路，我们才可能在如此短的时间内，弥补中西历史分流的差距，使中国比以往更加接近现代化国家，更能参与引领全球文明的进步。

第四节　社会主义与中国现代化

英国工业革命发生之时，中国正处于乾隆年间，乾隆海禁（1757）隔绝了中国跟上西方工业化的可能。直至西方国家进入殖民扩张时期，中国成为西方转移危机的对象。道光年间两次鸦片战争赔款割地、开放通商口岸，中国从世界经济大国沦为世界历史长周期中"战争与革命"的第三类国家。洋务运动、戊戌办法、辛亥革命并没有帮助中国完成资产阶级革命并实现工业化，而是陷入军阀混战割据格局，沦为半殖民地半封建社会。中国现代化道路需要新的选择，在第二、第三轮长周期的危机与战争期（1825—1925），共产主义思想开始进入中国，并在第三国际支持下中国共产党于1921年成立。在其后的近百年时间里，中国共产党两次在世界历史周期的转折期，领导中华民族站在新的历史起点，目前正需要中国共产党第三次在历史转折期，领导中华民族站在又一个新的起点。

一、两个百年的三次历史新起点

根据长周期规律，将建党与中华人民共和国百年历史进程划分为"28+30+30+10+30"：28年革命期、前30年工业化积累期、后30年城市化积累期、十八大至十九大这十年左右的理论与制度准备期、未来30年创新积累与社会主义初级阶段完成期。当前，在十九大至二十大之际，中国共产党第三次处在长周期重要历史关口，引领着中华民族的历史新起点。

第一次（1921—1978）：中国共产党领导中华民族进行28年革

命,建立社会主义新中国,并通过 30 年新中国建设,为百年振兴奠定了政权基础与工业基础。该阶段在世界历史周期中总体处于长周期的危机与战争时期,毛泽东同志认为"中国革命是世界革命的一部分"。中华人民共和国是继苏联之后,再次成功实践马克思列宁主义,在帝国主义薄弱的环节"跨越资本主义卡夫丁峡谷",直接建成社会主义的国家,然而同样面临"早熟的社会主义国家"的建设问题。为此,毛泽东同志提出:"中国革命不能不做两步走,第一步是新民主主义,第二步才是社会主义。而且第一步的时间是相当地长,决不是一朝一夕所能成就的。我们不是空想家,我们不能离开当前的实际条件。"[1] 1949 年至 1978 年,通过社会主义改造,完成第一阶段的社会主义初始积累,为早熟的社会主义提供大工业体系的物质基础,包括水利交通、基础工业、科教文卫体等各个方面。在此阶段,中国的人口增长与教育水平提高,成为下一阶段发展人口红利的重要来源。但是,这种模式的缺点在于造成供求关系失衡、一二三产业结构失衡、轻重工业结构失衡、央地关系失衡。第一阶段的初始积累使命完成,迫切需要走一条新的道路,解放和发展生产力。

第二次(1979—2012):通过实行改革开放政策,中华民族实现和平发展,探索建设中国特色社会主义,发展社会主义市场经济,成功完成第二阶段的社会主义初始积累,同时也日益受到世界经济危机的同步性影响。20 世纪 70 年代,世界进入长周期中的危机衰退期,社会主义国家也积极寻找新的发展方式。危机期间,出于国家利益和价值输出等因素的考虑,西方国家开始接纳中国。中国于

---

[1]《毛泽东选集》第二卷,人民出版社 1991 年版,第 683—684 页。

1971年重返联合国，中美、中日邦交关系于1972年先后实现正常化，中国在政治上重返世界舞台。以邓小平为核心的中国共产党第二代领导集体，抓住有利的国际政治经济形势，开启中国改革开放的征程。一方面通过改革开放，引进西方国家市场经济模式、资本与先进技术，发展社会主义市场经济，其实质是践行了恩格斯关于落后国家走向社会主义必须引进先进生产力和市场机制的条件设定，也使中国能直接融入美国主导的新科技革命；另一方面，使中国成功完成第二阶段的社会主义初始积累，大大推动了工业化与城市化进程。

第三次（2012—2021以及2022—2049）：中国共产党领导中华民族实现现代化，通过全面发展建立新经济体、政治体、文明体，完成社会主义初级阶段的历史使命。以习近平同志为核心的中央领导集体，探索形成习近平新时代中国特色社会主义思想，引领中国进入可持续发展的现代化社会。

邓小平在1981年提出"我们的社会主义制度还处在初级阶段"的科学论断，并在十四大报告中将社会主义初级阶段界定为"是一个至少上百年的很长的历史阶段，制定一切方针政策都必须以这个基本国情为依据，不能脱离实际，超越阶段"。总体上看，社会主义初级阶段的100年是完成社会主义初始积累的100年，也是到21世纪中叶基本实现现代化目标的100年。中国如果实现了这个目标，相当于是只用100年时间就基本完成了西方国家300年的现代化进程。

二、经济发展进入"创新积累"的第三个台阶

中华人民共和国成立之后的百年现代化发展探索道路，历经曲

折坎坷，却在继承中不断发展，大致经历了工业化积累、城市化积累、创新积累这三个社会主义初级阶段的发展阶段。

改革开放前 30 年，中国作为"早熟的社会主义国家"，在列强封锁、缺少援助的情况下，唯有通过内部强制积累，从而为重建家园、建立工业体系、普及全民医疗提供必需的初始资本。在此过程中形成了新民主主义革命与社会主义改造战略理论，完成了第一阶段的"工业化积累"，但同时也产生了供求关系失衡、产业结构失衡、轻重工业比例失衡和央地关系失衡等各种矛盾。

改革开放后 30 年，中国紧紧抓住全球化与信息化的战略机遇期，冲破思想枷锁，引进外资、发展民企，建立市场经济制度，地方政府以"土地批租"为核心，推动工业化、城市化的高速发展，初步完成了第二阶段的"城市化积累"。但是，由此产生的区域失衡、城乡失衡、收入分配失衡、生态失衡等问题，又说明现有城市化积累发展模式已到临界点。

未来 30 年，世界历史将进入第六轮长周期，中国迫切需要通过"创新积累"，实现经济的全面现代化。面对当前国际局势与国情变化，需要在强有力的中央领导下，进一步解放思想，给予民众发展信心与保障。

从世界历史周期律来看，从十八大至二十大是中国转向创新积累阶段、为下一轮发展做好理论准备与制度准备的十年，为下一个发展周期指明方向，实现"弯道超车"。十八大后的五年主要通过从严治党治军与全面深化改革，为进入新的历史时期打牢执政基础、发展基础。十九大以来，我们的核心任务是激发社会各阶层在新常态下创新发展的信心、恒心，通过全面实现小康、全面深化改革、全面依法治国、全面从严治党，使得制度更加成熟更加定型，为进入"创新积累"阶段打下制度基础，为提出成熟的治国理政方略，指导未来30年发展举好旗帜、谋好大局。

站在新的更高的历史起点上，在十九大对实现第二个百年奋斗目标作出分两个阶段推进的战略安排后，党的十九届五中全会提出2035年远景目标，进一步明晰了我国基本实现社会主义现代化的宏伟蓝图和9个具体目标：第一，经济实力、科技实力、综合国力大幅跃升，经济总量和城乡居民人均收入迈上新的大台阶，关键核心技术实现重大突破，进入创新型国家前列。第二，基本实现新型工业化、信息化、城镇化、农业现代化，建成现代化经济体系。第三，基本实现国家治理体系和治理能力现代化，人民平等参与、平等发展权利得到充分保障，基本建成法治国家、法治政府、法治社会。第四，建成文化强国、教育强国、人才强国、体育强国、健康中国，国民素质和社会文明程度达到新高度，国家文化软实力显著增强。第五，广泛形成绿色生产生活方式，碳排放达峰后稳中有降，生态环境根本好转，美丽中国建设目标基本实现。第六，形成对外开放新格局，参与国际经济合作和竞争新优势明显增强。第七，人均国内生产总值达到中等发达国家水平，中等收入群体显著扩大，基本公共服务实现均等化，城乡区域发展差距和居民生活水平差距显著缩小。第八，平安中国建设达到更高水平，基本实现国防和军队现代化。第九，人民生活更加美好，人的全面发展、全体人民共同富裕取得更为明显的实质性进展。[1]

---

[1] 《中国共产党第十九届中央委员会第五次全体会议公报》，2020年10月29日，参见：http://cpc.people.com.cn/GB/http://cpc.people.com.cn/n1/2020/1029/c64094-31911510.html。

三、社会主义初级阶段进入完成阶段

总体上看,两个百年目标的实现,就是完成社会主义初级阶段的128年,当下仍处于社会主义初级阶段,不能任意拔高。中国革命28年夺取政权后,中国将用100年的时间,完成西方国家300年的发展任务,实现中华民族的伟大复兴,进入历史发展的新阶段。从1921年中国共产党成立算起,两个百年可以划分为三个阶段:第一阶段(1921—1949),在中国共产党的领导下,中华民族完成了反帝反封建斗争,实现建立建设社会主义新中国的目标。第二阶段(1949—2012),建设中国特色社会主义初期,即社会主义初级阶段,又可分为两个社会主义初始积累期,前30年用中央指令性经济完成工业化积累,后30年用改革开放形成城市化积累,用市场经济手段推动工业现代化。在这个意义上,前30年与后30年相互联系,而非相互对立。第三阶段(2021—2049),是社会主义初级阶段的完成阶段,为建设具有新经济体、新政治体、新文明体特征的中国特色社会主义新阶段做好理论制度准备。十八大至二十大是中国共产党开启第三阶段的重要历史窗口期,是社会主义初级阶段进入新时期的重大转折期。

到中华人民共和国成立百年,中国人均收入预计将达到4万美元,中国将穿越"卡夫丁大峡谷",达到真正社会主义意义上的生产力水平和生活水平。百年蓝图近在眼前,到2049年,中国社会主义初级阶段将会完成,中国将与发达国家比肩,从"早熟的社会主义"向马克思意义上的社会主义社会迈进。

表 6-1 社会主义初级阶段：中华人民共和国百年历史进程示意图

进程 事项	1949—1978 年	1979—2011 年	2012—2021 年	2022—2049 年
阶段	社会主义"初始积累"第一阶段（工业化积累）	社会主义"初始积累"第二阶段（城市化积累）	"初始积累"向创新积累过渡阶段	社会主义初级阶段完成时期
目的	为"早产"的社会主义提供大工业体系的物质基础（大水利、大交通、基础工业、科教文卫体）	为工业化、市场化提供城市化依托，推行城市群战略	四个全面： 全面建成小康 全面深化改革 全面依法治国 全面从严治党	成为世界最大经济体，超过世界人均收入水平。从"早产"的社会主义走向马克思经典意义上的社会主义
实践	实行中央集权的指令性经济。以人民公社的统购统销、国企的统收统支，形成初始积累 1.6 万亿元资金	实行社会主义初级阶段市场经济。改革开放＋土地批租，形成预算外 30 万亿元资金	新常态 五大发展理念：创新发展、协调发展、绿色发展、开放发展、共享发展	生态文明＋信息文明：走向当代社会主义新推力 ★ 形成新经济体、政治体、文明体的实践总结
理论	毛泽东思想	邓小平理论	习近平新时代中国特色社会主义思想	
问题	供求关系失衡，一二三产业结构失衡，轻重工业结构失衡，央地关系失衡	区域失衡，城乡失衡，收入分配失衡，粗放型增长与产能过剩，生态失衡	解决人民日益增长的美好生活需要与不平衡不充分发展之间的矛盾	

四、中国式现代化的主要特点和世界意义

在中国共产党领导下，经过百年的革命与战争、建设与发展，中国开创了一条符合本国国情的社会主义现代化道路，从封闭落后迈向开放进步，从温饱不足迈向全面小康，从积贫积弱迈向繁荣富强，创造了一个又一个发展奇迹，迎来了从站起来、富起来到强起

来的伟大飞跃。在短短几十年里，中国取得举世瞩目的成就，主要民生指标已达到或超过中等偏上收入国家平均水平，全面建成小康社会，取得历史性成就。与此同时，中国的国际竞争力、国际地位和国际影响力显著提升，中国现代化成就令世人瞩目。

中华人民共和国成立70多年来特别是改革开放40多年来，在中国共产党领导下，我们成功开创了一条中国式的现代化道路，实现了人类历史上前所未有的大变革。邓小平说，我们搞的现代化是中国式的现代化。习近平总书记在党的十九届五中全会讲话中对此作了系统论述，认为主要有5个特征。第一，中国式现代化是超大规模的现代化。中国有14亿人口，中国实现现代化，意味着比现在所有发达国家人口总和还要多的中国人民将进入现代化行列，将创造人类历史的奇迹，彻底改写现代化的世界版图。第二，中国式现代化坚持以人民为中心，是全体人民共同富裕的现代化。第三，中国式现代化是物质文明和精神文明相协调的现代化。第四，中国式现代化是人与自然和谐共生的现代化，走的是生产发展、生活富裕、生态良好的文明发展道路。第五，中国式现代化是走和平发展道路的现代化，强调同世界各国互利共赢，推动构建人类命运共同体。[1]

中国的现代化道路有其鲜明的中国特色，中国对社会主义现代化道路的一系列探索和制度安排，蕴含了中国传统文明基因和红色基因，包含了对中国自己经验的总结和对别国经验的借鉴。有部分国内学者致力于探讨中国发展道路中的中国特色，如张维为教授认为今天的中国是一个把"民族国家"与"文明国家"融为一体的

---

[1] 韩文秀："学习党的十九届五中全会精神的几点体会——十三届全国人大常委会专题讲座第二十讲"，2020年11月16日，http://www.npc.gov.cn/npc/c30834/202011/2de11f5e4ed64623a37aab29fd943a5d.shtml。

"文明型国家",中国崛起是一个"文明型国家"的崛起。[1]

中国在社会主义初级阶段理论、道路和实践方面的探索,包括第一、第二次初始积累,都充分体现了对中国独特人地国情的深刻把握,中国的现代化道路和发展模式不能被简单复制到其他地方。不过,中国在推进改革、保持稳定、实现发展过程中的很多理念和做法,对于广大发展中国家还是有一定的借鉴意义。第一,结合本国国情,走自主发展道路。中国走上社会主义现代化建设的成功之道,正是在长期实践中逐步探索出来的,遵循的是"实践理性"逻辑,抛弃了理论上的"教条主义"和实践上的"照搬照抄"。第二,合理制定战略目标与实施步骤,走渐进式的改革与发展道路。第三,把握"后发优势",积极探索跨越式发展的可能。中国在对内改革、对外开放过程中,比较好地利用了经济全球化、科技革命、人口红利等各种有利条件和后发优势,从而实现"弯道超车"。第四,坚持以人为中心的现代化发展理念。从解决温饱、实现全面小康再到走

---

[1] 张维为教授在 2011 年出版的《中国震撼——一个"文明型国家"的崛起》一书中首次提出"文明型国家"概念,2017 年出版《文明型国家》专著,系统阐述了"文明型国家"的八大特征:超大型的人口规模、超广阔的疆域国土、超悠久的历史传统、超深厚的文化积淀、独特的语言、独特的社会、独特的经济、独特的政治。他还概括"中国模式"八大特点:实践理性、强势政府、稳定优先、民生为大、渐进改革、混合经济、对外开放、三力平衡。他又梳理了中国可能影响世界的十大理念:实事求是、民本主义、整体思维、政府是善、民心向背、选贤任能、兼收并蓄、推陈出新、和而不同、良政善治。他在分析中国作为一个"文明型国家"崛起时认为,中国的很多制度安排有其特色和优势,比如在政党制度方面,中国是一个国家型政党(或整体利益党)发挥领导和协调的作用,比西方的"部分利益党"更有凝聚力、领导力和执行力;在民主制度方面,中国的"协商民主"比西方"大众民主"更能体现不同阶层的共同利益,更能做出具有长期战略意义的规划和决策;在组织制度方面,中国实行的是"选贤任能",这个模式下产生的领导人总体上比西方"选秀模式"产生的领导人更称职能干;在经济制度方面,中国的社会主义市场经济本质上是一种"混合经济",比西方的"市场原教旨主义"更能保证经济顺利、迅速、稳定地发展。参见张维为:《文明型国家》,上海人民出版社 2017 年版,第 21—136 页,第 53—72 页。

向共同富裕，中国的现代化发展道路，始终坚持以人为本、以人民为中心的理念。第五，坚持开放合作、互利共赢。中国坚持以相互尊重、包容开放、互利共赢的理念与世界各国开展友好合作，为中国发展谋求新机遇、新空间的同时致力于全世界人民共同利益的实现，以共商、共建、共享为基本原则的"一带一路"倡议就是最好的例证。

第七章　全球视野下的"一带一路"中国学：兼答李希霍芬问题

"丝绸之路"一词，最早是由德国地理学家李希霍芬在其1877年的论著《中国——我的旅行成果》中提出。他对丝绸之路的经典定义是"从公元前114年到公元127年间，连接中国与河中以及中国与印度，以丝绸之路贸易为媒介的西域交通路线"。该词很快得到东西方众多学者的赞同。1910年，德国史家阿尔伯特·赫尔曼（Albert Herrmann）从文献角度重新考虑该概念，其在《中国和叙利亚之间的丝绸古道》一书中说："我们应该把这个名称的含义延伸到通往遥远西方的叙利亚的道路上。"经赫尔曼等学者论证推广后，这一概念被大家广泛接受。"海上丝绸之路"一词于1913年由法国东方学家沙畹首次提及。

"丝绸之路"是指起始于古代中国，连接亚洲、非洲和欧洲的古代陆上商业贸易路线，因西运货物以丝绸制品影响最大而得名。丝绸之路狭义上一般指陆上丝绸之路，广义上包括陆上丝绸之路和海上丝绸之路。"陆上丝绸之路"是连接中国腹地与欧洲诸地的陆上商业贸易通道，形成于公元前2世纪与公元1世纪间，直至16世纪仍保留使用，是一条东方与西方之间经济、政治、文化进行交流的主要道路。汉武帝派张骞出使西域形成其基本干道，它以西汉时期长安为起点（东汉时为洛阳），经河西走廊到敦煌，与南方的茶马古道形成对比。"海上丝绸之路"是古代中国与外国交通贸易和文化交往的海上通道，该路主要以南海为中心，所以又称南海丝绸之路。海上丝绸之路形成于秦汉时期，发展于三国至隋朝时期，繁荣于唐宋时期，转变于明清时期，是已知最为古老的海上航线。

当前我国提出的"一带一路"倡议实质是古代"丝绸之路"在当代的延续。21世纪海上丝绸之路是2013年10月习近平总书记访问东盟时提出的战略构想。沿海经济带和长江经济带形成了中国国内的"一带"和"一路"。沿海经济带与海上丝绸之路对接；长江经济带，南接茶马古道，西抵新疆。我们提出"一带一路"倡议是把中国改革开放形成的"一带一路"建设经验和周边国家分享，给"一带一路"沿线的诸多发展中国家带来繁荣发展的新契机。

丝绸之路延续长达两千年，和中华文明有关，中国文明的兴盛与延续性是保证丝绸之路历久不衰的文明基础；亦和中国农耕时代的手工业产出有关，尤其是江南文化和经济的发展与繁荣，成为丝绸之路的精神和物质基础。今天的"一带一路"倡议对于世界意味着什么？我们如何看待国外关于中国提出的"一带一路"建设的各种观察？本章拟对如上问题作初步探讨，共包括三节，第一节阐述古代丝绸之路延续千年的文明因素，包括中国宗教文化、运河文化和江南文化与古代丝绸之路的关联；第二节探讨全球化进程中的"一带一路"倡议、实践及其对第三世界国家现代化发展的借鉴意义；第三节整理并评析海外关于中国"一带一路"倡议的认知。

第一节　中华文明与延续千年的丝绸之路

自"丝绸之路"概念由德国汉学家李希霍芬提出以来，国内外关于中国丝绸之路的科考和研究一直没有间断，伴随着原典文献，如汉晋竹木简牍、少数民族文字、敦煌吐鲁番文书等的不断出土和整理，[1]古丝绸之路研究不断走向细微、深入与宽广。作为当代中国"一带一路"倡议的历史源流，对古丝绸之路的各种研究无疑具有必要性和重要意义。

一、国内外关于丝绸之路研究的历史和现状

近年来关于中国古代丝绸之路的研究愈趋热烈，不胜枚举。根据对当前相关文献论著的不完整梳理，古丝绸之路的研究主要集中在如下几大领域："丝绸之路"名称的由来和发展；[2]丝路历史的概况；[3]陆地与海上丝绸之路贸易商品；[4]历朝政府对丝路的开拓维系、交

1　甘肃省社会科学学会联合会、甘肃省图书馆合编：《丝绸之路文献叙录》，兰州大学出版社1989年版；王征：《明清丝绸之路档案与历史学术研讨会在京召开》，《历史档案》2021年第1期。
2　王健：《李希霍芬中国内陆至边疆商道考察与"丝绸之路"的命名——以〈李希霍芬中国旅行日记〉为据》，《江苏社会科学》2020年第4期；吕捷、李红艳：《李希霍芬"丝绸之路"概念路线源考》，《丝绸之路》2021年第1期。
3　主要有张国刚：《中西文化关系通史》，北京大学出版社2019年版；孟凡人：《丝绸之路史话》，社会科学文献出版社2011年版；巫新华：《驼铃悠悠：中国古代丝绸之路》，四川人民出版社2004年版；沈福伟：《中西文化交流史》，上海人民出版社1985年版。
4　苏惠伟：《丝路之绸》，山东画报出版社2018年版。

通路线与地域拓展；[1] 丝绸之路学的创立与理论探索；[2] 中外文化艺术交流史中的丝绸之路研究，[3] 等等。

国外关于丝绸之路的研究主要呈现出两大特征。一是跨学科研究特征明显，如《丝绸之路史前史》[4] 一书结合气候、地理、环境变化、历史、考古等多学科知识，分析了丝绸之路沿线游牧经济形成和发展的动力，并结合众多资料论述了游牧经济的起源地，游牧经济发展各个阶段的情况，以及丝绸之路沿线的人群在红铜时代和青铜时代的迁徙、商品的运输和贸易情况，中亚东西部和欧亚草原人群的相互关系。《丝绸之路》是法国汉学家布尔努瓦的作品，[5] 该论著以人文和自然科学相结合的方法从丝绸之乡的中国一直讲到丝绸最后的集散地法国里昂，重点研究丝绸之路史和丝绸贸易史。

二是从史学方法出发，以异域人的视角重探神奇而迷失的历史丝路，既包括在今日看来充满荒诞想象的传奇丝绸之路，[6] 也有通过翔实史料发现中国人开辟陆上丝绸之路这一壮举的令其充满震撼和

---

[1] 朱鸿：《长安：丝绸之路的起点》，生活·读书·新知三联书店 2017 年版；张德芳：《从出土汉简看汉王朝对丝绸之路的开拓与经营》，《中国社会科学》2021 年第 1 期。
[2] 周伟洲：《中国丝路学理论与方法刍议》，《西域研究》2021 年第 1 期。
[3] 张国刚：《胡天汉月映西洋：丝路沧桑三千年》，生活·读书·新知三联书店 2019 年版；史金波：《丝绸之路出土的少数民族文字文献与东西方文化交流》，《敦煌研究》2020 年第 5 期；冯民生：《丝绸之路与中西美术交流——以克孜尔石窟壁画为例》，《民族艺术研究》2020 年第 4 期。
[4] ［俄］叶莲娜·伊菲莫夫纳·库兹米娜（Elena Efimovna Kuzmina）：《丝绸之路史前史》，［美］梅维恒（Victor H.Mair）英文编译，科学出版社 2015 年版。
[5] ［法］布尔努瓦：《丝绸之路》，耿昇译，新疆人民出版社 1982 年版。
[6] ［法］F·-B·于格、E·于格：《海市蜃楼中的帝国：丝绸之路上的人神与神话》，耿昇译，中国藏学出版社 2013 年版。

惊喜之情的真实丝路。¹ 日本学者松浦章的研究则聚焦海上丝绸之路，从船舶与人员的问题切入研究，探讨轮船时代海上丝绸之路对人类各民族物质与精神文明交流做出的巨大贡献。² 法国学者阿里·玛扎海里的《丝绸之路：中国-波斯文化交流史》重点介绍各种中国事物以及物质文明的西传，可谓传播中国正向形象的典型作品，在西方引起很大反响。³ 类似作品还包括英国牛津大学学者彼得·弗兰科潘的《丝绸之路：一部全新的世界史》，该书颇具反欧洲中心论精神，对西方盲信自我价值优越性的心态而给世界带来的危机和问题充满忧虑。⁴ 他的研究另辟蹊径，从信仰之路、基督之路、变革之路、和睦之路、皮毛之路等多角度考察丝绸之路，最后对当今中国提出的"一带一路"倡议持高度赞赏和殷切希望的态度。这种类似"东方中心论"的基调和研究符合中国在历史和当下开辟丝绸之路及"一带一路"的初衷、实况与效应，对于促进国外社会了解中国引领的海上丝绸之路的真相起到了积极作用。还有以专业眼光探究海上丝绸之路的论著，如俄国汉学家罗德里希·普塔克的《海上丝绸之路》⁵即论述了殖民时代以前的太平洋-印度洋商路，即"海上丝绸之路"，论述了海上丝路沿线地区各文明的发展与转型，从而填补了国外关于海上丝绸之路研究的空白。

---

1 ［法］让-诺埃尔·罗伯特：《从罗马到中国：恺撒大帝时代的丝绸之路》，马军、宋敏生译，广西师范大学出版社 2005 年版。
2 ［日］松浦章：《海上丝绸之路与亚洲海域交流：15 世纪末—20 世纪初》，孔颖译，大象出版社 2018 年版。
3 ［法］阿里·玛扎海里：《丝绸之路：中国-波斯文化交流史》，耿昇译，新疆人民出版社 2006 年版。
4 ［英］彼得·弗兰科潘：《丝绸之路：一部全新的世界史》，邵旭东、孙芳译，浙江大学出版社 2016 年版，第 446 页。
5 ［俄］罗德里希·普塔克：《海上丝绸之路》，史敏岳译，中国友谊出版公司 2019 年版。

概言之，国内外关于历史上丝绸之路的研究多集中于中外文化交流。就方法而言，简史、历史地理学的探讨尤多，兼含经济学[1]。由此亦可知，国外关于丝绸之路的研究实际上是以外史路径来开展，其对"丝绸之路"的认知是其通过世界地理探索与人文交流塑造自我认知的重要方式。一类是通过近代探险科考和专门研究致力于呈现其客观的面貌；另一类是通过文学艺术的描写展现其浪漫的想象。两类作品构成了海外丝绸之路研究的基本形态。

纵观中国历史上的丝绸之路，历经西汉时的开创，东汉至唐宋的发展与繁盛，逐渐由陆上丝绸之路拓展到海上茶瓷之路，历经两千年在丝路沿线各个国家之间通过贸易而非战争入侵的方式交往，充分体现了世界和平发展和人类命运共同体的基本理念。丝路延续近两千年，究其原因，中华文明在其中起到了重要作用，由于绵延的高山、无垠的沙漠阻隔等因素，中国与西方世界相对隔绝，沿着不同的轨迹发展，形成了迥异于西方的东方文明。[2] 关于丝绸之路缘何持久未衰？除以上所提到的中国历代政府持"怀柔远国"理念对丝绸之路的不断开拓与经营外，[3] 张国刚教授还从经济与财政需求、科技发展、宗教热情、知识追求、政治稳定和国家安全等层面探索维系丝绸之路延续的动力机制。[4]

在以往研究的基础上，本节拟从中西比较与中华文明特殊性的视角，探索丝绸之路绵延不衰的经济、文化动因。

---

1 李伯重：《全球经济史视野中的"丝绸之路"》，《中国经营报》2020年11月28日。
2 张国刚：《胡天汉月映西洋：丝路沧桑三千年》，生活·读书·新知三联书店2019年版，第1页。
3 张德芳：《从出土汉简看汉王朝对丝绸之路的开拓与经营》，《中国社会科学》2021年第1期；巫新华：《驼铃悠悠：中国古代丝绸之路》，四川人民出版社2004年版。
4 张国刚：《传统丝绸之路的动力机制》，《国际汉学》2020年第4期。

二、思想（宗教）文化与丝绸之路

长达约2000年之久丝绸之路的历史包括陆路和海上丝绸之路两段。由陆路到海上丝绸之路的此消彼长经历了一个渐进转变的过程。其中第一时段的陆上丝绸之路经济带以通向西域为主，包括中亚、西亚、东亚、欧洲，主要是外国商人依靠骆驼将丝绸、茶叶、瓷器等中国物产运往西方，中国的器物和中华文明因此在陆上丝绸之路沿线国家传播和被感知。

1. 中西思想文化比较与陆上丝绸之路

中国能够在千余年使骆驼往返于途、沟通中西的文化基础，是中国多元的宗教文化和开明的皇朝文化，而宗教文化与皇朝文化则根植于中华民族的文化性格，中国历史上传承的宽广文化心态是丝绸之路延续长久的深层原因。中国人开明与包容的思想蕴含在儒家等经典文献中，如《论语·学而》的"有朋自远方来，不亦乐乎"，《礼记·学记》的"独学而无友，则孤陋而寡闻"，等等。文献中的此类记载表明中国人具有宽广的文化心态。中国开明、包容的文化心态表现在对外来宗教、文化艺术的吸纳上，如汉唐时期佛教经由陆上丝绸之路传入中国并得到发展，敦煌的飞天形象也吸纳了印度佛教文明和希腊文化元素，汉唐流行的胡笳、胡旋舞等各种音乐形式也系由丝绸之路上西域传入。[1] 中国文化的这种兼收并蓄的包容性特征意味着对外人来华欣然接纳的心态。从汉至清代绝大多数朝代均有在中国经商的外来商人，世界各地的各种农作物、蔬菜品种陆

---

[1] 张国刚：《胡天汉月映西洋：思路沧桑三千年》，生活·读书·新知三联书店2019年版，第108—112页，第106页。

续传入中国。由此可见，中华文明和中华民族在本质上是积极吸纳、借鉴海外优秀文化的文明和民族，具有宽容、容纳、大气的特征。在此基础上，中国发展出开明的皇权文化。开放、学习的文化性格成为中国开展对外贸易的文化动因，这种文化性格体现在如下三个方面：

第一，中国各朝代政府并不排斥外国商人在中国经营商业，相反还推进了设置外贸港口、向西通西域、向东派遣远洋航船等举措。

第二，中国政府与民众并不排斥不同宗教在中国境内的存在，因而不同宗教背景的商人都可以自由来往于丝绸之路上。景教、佛教、伊斯兰教、基督教等世界各国宗教借由丝绸之路传入中国，中国借鉴各大宗教的优秀特质为己所用，体现出多元并包的文化胸襟，国家只有在威胁到百姓切身利益、礼仪习俗时才开始干预。如清代的耶稣会士在干涉和破坏中国本土传统的儒家思想、危害民族文化自主性和国家利益时，清政府才被动应对，对其颁布禁令。这或许与中国文化的入世、世俗的特征有关系。[1] 这种文化特质使得世界各种宗教能在中国和谐并存，中国社会民众也因此从各宗教中吸取养分，丰富和滋养自身精神世界，从而创造更辉煌灿烂的中华文明，保证了丝绸之路的持久延续。

第三，中华文化的开放性使得陆续进入中国的各种外来宗教与本土宗教和谐并存，即百姓可以自由地信仰任何宗教。丝绸之路上更多的是来自阿拉伯、欧洲、中亚、西亚的外国商人，伴随他们来到中国的，是佛教、伊斯兰教、基督教等宗教在中国的落地生根。

---

[1] 有学者认为中华文明的特点为"有鬼神无宗教，有崇拜无信仰，……中国人信的是实用主义"。参见易中天：《易中天中华史》36卷，浙江文艺出版社2014年版。

历史上从未因不同宗教之间的冲突而发生过任何战争，从而阻止丝绸之路发展的情况。基督教、伊斯兰教、犹太教等不同宗教背景的商人都能够得到中国的接纳。正是中国多元并存的宗教文化，使得丝绸之路经济带上信仰伊斯兰教、犹太教、基督教等不同宗教信仰的商人，都可以在中国经商并和睦相处。一个例证是台儿庄的码头上有道观、天主教堂等，各种宗教建筑并立、和谐共存。中国儒家经典《论语》中说"君子和而不同"，而《国语》《管子》《墨子》《史记》等众多中国典籍中均有"和合"的说法，这是一种带有典型中国文化特色、构成中国传统文化精髓的哲学概念，象征的是多样性的统一。这"和而不同""和合共生"的中华文明特征，使得来自各国的商人、教士在中国长期安居。[1]

与中华文明相比，西方文明呈现出显著差异。西方宗教文化体现出排他、出世的唯一神特征，排斥异教的存在。纵观西欧历史发展可知，中世纪以前乃至中世纪的欧洲文化是神权大于皇权，教权大于皇权。根据相关文献可知，沿陆上丝绸之路往中西亚和欧洲国家经商的中国商人并不多，这或与西方宗教非此即彼、二元对立的排他性特征呈正向相关。西方宗教，不论是伊斯兰教的什叶派、逊尼派，还是犹太教、基督教及后来的天主教、东正教，都是非此即彼的唯一神。

这种宗教信仰带来的是战乱和纷争。11世纪的欧洲罗马天主教教皇乌尔班二世为了讨伐异质的伊斯兰教，对地中海东岸国家发动十字军东征，前后共计9次、长达200年的军事行动造成生

---

[1] 例如马可·波罗在中国留居17年，利玛窦在华传教28年，汤若望在中国生活47年等。事例众多，不一一列举。

灵涂炭和社会动荡，百姓流离失所。与中国境内的各大宗教建筑林立共存相反，历史上西方的任何国家都没有建孔庙或中国的道观。元朝时期的中国经过成吉思汗、托雷、窝阔台、蒙哥等的开疆拓土，疆域达至历史上的极致，并向西延伸至今天波兰境内，然而当地仍无法找到中国的宗教文化建筑遗址。伊斯兰教、基督教、犹太教，无一不是出世的一神论观点，由这种宗教文化特征不难得知，中国商人即使在西方经商定居，也无法建造孔庙或道观。当今中国为了适应海外学习汉语的需要，增进海外对中国文化的了解，截至2019年底，在世界各国已建立550所孔子学院和1172家孔子课堂，然而却在不少西方国家某些人群中遭到冷遇甚至抵制。我们固然要对传统儒家文化进行现代化转型，以及由表及里、去伪存真的更新，然而持"民主自由"价值理念的西方社会不分情况对中国元素一概否定的排斥态度却显示出其傲慢与偏见的文化心态。

由此可见，华夏文明对持异质文化和宗教信仰的外来商人宽厚包容并融汇、吸纳其文明因素。这些连同儒释道思想在中国的逐步合流与共生，共同展现了中华文明兼收并蓄的博大心胸。也正因为此，源自中国、向西延伸的陆上丝绸之路经济带实现了持久的繁盛。

2. 中国宗教文化的开放包容性特征与海上丝绸之路

海上丝绸之路得以开辟和发展受惠于中国内陆运河网络的交通支撑。唐宋以后，陆上丝绸之路逐渐衰弱，海上丝路发展迅速，这与中国陆权的衰落和海权的上升有关系。海上丝绸之路在泉州、广州、宁波等东南沿海城市向海外国家和地区延伸，推动了中国与海上丝路沿线各国的文化交流与发展共荣。此长时段海上丝路的特点包括如下两个方面。

第一，海上丝绸之路又称"香瓷之路""茶瓷之路""陶瓷之路",[1] 除丝绸、茶叶等传统外销物品外，又丰富了商品种类。"香"字一指茶叶；二指各国通过海上丝路销往彼此国的香料比重增加。陆上丝路因由骆驼运输而承重有限，加上瓷器本身材质为沉重的易碎品，漫长的路途致使陆上运输成本高昂而难以承担，而海上丝路是通过轮船运输，因此可以携带更多的瓷器销往海外各国。

第二，中国文化也随着历史的演进而逐渐发展，江南因特殊的历史境遇而在经济上不断发展繁荣，江南文化也延续了汉唐时期的大气与开放心态，成为海上丝绸之路繁盛的重要物质和精神基础。中国文化中"和而不同"的特征在江南文化中也有明显的体现。来自不同文化背景、持各种宗教信仰的海外商人在江南安定长居，与中国百姓和谐共处，中国百姓对各宗教思想加以借鉴和融纳，也是海上香瓷之路继续发展、延续千年未衰的文化因素。作为海上丝绸之路出发点的泉州既有伊斯兰教的清真寺，也有佛教的庙宇，今日上海实际上也有儒教、道教、佛教[2]、基督教、伊斯兰教等八个宗教并存。中国宗教文化中开放性和兼容并包的特征造就了从事海上丝绸之路贸易的在华外商云集的景象。

要言之，丝绸之路沿线国家众多，宗教各异。文明是一个国家发展的最深层原因，中国历史虽历经各朝代政权更迭，但总体上仍

---

[1] 在海上运输的，除了丝绸外，还有很多其他货物，因为航运载重量大，可以运载较重的商品，因此陶瓷成为海上丝路的重要商品之一。故海上航线又被称为"海上香料之路"或者"海上陶瓷之路"。这也得到部分国外学者的回应。参见 [德] 罗德里希·普塔克：《海上丝绸之路》，史敏岳译，中国友谊出版公司 2019 年版，第 17 页。
[2] 关于中国宗教，有研究认为其与西方意义上的宗教有着本质不同，称其为思想文化更为合适。将儒家思想称为儒教，为外国人的说法，后传至中国。如马克斯·韦伯的《儒教与道教》。

保持了中华文明的延续性，而中华文明共同体的存在是丝绸之路绵延至今的强大文明基础。做到人心相通，必须人文相通。正是由于和而不同、和合共生、大气谦和的中华文化，使得古丝绸之路延续千年不衰，其蕴含的文化灵魂也成为今天推进"一带一路"倡议的精神传承。

三、运河文化与丝绸之路

在前千年的陆上丝绸之路和后千年的海上丝绸之路中间，我们还应注意到另一种文化现象，即中国的运河文化。

1. 运河是丝绸之路在中国境内的重要运输介质

在大规模海运开始之前，中国历朝政府主要依靠运河来沟通南北贸易。中国的运河开端于先秦时期，自春秋起开凿人工运渠，以吴王夫差开凿的从江都到末口的南北水道邗沟开始算起，历经隋唐元明清的继续挖掘和拓展疏通，距今已有2400多年的历史，构成中国境内贯通东西南北的庞大水域网。直到现在，江南这段运河仍在使用，并展现出蓬勃生机。大运河最初的主要功能是把南方的各种物产运到北方皇都所在地，比如北京、洛阳、开封，但同时也促使了运河区域经济文化的繁荣。中国大运河因政治和民生因素而建，伴随着运河沿线的物产交流，运河沿线百姓也产生思想观念、宗教信仰、生活方式、文学艺术等的碰撞与交融，形成独具特色的运河文化，其内部结构包括物态文化、制度文化、行为文化和心态文化四个方面，具体表现在运河流域的风土人情、传统习俗、建筑特色、行为规范、价值观等层面。运河波及区域涵盖中国大部分地区，因此运河文化是构成中华文明的重要环节，大运河也因其作为丝绸之路在中国境内的物质和文化载体而成为世界中国学绕不过去的研究领域。

在沟通中国东西南北的同时，大运河沿线地区成为对外交往和中国丝绸之路的前沿，大运河也因此承担输送丝绸之路物品的重要使命，其中包括丝绸、茶叶，瓷器等，中国的运河塑造了世界上第一个繁荣的城市带，运河起到的重要作用与丝绸之路的长久延续之间存在密切关联。因此在讨论丝绸之路时，运河文化非常值得我们关注。

大运河沿线城市有18个，北起北京，南至杭州，中国文化也伴随着大运河的挖掘和贸易开展而更新和丰富。在其沟通作用下，中国原来不同的地域文化逐渐丰富、更新，发展成一个甚至带有国际范儿的多民族国家的文化，表现在中华文明价值观的塑造，大江南北的文学、戏曲、艺术、饮食等各类文化的交融等方面。[1]这在本书第二章中已作了细致分析，此不赘述。我们在研究"一带一路"时，应该把大运河看作丝绸之路经济带和海上丝绸之路之间的一个沟通和过渡。中国的丝绸之路在两个时段上，和中国不同的文化是相对应的。

2. 运河对中国经济尤其是江南经济的发展起到媒介作用

伴随着中国历朝历代对大运河的开凿、疏通和拓展，大运河对南北的沟通逐渐向深广方向发展，从而带来商业文化的繁荣，这为

---

[1] 20世纪末，上海世博会的主题是"城市，让生活更美好"，当时选择的是用北宋张择端的名画《清明上河图》来展示城市文化。《清明上河图》所展示的就是运河文化，记录了中国12世纪北宋东京（又称汴京，今开封）附近汴河的详细情形。宋代汴河继承了唐代的通济渠，是当时东西南北物资运输的枢纽，从而奠定东京繁荣的基础。张择端所描绘的城市面貌和各阶层人民生活状况体现的正是中国的运河文化，成为当时经济社会繁荣的见证。参见朱偰：《大运河的变迁》，江苏人民出版社2017年版，第18—19页。

海外丝绸之路的拓展奠定了重要的物质前提。马克思主义认为,"物质决定意识,经济基础决定上层建筑",开通贸易、发展经济,才能为提升国力和影响力奠定坚实的物质基础。大运河有两种形态,在长江以北是一条人工河,在长江以南则是以太湖为中心向四周辐射的运河网。[1] 大运河的运输网络解决了中国南北远距离航运的问题,降低了运输成本,推动了大江南北运河沿线的商业发展和文化繁荣。

江南水网密布,河流众多,外加人工开渠,在京杭运河和浙东运河等主干运河的沟通下,我国南方逐渐形成四通八达、水网密集的内河贸易网络,成为中国经济重心南移进程中的一个重要构成因素。此外,中国自古以来就有重视造船业的传统,南方水路的通达带来航运的发达,在西方资本主义兴起并进行海外殖民扩张以前,中国愈益发达的造船业即证明了这一点,多项造船技术领先西方,且造船厂多设在运河沿线城市。[2]《旧唐书·崔融传》中有这样一段记载:"天下诸津,舟航所聚,旁通巴、汉,前指闽越。七泽十薮,三江五湖,控引河洛,兼包淮海。弘舸巨舰,千舳万艘……"由此可见江南内河航运盛况。

相对于南方,北方贸易除去联通南北的大运河沿线较近区域外,其他地区水路相对南方而言并不发达,很大程度上靠人力或牲口等运输商品,承重极为有限,故而在北方地区进行大规模的远距离贸易存在难度,商民贸易方式与南方存在巨大差异。在古代交通方式和商品运输工具种类单一、水运成为古代成本最低运输方式的情况下,南北经济发展水平逐渐发生分化。水运的便利和经济价值成为

---

1 本来太湖以东都是湿地,由于农耕经济的发展,人工河得以开凿扩展。
2 席龙飞:《中国古代造船史》,武汉大学出版社 2013 年版。

江南经济发展逐渐反超北方、南北差距不断拉大的一个重要原因。[1]

概言之，运河文化形塑了中国文化价值，带动了中国经济的发展，尤其是在大运河的不断开凿和延伸过程中，江南地区实现了自我文化的更新和经济的逐步繁盛，从而为海上丝绸之路的延绵不绝提供了重要的基础和前提。由此可见，大运河对江南文化的形成有重要的推动作用，并成为丝绸之路在中国内部延伸的载体。

四、江南文化：丝绸之路的人文和物质基础

中国历史上的丝绸之路尤其是海上丝绸之路能够延续，还与江南文化的兴起和繁盛有着紧密关系。

1. 移民文化与江南社会价值观的转变为丝绸之路提供根本的人文依托

首先是移民文化的形成和影响。中原民族在南迁过程中逐渐形成了带有显著移民特征的江南文化，移民文化带动了江南经济的发展。移民文化和原住民文化有重大差别，也是江南文化区别于先秦文化和中原文化的一个重要特征。中原地区的河南、山西，基本上都是本土文化，然而江南大部分人从北方移民而来，南下的北方移民的特质融入原有的江南文化中，从而更新丰富了江南文化，使江南文化价值信仰展现出新特征。[2]

北方百姓因战乱等原因另谋生路，移民江南，中华文化的一个核心观念是"安土重迁"，北方中国人为了避战乱、谋生存、求发展，进行被动性迁移，然而其情感深处仍对故土有或深或浅的留恋

---

[1] 南北经济差距拉大的原因还包括北方多次受到战乱创伤、大量优质劳动力丢失等。
[2] 葛剑雄：《中国移民史》，福建人民出版社1997年版。

与不舍，其文化之根和发展仍然联系着生命最初阶段的故乡。移民南方后，他们如何更好地适应南方？如何解决北方各种因素塑造的自身状态与不同于本土的江南特有的自然及社会环境的关系？如何安顿自己的心灵？这一根本性问题决定了他们的宗教取向，也塑造了中国江南宗教文化的基本特征。他们吸取道教中的"无为而治""道法自然"等思想解决了自身与自然的和谐相处问题，借鉴儒家思想"仁""礼"等关于社会秩序的基本理念处理自身与周边社会各类人群的关系，从佛教思想以及其他宗教教义中汲取相关思想安顿自我的内心和生死苦乐问题。各种宗教中的思想为我所用，使得自身在江南能够安身立命、勤奋劳动，进而造就了繁华的江南，使得江南成为丝绸之路主要商品的原产地。就这样，中国社会价值观伴随着经济重心南移从北方的三教并存[1]升华为在南方的多教互鉴与融通。[2]

由此可见，中国的文化在南方的新环境下形成多元包容的文化新特点，社会秩序理念和人生价值观的转化促使移居江南的百姓更加乐观、平和地面对环境，在基本无战乱的条件下，连同原住民一起，共同在这片土地上世代耕耘劳作，创造了繁华先进的江南，保证了江南地区的可持续发展，最终为丝绸之路贸易的持续奠定坚实的物质基础。

江南文化本质是"和"的文化，之所以形成"和"的文化，是

---

[1] 比如元代，藏传佛教是统治阶层的主流宗教文化，其他教派虽然可以并列存在、但各教派间并无融合与沟通。
[2] 此方面的另一个小例子，就是地处浙江中部的义乌市交通并不便利，却是世界上最大的小商品市场，其内在的文化原因就是江南和而不同的宗教文化，信奉不同宗教的各国商人可以在此和睦相处。由此亦可知，江南文化具有宗教文化多元、和谐包容、实用性的特征。

因为中国人的信仰在江南有了进一步的发展,和农耕社会结合得更加紧密。儒释道在中原时百姓各信一家互不相干,但到了江南以后,人们吸纳儒释道三家的适当成分为己所用。而且从今日江南的实际情况来看,江南文化弱化或改进了其中的若干因素,如弱化儒家思想中的"三纲"、改进儒家思想中"五常"的社会秩序,即在某种程度上弱化"君君臣臣"的一方面。追溯其历史演进,与儒家思想在江南的历史境遇及在此境遇中做出的适当调整不无关系。由于中国历史的历代王朝基本上都建都北方,只有南宋政权因战乱逃至江南偏安一隅,在杭州执政百余年,但当初随宋高宗移民浙江衢州的孔家嫡长子后裔因忠君与气节不愿意重返沦陷区面对金人,而是选择留在江南伴驾和民间讲学,孔氏家庙的南迁使得南宋儒学活动从北方转移到江浙一带,并向更边远的南方扩散,于是在江南就有了数百所书院,这对儒家思想在江南的发展起到重要的推动作用。

就这样,孔氏南宗传播儒学、兴办教育的活动与先前南方本土的吴越文化相互交融,脱胎换骨,逐渐形成生命力强韧的江南文化,为中国农耕社会的百姓提供更丰厚的精神食粮,充实和提升了江南文化的内涵和高度。从此以后,江南开始成为中国思想文化的高地,但是江南文化的儒学已经不是以前的中原儒学,不再纯粹地为皇权服务,正如第二章中分析指出的那样,江南社会秩序发生了由"士农工商"向"士商农工"的转变。社会伦理规范也发生了由"仁义礼智信"向"信义仁智礼"的转变,即商业中讲求信用、做事注重规矩和正义、由爱敬为基础的仁者爱人到社会成员之间互助的仁爱、和而不同睿智包容的智慧,以及对前述层层递进的人际关系加以规范的礼仪。江南兴起的儒学就这样伴随着带有商品经济色彩的江南经济发展实现了更新。这些一起改变了原先江南农耕社会的伦理道德秩序，助推了江南社会商品经济的发展。

综上分析，中国的移民文化带来了江南社会价值观的变化，江南文化价值对传统中国价值信仰的更新也成为江南经济繁荣发展的文化动因，进而为海上丝绸之路发展提供了人文思想的依托。而"信义仁智礼"的价值观对于当前中国发展社会主义市场经济和构建和谐社会仍有着重要的意义和必要性，成为今日中国核心价值观的文化灵魂。在倡导人类命运共同体的当今中国，全世界共建"一带一路"的背景下，作为中国传统文化的一个核心价值观，这种从中国历史而来、具有中国特色的价值观是对人际和国际关系之间能够和谐往来、帮助各族共同发展起到促进和助益作用的行为规范，因此这一价值理念显示出跨越时空的普遍性，既是构成江南地区、长三角区域的共同文化价值观，也可成为当代"丝绸之路"上我们能够推荐的共同文化价值观。

2. 江南经济的发展为丝绸之路贸易往来提供物质基础

江南物产丰富，盛产丝、茶等，为海上丝绸之路的贸易往来提供了丰富的商品。海上丝绸之路往国外输运的丝绸、茶叶、瓷器等大宗商品的主要产地并非西部地区，而是江南江北，尤其是湖州、杭州、景德镇、山东等地，这固然与气候条件有关系，与此同时与中国经济重心的南移亦不无关联。同时北方丝绸借助于京杭运河运往南方，[1] 再通过南方水路向外输出。中国历史上唐宋以前最富庶的是中原地区，中原民族在历经从晋怀帝永嘉年间到南朝宋元嘉年间（307—453）、安史之乱后、靖康之乱后等战乱纷争时期最重要的三

---

[1] 楚鲁鹏：《宋元时期山东海上丝绸之路与大运河的现实关联》，《科学中国人》2017年第1期。

次南迁后，大量北方百姓来到江南，为之前相对北方而言较为贫瘠的江南地区带来愈益丰富的劳动力、先进的生产技术和文化理念，勤劳的耕作和智慧的头脑为南方经济发展提供了新的契机，使之逐渐成为全国的经济重心。从这个意义来讲，中国的移民文化也成为海上丝绸之路发展的一个内在动因。从现代经济的角度来讲，移民对商品经济的发展起到重要的促进作用。[1] 江南商品经济的发展中，移民是一个很重要的因素，移民带来了更多的劳动力和技术资源，促进了商品经济的加速发展。这从另一个侧面解释了大运河开通后为何独富了江南。[2]

前述可知，运河的开凿和拓展带动了江南的经济发展，运河网的沟通联结、移民的南迁、江南价值观的更新，一起推动了中国经济重心的南移，也带来了江南经济的新特征。江南在运河的优势下发展商贸往来，对于打破中国原来自给自足的小农经济和商业形态，实现经济的持续繁荣发展不无助益。南方多山水，江南手工艺品的发源所依靠的就是江南的山与水。水稻种植的精细化和土地资源的缺乏创造了更多的农闲时间，因此人们有更多精力投入手工业生产中。以海上茶瓷之路的主要产品——瓷器为例，东南丘陵地区的景德镇盛产瓷器，山为烧窑提供木材，水为瓷器提供运输渠道。五代时景德镇的瓷器以较高成就奠定地位。其原因在于追求精细的工匠精神、以道教理念为指导的讲究人与自然和谐相处的循环经济概念。景德镇瓷器延续千年的原因在于其烧瓷的窑和周边山林是循环的关系，而非一次性烧窑，这对当前的相关实践很有意义。比较有名的

---

[1] 市场经济的核心是资本、劳动力、土地、技术等重要生产要素实现市场化配置，移民对市场经济的发展起到的是促进作用。典型的案例还包括向北美及东南亚移民等。
[2] 葛剑雄：《中国移民史》，福建人民出版社1997年版。

还包括唐代的"南青北白"、宋代的"汝官哥定钧"等瓷器。江南的手工艺品于是便承载着江南文化走上丝绸之路，去往世界更多角落，也吸引了更多外国文化来到江南。

根据前文所指出的，美国南加州学派的研究观点是在鸦片战争之前，世界上曾经有600多年经济最繁荣的地方是在中国的江南。对这种现象的原因进行更深入思考可知，江南经济的发展与江南文化的发展有着共生共荣、互为促进的关系。概言之，中国农业、商业、文化繁荣逐渐向江南转移，运河文化、江南文化之间有着紧密联系。江南经济的繁荣与移民文化、宗教文化、商业文化、运河文化以及派生出的人生价值观存在密切关系，经济重心的南移和运河的开拓促使江南逐渐成为中国经济和文化最发达的区域。

文化力量是融入在经济力量、政治力量、社会力量之中的一种隐形、深层的力量，推动经济发展，促进社会和谐，导航政治文明。上海开埠后，尤其是改革开放以来，以上海为中心的江南再次绽放魅力，解读历史江南文化，有助于形成长三角一体化的共同精神家园，促进长三角高质量一体化发展，更好地服务国家战略。伴随着中国"一带一路"倡议的提出和推进，和而不同、和合共生的文化理念可以为"一带一路"提供精神财富，信义仁智礼的价值观可以作为"一带一路"沿线国家和地区共同的文化，进而有助于当今世界"一带一路"的民心相通。

第二节 "一带一路"倡议与世界

2013年9月和10月，习近平主席在出访哈萨克斯坦、印度尼西亚两国时，先后提出推动共建"丝绸之路经济带"和"21世纪海上丝绸之路"的倡议。同年9月下旬，上海自贸试验区挂牌运行。2014年中国出资400亿美元成立丝路基金，并与印度、新加坡等20个国家联合成立亚洲基础设施投资银行，为"一带一路"建设和促进双边、多边互联互通化、区域经济一体化提供投融资支持。2015年3月，中国国家发展改革委、外交部、商务部联合发布《推动共建丝绸之路经济带和21世纪海上丝绸之路的愿景与行动》（以下简称《愿景与行动》），详细阐述"一带一路"主张与内涵，提出共建"一带一路"的方向与任务。2017年1月18日，习近平总主席在联合国日内瓦总部的演讲中明确指出，"一带一路"倡议，正是中国为应对当前全球经济治理重大问题提出的制度性解决方案。他在演讲中说："经济全球化是历史大势，促成了贸易大繁荣、投资大便利、人员大流动、技术大发展。……发展失衡、治理困境、数字鸿沟、公平赤字等问题也客观存在。这些是前进中的问题，我们要正视并设法解决，但不能因噎废食。"针对这些问题，"中国的方案是：构建人类命运共同体，实现共赢共享。……'一带一路'倡议，就是要实现共赢共享发展"[1]。2018年8月，在推进"一带一路"建设工作5周年之际，习近平主席再次总结并强调："共建'一带一路'不仅是经济合作，而且是完善全球发展模式和全球治理、推进经济全球化健康发展的重要途径。"[2]2019年4月，在第二届"一带一路"国际合作高峰论坛开幕式上，习近平主席提出要推动共建

---

[1] 习近平：《共同构建人类命运共同体》，参见：http://www.gov.cn/xinwen/2021-01/01/content_5576082.htm。
[2]《习近平出席推进"一带一路"建设工作5周年座谈会并发表重要讲话》，新华社，2018年8月27日，参见：http://www.gov.cn/xinwen/2018-08/27/content_5316913.htm。

"一带一路"沿着高质量发展方向不断前进。这意味着中国的"一带一路"建设逐步从理念转化为行动，从愿景转变为现实。

一、"一带一路"倡议：全球化的历史趋势和现实要求

1. 全球一体化的演进趋势

自张骞出使西域至15世纪末，以中国丝绸等商品为物质媒介的中西之间商业通道得以开辟和发展，由此亦开启了中西之间文明交流的历史，并且丝绸之路由陆路逐渐向海上拓展，成为世界范围内各国交流的主要通道。在西方资本主义兴起乃至大规模海外殖民扩张之前，中西之间交流互鉴的范围与程度极为有限，[1] 各自发展仍保持着主权和思想意识的独立性，中西之间尚未发生激烈、深入的碰撞，因此谈不上世界范围内不同国家的密切渗透，由此开启的全球一体化进程由中国主导。在这条丝绸之路上，东西社会之间总体是文明互鉴、和平平等、相互尊重的往来沟通，是一条和平、共赢的通道。

14世纪欧洲在文艺复兴运动的洗礼下催生出资本主义的萌芽，由此开启了15世纪末新航路的开辟和地理大发现，西方资本主义强国为掠夺财富、开拓商品市场、谋求巨额利润，在世界范围内开始了史无前例的殖民扩张活动，从此以后至今，全球化[2] 进程开始进入

---

[1] 关于丝绸之路上中西交往的范围，参见滕文生：《丝绸之路的历史与人类命运共同体（上）》，2018年11月14日在摩洛哥首都拉巴特的"国际儒学论坛"上的主旨发言（上半部分）。

[2] 现当代的"全球化"，被用来描述现代世界经济、文化和人口之间日益相互依存的现象。参见：Peterson Institute for International Economics, "What is Globalization? And How has the Global Economy Shaped the United States?" See: https://www.piie.com/microsites/globalization/what-is-globalization。

由西方引导的阶段，包括经济全球化和特殊的近代西方文明试图普遍化的历程。

从 15 世纪末至今，由西方主导的全球化主要经历三个阶段。第一阶段始自 15 世纪末，终于 1914 年第一次世界大战的爆发。在这一阶段，西方资本主义的优势逐渐明显，在利益的驱使下欲图支配非西方世界。西方从大航海时代开始，先后经历宗教改革、民族国家的形成、启蒙运动、工业革命等重大历史事件，在此过程中开始领土扩张、奴隶贸易，通过海外殖民建立全球贸易体系。同时西方资本主义逐渐向世界各角落渗透，不可否认，其给亚非拉国家带来了先进的科学技术和文化理念，然而其对非西方社会的广大国家强制推行的军事战争、主权侵犯、经济掠夺、文化控制等各种侵略行为也造成了两个世界发展的严重失衡。西方国家成为这波经济全球化的倡导者和受益者，世界其他民族和地区则被动卷入其中，并长期处于战乱频仍、经济凋敝、社会动荡、民不聊生的境况。两者矛盾的日益激化最终以极端的形式——"一战"的爆发而宣告这一波全球化的告终。

第二阶段始自 20 世纪 40 年代中期，终于 20 世纪八九十年代之交的苏联解体和东欧剧变。第一波全球化的告终迎来短暂的"逆全球化"时期，历经"一战"后贸易保护主义的兴起、经济大萧条和第二次世界大战等历史事件。在 40 余年的第二波全球化时期，形成美苏为首的资本主义、社会主义两大阵营。此波经济的全球化是指西方世界的全球化体系，其显著特点是资本主义制度的创新与成熟。资本主义世界在 20 世纪 40 至 90 年代分别设立国际货币基金组织、世界银行、世界贸易组织等多边机构，形成监督和调解国际纷争的运行框架。部分欧洲国家通过区域一体化进程促使各国联合面对战后经济恢复问题,从而建立了世界经济新秩序。在这一阶段,部分社会主义国家(如中国 1978 年改革开放政策的推行)对资本主义世界逐步实行有限度的市场开放,促使世界两大阵营既相互独立,又保持一定的经贸人文往来,总体范围的世界和平得以延续和发展。与此同时,美苏两大超级大国的争霸所造成的错综复杂的政治经济局面也给第三世界国家的发展和人类文明的共同进步带来诸多制约。此外,从货物、服务和生产要素市场等指标来看,第二波全球化的程度仍非常有限,国际分工和国内要素的收益分配不平衡问题依然突出。因此,要充分实现经济全球化带来的效益,还有很长的路要走。

2. "一带一路"倡议:应对当代全球化挑战的现实要求

全球化的第三阶段自苏联解体开始至今。以美国为首的资本主义成为全球化的主导,全球化进入金融化和信息化的新阶段。[1] 全球性市场所对应的制度支持在很大程度上仍然有国境线限制,各国不同的经济制度降低了贸易和资本流动的效率;跨国资本在全球逐利,却把维护劳工、环保、消费者权益的成本留给了政府和社会,损害了社会公平和政治合法性。

1997 年亚洲金融危机至 2001 年 "9·11" 事件之间,西方左翼和民粹主义社会团体针对全球化的抗议示威活动频发,推动了现代人类历史上第二次逆全球化思潮的出现。这一思潮带有反对跨国资本主义、现行国际秩序和西方发达国家的行为特征。21 世纪后,第四次工业革命推动了服务业发展和经济虚拟化,创造了经济增长的新契机,对冲了第二次逆全球化思潮的影响,同时,产业与技术升

---

[1] [美]丹尼·罗德里克:《相同的经济学,不同的政策处方:全球化、制度建设和经济增长》,张军扩等译,中信出版社 2009 年版,第 186—187 页。

级也进一步冲击了劳动密集型行业的就业人口，进一步导致了国家间发展差距扩大。2008年美国金融危机波及全球，经济长期低迷使西方国家的国内矛盾不断爆发，加剧了身份政治冲突。七国集团（G7）的逐渐失灵使得二十国集团（G20）逐渐取而代之。以美国为代表的西方发达国家采取量化宽松的自保政策，试图通过大肆印钞来促使经济扩张、刺激消费，但这并不能解决结构性危机和矛盾。

在以沃勒斯坦（Wallerstein）为代表的世界体系理论派看来，全球化和跨国资本主义主导下的全球化有其根本的结构性矛盾。沃勒斯坦在1976年指出，资本主义世界体系通过奴隶贸易、殖民、"自由贸易"和世界大战，成功地将多种文化体系吸纳到一种单一的综合经济制度中，并在世界范围内进行劳动分工。现代世界体系是建立在单一劳动分工基础上，由中心国家、半边缘国家、边缘国家三个层次构成的经济网络，其基本逻辑是资本主义剩余价值的不平等分配。这一世界秩序是以全球化为核心，资本主义的"中心—边缘"框架约束不同经济体，"中心侵蚀边缘""边缘依附中心"是其无法摆脱的内在结构性矛盾，并最终表现为周期性危机。苏珊·斯特兰奇（Susan Strange）则指出，国际社会机制与规范造就的"世界秩序"，保证了全球"结构性权力"的稳定，从而维持资本主义制度的运行。斯特兰奇创造的"结构性权力"概念，指向的正是第二次世界大战后以美国霸权中心的全球关系格局，在这个格局中，落后国家、发展中国家与发达国家的关系严重不平等，全球贫富差距日益扩大。从这一理论角度出发，1997年亚洲金融危机和2008年全球金融危机，恰好暴露出全球化内部的弱点。从国民经济内部来看，社会的中下层受到全球性经济危机的冲击更大，而从国际经济角度来看，发展中和欠发达国家被迫承受更多的负面后果，与发达国家之间的经济差距日益扩大。全球性经济危机进一步放大了全球化的不公平效应。

2016年英国"脱欧"公投,直接威胁欧盟作为世界最大规模区域一体化组织的前景。2017年鼓吹"美国优先"的右翼民粹主义代表特朗普当选美国总统,煽动单边主义、贸易保护主义、反移民、反建制的右翼政治力量在世界范围内的高涨。美英作为历史上全球化的推动者,如今却扛起了反全球化的大旗。2020年新冠肺炎全球大流行,成为人类现代历史上最大的"黑天鹅"事件。时至今日,世界大部分国家仍深陷疫情之中。全球化进程正在经受"二战"以来最重大的挫折和挑战。全球收入分配形势不断恶化是一个不争的事实。经济开放与要素流动确实影响到收入分配,而且这种影响随着全球化与区域一体化的深入发展越发显著,构成当前逆全球化的重要政治经济基础。但是进一步的研究表明,导致国内不平等的更主要原因是飞速发展的技术进步、劳动力市场因素以及社会政策。不少学者已指出,当前逆全球化的一个教训,是在单一市场导向的理念和模式下推进全球治理,而忽略了主权国家的差异性和发展主权,必然导致全球化进程与国家政策的不匹配。[1] 经济全球化的历史大势不可阻挡。随着第四次工业革命的兴起,近年来全球价值链深度调整,经济全球化呈现出新的发展态势。概言之,世界经济进入数字时代,消费需求的地理结构发生变化,国际贸易重要性下降,服务贸易增长迅猛,发达国家"再工业化"并收缩生产布局,全球价值链变得更加技能密集型和区域化。面对这样的新趋势,"去全球

---

[1] [美]约瑟夫·斯蒂格利茨:《全球化及其不满》,夏业良译,机械工业出版社2004年版;[美]丹尼·罗德里克:《贸易的真相:如何构建理性的世界经济》,卓贤译,中信出版社2018年版。

化"并非解决问题之道,全球化的发展模式与治理机制的改革才是出路。

由以上对世界全球化演进的历史回顾可知,全球化肇始于丝绸之路上的经贸人文通道,继而被西方新兴资本主义世界的资本力量所牵引,在世界范围内扩张的过程中形成三次资本主义的经济全球化浪潮。全球化趋势使得世界各国的联系愈益密切,而逆全球化思潮也因本国中心主义而时而抬头。伴随全球化而来的各种弊端,诸如国家发展不均衡、贫富差距显著等问题是值得我们深思并需认真应对并加以解决。世界呼唤一种以发展为导向、强调包容性增长、兼顾效率与公平的新型全球化。中国在金融危机期间的举措不像西方那样施行短期货币政策自保,而是通过发展带动增长,稳步度过低谷期,同时解决国内产能过剩问题,稳定了世界经济。中国的"一带一路"倡议致力于构建人类命运共同体,解决资本主义全球化给世界各国带来的诸多问题和风险,实现包括第三世界国家在内的世界各国共同发展和富裕。因此,"一带一路"倡议在这样的背景下提出,成为抵制"逆全球化"思潮的中流砥柱,符合全人类发展的共同利益,有其历史必然性和合理性。

二、"一带一路"倡议:从愿景到实践

20世纪80年代以来,中国成为世界上增长最快的经济体和工业增长率最高的国家,服务业增长率也位列前茅。整个20世纪八九十年代,中国基本保持着两位数的增长速度,人均GDP高达年均8%,远高于同期世界经济2.9%左右的平均增速,多年来对世界经济增长贡献率超过30%。20世纪90年代以来至2020年,将七国集团作为参照,中国的GDP先后超过加拿大、意大利、法国、英

国、德国和日本,成为仅次于美国的世界第二大经济体。中国通过发展来解决治理中的矛盾和问题,开创了渐进式共同富裕的减贫治理模式。2012年以来,中国平均每年有1 000多万人(相当于一个中等国家的人口规模)脱贫。截至2021年,中国宣布全面脱贫。按照联合国现行贫困标准计算,中国共计有7.7亿人脱贫;按照世界银行国际贫困标准,中国减贫人口占同期全球减贫人口70%以上,提前10年实现《联合国2030年可持续发展议程》的减贫目标。[1]

过去40年中国实现经济持续高速增长的一个重要原因,是在国内政策选择方面对外部影响作出正确反应,并且成功利用全球化力量为自身的国家利益服务。中国在20世纪70年代后期开始改革开放,逐步参与全球化进程。社会主义市场经济体制和中国加入世界贸易组织的契机,为中国继续深入参与第三次全球化进程,提供了内部动力和外部环境。面对自2007年金融危机以来西方世界掀起的日益高涨的"逆全球化"浪潮,中国的"一带一路"倡议恰逢其时地提出并予以实践,稳步取得成效,成了世界经济的"稳定器"。

1."一带一路"倡议:从愿景到行动

"一带一路"倡议提出8年以来,中国遵循共商共建共享原则,推动构建互联互通伙伴关系,与"一带一路"相关国家在经贸合作领域取得丰硕成果。截至2020年底,中国已与138个国家、31个国际组织签署203份共建"一带一路"合作文件,[2]从亚欧地区延伸

---

[1] 习近平:《在全国脱贫攻坚总结表彰大会上的讲话》,新华社,2021年2月25日,参见:http://www.gov.cn/xinwen/2021-02/25/content_5588869.htm。
[2] 《中国已与138个国家签署"一带一路"合作协议!这些国家已受益》,央视新闻,2020年12月31日,参见:https://baijiahao.baidu.com/s?id=1687561227123169868&wfr=spider&for=pc。

到非洲、拉美、南太平洋、西欧等相关国家，不仅涉及发展中国家、发达国家，还与东盟、非盟、欧盟等一体化组织通过发展合作规划、发展战略与"一带一路"倡议进行对接，推动与合作基础坚实、合作体量较大、合作意愿强烈的国家联合制定合作规范。截至2019年底，中国同"一带一路"相关国家的货物贸易额累计7.83余万亿美元，对外非金融类直接投资超过1 000亿美元，在"一带一路"沿线国家建设合作区累计投资350亿美元，为当地创造33万个就业岗位。"一带一路"沿线国家对华直接投资超过584.2亿美元。

依托推进"一带一路"建设的实践经验，中国在多边合作、区域次区域合作、双边合作、构筑高标准自贸区网络、推进第三方市场合作、共建融资合作平台等方面，持续共商深化合作路径。"一带一路"理念立足深化国际合作，成为现有多边贸易体制和区域贸易安排之外驱动经济全球化的重要力量。

在多边合作方面，2019年11月，中国在上海主办WTO小型部长会议，成功推动包括与会成员在内的92个成员发表《投资便利化部长联合声明》。中国建设性参与二十国集团（G20）经贸合作，深入阐述中方立场主张，成功推动G20峰会和贸易部长会议发表声明，发出支持多边主义、开展WTO改革等积极声音。中国也向世界贸易组织（WTO）提交《中国关于世贸组织改革的建议文件》，全面阐述中方改革主张。

在区域次区域合作方面，2019年，第22次中国—东盟领导人会议发表了《中国—东盟关于"一带一路"倡议同〈东盟互联互通总体规划2025〉对接合作的联合声明》等成果文件，推动中国与东盟各国发展规划有效对接。2019年10月起，中国与欧亚经济联盟经贸合作协定正式生效，中国与联盟成员国从项目合作进入制度引领的新阶段。希腊正式加入中国—中东欧合作机制,"16+1合作"拓展成为"17+1合作",助推中国与中东欧经贸合作再上新台阶。新版《上合组织成员国多边经贸合作纲要》《上合组织经济智库联盟章程》等纲领性文件共同编制并批准,助力上合组织区域经济合作向纵深发展。中国推动亚太经合组织(APEC)贸易部长会议发表联合声明,维护自由贸易和区域经济一体化大方向,积极提出并推动《APEC包容性贸易投资行动计划》《供应链4.0单一窗口互操作倡议》。中国成功主办大图们倡议(GTI)第19次部长级会议,推动建成东北亚商业联盟、《GTI贸易投资合作发展图景》等一批务实项目收获成果。中国举办第十二次中日韩经贸部长会议,参与东亚合作系列经贸部长会议、中国—东盟东部增长区第二次部长级会议,举办第十八次中日韩泛黄海经济技术交流会议。

在双边合作方面,截至2020年1月,中国与沙特阿拉伯、南非等国新建7个贸易畅通工作组,累计建立9个工作组;与吉尔吉斯斯坦、孟加拉国等新建9个投资合作工作组,累计建立44个工作组。与韩国、缅甸、马来西亚、日本、奥地利、芬兰、希腊、捷克等国共同召开双边经贸联委会等机制性会议。

在构筑高标准自贸区网络方面,截至2019年底,中国已与25个国家和地区达成了17个自贸协定,正在开展12个自贸协定谈判或升级谈判,10个自贸协定联合可行性研究或升级研究。

在推进第三方市场合作方面,截至2019年底,中国与法国、日本、意大利、英国等14个国家签署第三方市场合作文件,与这些发达国家共同推动第三国产业发展、基础设施水平提升和民生改善,实现1+1+1>3的效果。

在共建融资合作平台方面,财政部联合亚洲基础设施投资银行

(简称"亚投行")、亚洲开发银行、拉美开发银行、欧洲复兴开发银行等成立多边开发融资合作中心。截至 2020 年 7 月，亚投行成员总数已达 103 个，累计批准项目 87 个，项目投资额逾 196 亿美元。截至 2019 年 11 月，丝路基金签约 34 个项目。国家开发银行牵头成立中拉开发性金融合作机制。亚洲金融合作协会"一带一路"金融合作委员会成立。中日韩—东盟成立"10+3"银行联合体并共同签署《中日韩—东盟银行联合体合作谅解备忘录》。阿联酋阿布扎比投资局、中国投资有限责任公司等主权财富基金对"一带一路"沿线国家投资规模显著增加。

上述数据表明，"一带一路"理念已经成为现有多边贸易体制和区域贸易安排之外驱动经济全球化的一支重要力量。2020 年 9 月 7 日，商务部国际贸易经济合作研究院发布的《中国"一带一路"贸易投资发展报告 2020》中指出："共建'一带一路'将始终坚持共商共建共享原则，坚持高质量发展，不断推动相关国家实现优势互补、互利共赢，为促进各国经济增长提供强劲动力和广阔空间。"[1]

2."一带一路"倡议：历史经验与实践成效

中国在改革开放 40 多年中取得的经济成就，并非盲目照搬其他国家的教条与模板，而是始终立足基本国情，在实践中不断摸索前进。有学者将中国发展的经验总结为"政府主导的市场化、基础设施先行的工业化、开发性金融、经济飞地先行先试的'四大法宝'"。最近十年来，中国在自主创新、互联网、电商、绿色金融等新经济发展模式方面也积累了不少思路与经验。

---

[1] 商务部研究院：《中国"一带一路"贸易投资发展报告 2020》（导言），2020 年 9 月 7 日，商务部研究院"一带一路"故事微信公众号，参见：https://mp.weixin.qq.com/s/Hn-GU4LzlqKAHX1KO_EtzQ。

从中国自身的发展经验出发,"要想富先修路,道路通百业兴",基础设施建设是经济发展的先决条件。当前基础设施投入不足是制约许多国家经济发展的瓶颈。中国将"基础设施先行的工业化"的发展理念和"开发性金融"的工具相结合,快速推进国际大通道建设,与"一带一路"沿线国家的基础设施互联互通程度不断加深。经过七年的谋划和施工,现已基本形成了"六廊六路、多国多港"的合作格局。其中,"六廊"指中蒙俄、新亚欧大陆桥、中国—中亚—西亚、中国—中南半岛、中巴、孟中印缅国际经济合作走廊;"六路"指铁路、公路、航运、航空、管道、空间综合信息网络;"多国"指选取若干重要国家作为合作重点;"多港"指构建若干海上支点港口。根据世界银行在2019年4月发布的《公共交通基础设施——量化模型与"一带一路"倡议评估》报告的数据显示,"一带一路"交通基础设施项目为沿线经济体带来3.35%的GDP增长,不仅如此,这些项目的溢出效应明显,将为全球带来2.87%的增长。[1]

在"丝路电商"发展方面,截至2019年底,中国已与22个国家和地区建立双边电子商务合作机制和跨境电子商务综合试验区59个,跨境电商贸易已覆盖"一带一路"沿线所有国家和地区。

在边境经济合作区方面,截至2019年底,建立17个边境经济合作区,中哈霍尔果斯国际边境合作中心、中老磨憨—磨丁经济合作区2个跨境经济合作区,推进建设中蒙二连浩特—扎门乌德经济合作区。

在境外经贸合作区方面,截至2019年底,纳入商务部统计的合作区累计投资350亿美元,上缴东道国税费超过30亿美元,为

---

[1] 艾渺:《一带一路基础设施建设步履不停》,《中国对外贸易》2020年第2期。

当地创造就业岗位33万个。[1]2016年底启动建设的中国·越南（深圳—海防）经济贸易合作区，预计到2022年完成三期工程的建设，全部建成后将吸引超过10亿美元投资，创造3万多个就业岗位。中资光伏企业在中越产能合作方面先行先试，将中国光伏行业十多年的发展经验引进越南，在当地为"中国制造"树立了积极的品牌形象。中国企业也在其中壮大实力和调整自身，双方共同实现转型升级。[2]

三、"一带一路"倡议：发展中国家发展的"中国方案"

从第一部分可知，西方资本主义国家在其引领的三轮全球化过程中，先后经历四次工业革命，依托工业化带来的强大生产力塑造了以欧美为主导的世界秩序。然而西方的全球化带来了西方的发展，同时也造成了不可避免的弊端，这源于资本主义制度经济危机不可避免的周期性。对第三世界国家而言，西方资本主义的发展史和全球化与自身的发展无缘，相反造成了本国与发达国家在现代化进程上愈益加剧的差距。世界范围内贫富分化现象严重，绝大多数后发国家[3]陷入现代化困境，面临艰巨的工业化与现代化任务。

1. 发展中国家发展的现实困境因素探讨

那么，为什么大多数后发国家无法实现现代化？经济学家从多

---

[1] 商务部研究院：《中国"一带一路"贸易投资发展报告2020》（三），2020年9月28日，商务部研究院"一带一路故事"微信公众号，参见：https://mp.weixin.qq.com/s/u6z325ehwztQA65qHSULKA。
[2] 《境外经贸合作区促进中越产能深入合作》，新华社，2017年11月11日，参见：https://www.sohu.com/a/203690530_313171。
[3] "后发国家"（late developers/late comers）也被称为"后进国家""发展中国家"。这一概念最早是在1950年代发展经济学的框架下形成的

个角度对后发国家的现代化问题进行了研究。特别值得指出的是，经济学家阿伯拉莫维茨论述了后发国家追赶先发国家所面临的三大限制因素：

一是技术差距，即后发国与先发国之间存在技术水平差距，这是经济追赶的重要外在因素。

二是社会能力，即制度建设和新技术的吸收能力。单纯的技术模仿并不会导致后发国家的工业化成功，后发国家实现现代化，还需要一定的制度基础及制度创新配合，这是实现后发优势的基础。

三是历史、现实及国际环境的变化。某些历史因素为经济追赶提供了良好的机遇。阿伯拉莫维茨的理论在一定程度上解释了为什么有些后发国能够成功追赶，而大部分后发国与先发国的差距逐渐扩大的历史现实。

后发国家的劣势地位体现在内外因两个方面，其内部因素包括资本积累、技术进步、产业发展、结构转换、制度创新的不利影响。外因即发达国家对发展中国家外部因素的影响，如发展中国家面临着不平等的国际经济秩序，以及发达国家与发展中国家间不平等的政治、经济、文化关系等。[1] 20 世纪 50 年代，现代化理论在美国逐渐兴起。以欧美经验为中心的现代化理论认为，第三世界国家的发展必须重走欧美工业化的老路，遵循欧美模式及其经验才能取得成功。而同时期一批拉美知识分子提出，正是几个世纪以来资本主义的发展才导致发达的中心国家和不发达或欠发达的外围国家形成了不平等结构，这种不平等结构表现在"中心—外围"（即核心—边

---

[1] 胡隐昌、胡汉昌：《后发劣势研究述评》，《湖北大学学报》（哲学社会科学版）2002 年第 6 期。

缘）等代表性理论。其核心观点是发达国家与发展中国家之间存在不平等的经济关系。发达国家利用不平等的世界经济体系和现代世界体系等级结构对边缘国家进行隐性的经济掠夺，从而获取了绝大部分利益，导致边缘国家的经济长久以来陷入低水平的发展。近年来，资本全球扩张带来的消极后果，墨西哥金融危机、亚洲金融危机的相继爆发，新兴工业化国家所遭遇到的新的发展难题，在不同程度上验证了此类理论的某些观点。

可见，贯穿于西方国家现代化进程始终的零和竞争性思维以及阻碍后发国家现代化进程的"中心—边缘"结构，不符合时代发展的潮流。不公平、不合理、不均衡的全球发展状况使得和平、发展、治理成为摆在全人类面前的严峻挑战。[1]要实现全人类的发展，时代呼唤新的国际合作理念下的现代化路径。"一带一路"倡议作为提升全球治理合法性与有效性以及引领国际秩序转型的一剂良药，备受世界关注。

2."一带一路"倡议：发展中国家现代化的"中国方案"

著名全球发展问题专家杰弗里·萨克斯在《贫穷的终结》一书中指出："当基础设施（道路、电力、港口）和人力资本（卫生和教育）的先决条件具备时，市场就是发展的强大引擎。如果没有这些先决条件，市场可能会残忍地绕过世界上大部分地区，让它们陷入贫困和痛苦。只有通过政府提供有效的卫生、教育、基础设施……才能支撑经济成功。"[2] "一带一路"贯穿亚、欧、非大陆，一头是活

---

[1] 习近平在"一带一路"国际合作高峰论坛开幕式上的演讲，2017年5月14日，参见：http://www.beltandroadforum.org/nloo/2017/0514/c24-407.html。

[2] Jeffrey D.Sachs, *The End of Poverty: Economic Possibilities for Our Time*, Penguin Press, 2005.

跃的东亚经济圈，一头是发达的欧洲经济圈，中间广袤的腹地国家却形成了经济的深度凹陷区。长期以来，沿线国家或地区基础设施严重不足、贸易政策壁垒严重等情况导致要素流动障碍、卫生和教育水平等社会能力不高，使得该地区难以充分享受经济全球化的红利，面临发展滞后的困境，但同时也蕴含着巨大的发展潜力。而"一带一路"正是中国为该地区贡献自身在基础设施建设、社会能力、产能合作等方面发展经验的中国智慧、中国方案。

中国自从 2001 年 12 月加入世贸组织，开始大规模、积极地开放市场、深度参与到全球化进程中，在此过程中也获得发展的重大历史机遇。中国推行的"一带一路"倡议正是希望将改革开放的积极经验与包括广大发展中国家在内的世界各国分享，为解决发展中国家的发展问题提供有益借鉴。中国推行"包容性的全球化"，[1] 是对"古丝绸之路"精神基础的继承和发扬，也是对当今世界全球化的积极改善，这一新型全球化也是对"逆全球化"浪潮的抵制。中国对外开放新格局，包含了建立开放合作和新型多边金融机构的基础框架，具体落实为"一带一路"建设的大平台，通过项目和融资奠定"一带一路"沿线国家的基础设施及产业基础，客观上有利于巩固中国同相关国家的关系，同时也将新兴国家纳入实现现代化和减贫的全球化经济发展进程中。

---

[1] 进入 21 世纪以来，可持续性、包容性全球化的提法，屡屡见诸国际多边机构的议程中。比如，2007 年 10 月，世界银行集团主席佐利克（Robert Zoellick）在就职 100 天时发表题为"一个包容的和可持续的全球化"的演讲，指出国际减贫是全球化的题中之义——全球化不能落下"垫底 10 亿人"。在现行国际多边机构中，唯有增加发展中国家的话语权，才能更好地实现这一目标。"An Inclusive & Sustainable Globalization"，（October 10）2007，参见：https://www.worldbank.org/en/news/speech/2007/10/10/an-inclusive-sustainable-globalization。

"一带一路"建设以推动发展中国家的共同发展为目的。正如习近平主席所指出的:"我提出'一带一路'倡议,旨在同沿线各国分享中国发展机遇,实现共同繁荣。"如今中国正迈向高质量发展阶段,制造业大国向制造业强国的转变,需要产业结构的调整和升级。在此过程中,必然有大量的劳动密集型产业对外转移以及国际产能合作。对沿线国家和地区而言,"一带一路"建设是重要的历史机遇,通过"一带一路"建设,对产业转移和产能合作进行合理引导,对接沿线国家的实际需求,促进中国优势产能的输出,实现与沿线国家和地区产能互补和供需对接,有助于沿线国家实现快速发展。比如,中国通过"一带一路"积极扩大对外投资,建设境外经贸合作园区,将打造和发展各类功能性经贸开发园区方面积累的成熟经验与模式,带到沿线发展中国家,从而为其发展提供重要契机和借鉴。

"一带一路"寻求的不是竞争和控制逻辑下的"传统现代化",而是开放合作的"共同现代化"。《愿景与行动》中出现频率最高的词汇就是"共同"及"合作"。"一带一路"实际上包含两个层面的战略目标:其一,发展中国家的广泛合作可以实现"去中心化"。其二,再把发达国家也引入合作行动中来,可以在经济社会发展中让发展中国家与发达国家之间实现平等合作,并最终打破世界的中心—边缘结构,[1] 最终走向共同现代化,实现共同富裕和发展。

作为世界上跨度最长的国际合作大走廊,"一带一路"覆盖的人口和经济总量将分别超过全球的 63% 和 29%。致力于实现沿线国

---

[1] 张康之、柳亦博:《"一带一路"战略:国际社会"去中心化"时代的合作秩序建构》,《国家发展与战略研究院思想评论》2016 年第 1 期。

家和地区共同现代化的"一带一路",将对世界的发展作出巨大的贡献。同时,"一带一路"倡导"共同打造开放、包容、均衡、普惠的区域经济架构,实现沿线各国多元、自主、平衡、可持续的发展",这将改变"发展"和"现代化"的底层逻辑,使人们重新思考和审查历史发展前景的可能性。中国的发展经验为"一带一路"沿线国家提供了一种有别于西方发展模式的选择。"一带一路"建设拓展了发展中国家走向现代化的途径,给世界上那些既希望加快发展又希望保持自身独立性的国家和民族提供了全新选择,为解决人类问题贡献了中国智慧和中国方案。

第三节　海外社会关于中国"一带一路"倡议的研究及评析

21世纪以来,中国经济改革取得的巨大成就越发引起世界瞩目。2012年中国的人均GDP是1978年的30倍。"中国世纪"(China's Century)、"中国挑战"(The China Challenge)、"中国综合征"(The China Syndrome)等标题占领了《商业周刊》《经济学人》《福布斯》《新闻周刊》等西方主流财经杂志的封面。西方评论感叹,中国在20世纪最后25年实现了大多数发展中国家需要半个世纪乃至更长时间才能实现的成就。[1] 自2013年习近平主席提出"一带

1　Yuen Yuen Ang, *How China Escaped the Poverty Trap*, Cornell University Press, 2016, Introduction, p.2; Doug Guthrie, *China and Globalization: The Social, Economic and Political Transformation of Chinese Society*, Routledge, 2006, pp.3—4;［美］丹尼·罗德里克:《相同的经济学,不同的政策处方:全球化、制度建设和经济增长》,张军扩等译,中信出版社2009年版,第13页。

一路"倡议以来,"一带一路"倡议实践的成果丰硕、平台多样、朋友圈不断壮大,呈现出内外联动、务实合作、强大合力的发展图景。

随着"一带一路"建设的持续发展,该倡议及其实践更是引起国际社会的普遍高度关注,相关研究也不断丰富、深化。中国的"一带一路"倡议已经成为海外知识界理解当代中国的重要课题之一。了解这些海外政要、学者、智库、商界和媒体关于"一带一路"倡议的各种认知和观察视角,一方面有助于我们深化"一带一路"研究,与海外社会展开深入对话;一方面有助于推动"一带一路"倡议的顺利开展,构建人类命运共同体。

一、国际社会对"一带一路"倡议的正面评价

"一带一路"倡议是在世界格局和国际秩序发生深刻变革的背景下提出,随着"一带一路"的推进和沿线国家民众获得感的增强,沿线国家对"一带一路"的认知也逐渐从不了解转向主动分析研究。国际社会基于经济学、实践效应、国际关系等学科视角,从动机、内涵、影响、机遇和挑战等层面来剖析和解读"一带一路",对"一带一路"倡议总体持积极肯定的认知,将"一带一路"视为全球化深入发展、世界政治经济格局变化以及中国自身发展模式转变共同作用的结果,对"一带一路"倡议和发展多持有正面评价和较高期待。

1. 海外政学界从经济学视角、"包容性全球化"思想等学科和理论出发研究达成的对"一带一路"倡议的客观正面的认知

国内学者提出的"包容性全球化"思想得到海外学者的回应,他们注意探索该思想与"一带一路"倡议之间的关系,沃勒斯坦在《现代世界体系》序言中指出:"一带一路"是对当前陷入结构性危机的资本主义世界体系的"超越","路、带、廊、桥等'去中

心'的中国式话语开始崛起，代表着平等、包容、代表着国际社会的'非极化'发展倾向"[1]。非极化发展即包容性全球化，其目的是不仅要进一步保持贸易市场的开放，而且要向那些没有从全球化中受益的人扩大机会，并以此为出发点，促进各国之间的合作。从这个意义上说，"包容性全球化"并非中国式的全球化概念，而是全球化发展到新阶段的产物。

泰国副总理颂吉（Somkid）指出，"一带一路"倡议引领着一种更加普惠、更加包容的全球化，这会让全世界都受益，而不是小部分人享受好处。[2] 捷克前总理伊日·帕鲁贝克（Jiri Paroubek）撰文称，捷克的大多数人都能积极看待中国提出的"一带一路"倡议。共建"一带一路"已经在中亚、南亚、东非、地中海经济体见到了效果，让老百姓得到了好处。一个新的全球经济和政治秩序正在形成，"一带一路"倡议将是促进这种秩序变化的最活跃因素。[3]

海外学者专家注意到"一带一路"与中国过去40年的改革开放历程一脉相承。约翰·霍普金斯大学国际问题高级研究院中国项目主任大卫·蓝普顿等的研究指出，海外学者和观察家要深刻认识中国"一带一路"倡议，必须理解中国改革开放以来经济、政治、政策的逐步发展历程。[4] 以哈佛大学肯尼迪政府学院教授丹尼·罗德里克为代表的发展经济学家指出，如果中国不能进入发达国家相对开

---

[1] 见赵磊主编：《"一带一路"年度报告　从愿景到行动》，商务印书馆2016年版，第6页。
[2] 见杨舟：《泰国的发展要与"一带一路"对接》，《人民日报》2017年5月10日。
[3] ［捷］伊日·帕鲁贝克：《"一带一路"促进新的全球经济秩序形成》，《光明日报》2019年4月29日。
[4] David Lampton，Selina Ho，Cheng-Chwee Kuik，*Rivers of Iron：Railroads and Chinese Power in Southeast Asia*，University of California Press，2020，p.xi.

放的商品和服务市场，中国经济不可能发展飞速；如果中国只出口服装和农产品，中国从外贸和外国直接投资中得到的收益也不会这么大。丹尼·罗德里克还指出要从新的角度反思全球经济治理问题，即："经济全球化的制度应当如何设计才能最大限度地支持各国的发展目标？"[1]

欧盟机构及海外政要对中欧"一带一路"经济合作的评价较为积极，比如提升联通度、增贸易、促发展，但也担忧"一带一路"倡议对西方主导国际规范和秩序的影响。[2] 新加坡南亚问题研究所研究员拉吉夫·兰詹·查图维迪认为，"一带一路"构想体现了中国全球发展战略的调整与创新。[3] 马里奥（Esteban Mario）等认为"一带一路"倡议是中国提升国际秩序中权力地位的战略，从规则接受者转变为制定者。[4] 诺丁（Astrid Nordin）和威斯曼（Mikael Weissmann）认为，"一带一路"将在重塑现有世界体系中提供更多的政治和经济杠杆，从而证明在地区和全球建立新的中国中心秩序的正当性。[5] 安东尼奥（Giovanni B.Andornino）认为，"一带一路"塑造了中国的领导者身份，并且以非霸权的方式整合现有世界秩

---

[1] ［美］丹尼·罗德里克：《相同的经济学，不同的政策处方：全球化、制度建设和经济增长》，张军扩等译，中信出版社2009年版，第9—10页，第10页。
[2] 王振玲：《欧盟机构对"一带一路"倡议的认知以及中国的应对策略——认知与权限类别基础上的多重对接》，《太平洋学报》2019年第4期。
[3] 《国际社会对"一带一路"倡议的评价》，国务院新闻办公室网站，2014年8月11日，参见：http://www.scio.gov.cn/ztk/wh/slxy/31214/Document/1377599/1377599.htm。
[4] Weifeng Zhou and Mario Esteban, "Beyond Balancing: China's Approach Towards the Belt and Road Initiative," *Journal of Contemporary China*, Vol.27, No.112, 2018.
[5] Astrid H. M. Nordin and Mikael Weissmann, "Will Trump Make China Great Again? The Belt and Road Initiative and International Order," *International Affairs*, Vol.94, No.2, 2018.

序。[1] 日本前首相安倍晋三认为"一带一路"对于维护世界和平稳定、促进人类文明多样性和持续发展具有深远的历史意义。[2] "一带一路"倡议是按照"北京共识"构建的以中国为中心的世界秩序。[3] 根据对"一带一路"沿线十国留学生的调查显示，大部分留学生对中国充满好感，认同"一带一路"倡议对世界的贡献，但对"一带一路"五通的内容及合作模式还不够了解。[4]

2. 海外学者从国际关系视角出发，认为中国"一带一路"倡议将有利于维护本地区的和平与稳定，有助于改革和完善国际秩序，形塑更加自由平等、开放互惠的国际合作新秩序

沿线国家分析人士认为，"一带一路"建设将带来社会经济发展，从而成为地区和平与稳定进程的催化剂。和平稳定与发展两者是互为因果的关系，和平与稳定的环境是发展的重要保障，发展又能促进地区的和平与稳定。长久以来，沿线地区民族、宗教、社会矛盾交织，某些地区甚至成为"三股极端势力"滋生的温床，很大程度上导致经济社会发展相对落后，经济社会发展长期落后又导致冲突和矛盾的激化。中东欧国家对"一带一路"倡议以及中国的发展持乐观态度，对中国在国际事务中的作用做出积极评价。"一带一路"倡议所带来的经济良性发展既能解决发展不均衡、分配不公平的问题，又能在一定程度上缓解民粹主义对全球治理构架的冲击。

---

1 Giovanni B.Andornino, "The Belt and Road Initiative in China's Emerging Grand Strategy of Connective Leadership," *China & World Economy*, Vol.25, No.5, 2017.
2 《推动中日关系得到新的发展》，《人民日报》2018 年 10 月 27 日。
3 Kim Hyunju, "Neo-Sinocentric Globalization through Cultural Soft Power," *Dongbuga Yeoksa Nonchon*, Vol.57, 2017.
4 刘晓麒：《"一带一路"沿线国家留学生对中国的认知调查——以 10 个国家为样本》，《中国青年社会科学》2019 年第 6 期。

因此,"一带一路"建设有望成为解决地区和平和稳定问题的破局之道。

以缅甸为例,长期以来,缅北地区民族地方武装冲突不断,中缅边境局势动荡不安,其中一个重要原因在于缅北地区的贫困封闭、经济凋敝。以"一带一路"建设为契机,着力消除缅北贫困、改善民生,对于缅甸的和平进程和稳定发展有重要意义。缅甸国内政府官员、智库代表等对"一带一路"总体持积极正面的看法,普遍认为中方提议建设的"一带一路"具有重大现实意义,可以促进区域经济发展和地区和平稳定,缅甸及其他沿线国家必将从中受益。[1] 巴基斯坦参议院财经委员会主席萨利姆·曼迪瓦拉(Saleem Mandviwala)表示,必须通过一系列经济活动和倡议来减少恐怖主义,要给出现恐怖主义的这些国家带来富强、繁荣,减少贫富之间的差距,这是消除恐怖主义最好的途径。"中巴经济走廊"和"一带一路"倡议均强调经济合作的重要性。[2] 柬埔寨副首相贺南洪(Hor Nam Hong)表示,中国的改革发展经验值得柬埔寨认真学习,中国"一带一路"倡议和构建人类命运共同体理念有益于地区与世界和平稳定发展。[3] 捷克著名政论家、布拉格扬·考门斯基大学全球问题研究所主任克莱伊齐教授认为:"'一带一路'沿线参与各方在经济上的互利互惠,能够大大降低爆发战争的危险性,'一带一路'倡

---

[1] 李晨阳、宋少军:《缅甸对"一带一路"的认知和反应》,《南洋问题研究》2016年第4期。
[2] 《"一带一路"国际合作,看外国政要怎么说(2)》,人民论坛网,2017年5月16日,参见:www.rmlt.com.cn/2017/0516/474713_2.shtml。
[3] 《专访:"一带一路"建设将推动地区与世界和平稳定发展——访柬埔寨副首相贺南洪》,新华网,2018年3月30日,参见:www.xinhuanet.com/2018-03/30/c_1122617627.htm。

议因此也成为世界和平的基石。"[1]

3. 沿线国家和地区官方与民间围绕"一带一路"给自身带来的实际效益、能否推动本国发展等问题对该倡议有着颇为肯定性的评价

保加利亚经济学家、前副总理兼财政部部长西米恩·德加科沃（Simeon Dyankov）在《中国的"一带一路"倡议：动机、范围和挑战》一书中认为，在"一带一路"倡议下，整个亚洲和欧洲公路、铁路、港口及其他基础设施的新建和改造，将推动中国及其沿线贸易伙伴经济的发展。[2] 原《南华早报》驻北京记者汤姆·米勒在《中国的亚洲梦：沿新丝绸之路建立帝国》一书中称，"一带一路"倡议、建立亚洲基础设施投资银行等一系列举措给亚洲乃至世界带来了巨大影响，通过大力投资贫困国家、加大彼此贸易往来、帮助兴建基础设施等方式，给广大发展中国家带来了福利，亚洲国家大都愿意搭上中国的发展快车，抓住机遇使本国经济发展焕发生机与活力。[3] 南非驻联合国大使杰里·马特吉拉（Jerry Matjila）撰文称，到2025年，非洲预计每年有930亿美元的基础设施投资缺口。"一带一路"朝着正确的方向迈出重要的一步，将释放非洲和亚洲的潜力。"一带一路"将连接亚洲、欧洲和非洲，开启了新时代的全球互联，有望促进沿线国家的经济繁荣和地区经济合作、不同文明的交流学

---

[1] 贺斌等：《共同获利、共同发展的中国方案——外国政要、各界人士眼中的"一带一路"》，《光明日报》2017年5月14日。
[2] Simeon Djankov, *China's Belt and Road Initiative: Motives, Scope, and Challenges*, Peterson Institute for International Economics,（March 2）2016.
[3] Tom Miller, *China's Asian Dream: Empire Building along the New Silk Road*, ZED Books,（February）2017.

习以及世界和平与发展。[1] 联合国经济和社会事务部经济分析师金南苏（Namsuk Kim）认为，联合国 2030 年可持续发展目标与"一带一路"倡议虽然议程相异，但目标一致，都旨在加快最不发达国家的发展进程。在目前情况下，因为巨大的资金缺口，预计只有一半的最不发达国家能实现 2030 年的可持续发展目标。而"一带一路"有助于填补资金缺口，为联合国可持续发展目标进程提供关键而又必要的有利条件，可谓是最不发达国家的发展加速器。可以将"一带一路"视作可持续发展目标的补充倡议，努力寻求两者的对接。[2]

"一带一路"沿线国家的绝大多数分析人士认为，"一带一路"有利于促进沿线国家和地区的社会发展、改善民生。沿线国家和地区对基础设施建设有巨大的资金需求，对发展有强烈的渴望，"一带一路"倡议通过基础设施建设，提高互联互通，将大幅度改善和扩大沿线国家的贸易和投资，有效解决教育、失业、贫困、社会冲突等民生问题。世界银行测算，大多数走廊沿线经济体将因贸易和投资扩大而实现经济发展和收入增加——全面实施共建"一带一路"交通项目可帮助 760 万人口摆脱极端贫困和 3200 万人口摆脱中度贫困，使全球和"一带一路"经济体的贸易额分别增加 6.2% 和 9.7%，使全球收入增加 2.9%。[3] 可见，"一带一路"为沿线国家带来

---

1 Jerry Matjila, Foreword, *Belt and Road Initiative: Alternative Development Path for Africa*, Africa Institute of South Africa, 2018.
2 Namsuk Kim, "Will the Belt and Road Initiative Boost Least Developed Countries Towards Sustainable Development？", *The Belt and Road Initiative and the SDGs: Towards Equitable, Sustainable Development*, Institute of Development Studies, Vol.50 No.4,（December）2019.
3 Michele Ruta, etc., *Belt and Road Economics: Opportunities and Risks of Transport Corridors*, World Bank Group,（June 18）2019.

切实利益,是"一带一路"获得沿线国家支持的根本原因。

中东欧地区是"一带一路"沿线重要地区,为"一带一路"在欧洲的建设形成示范效应。中东欧国家已全部签署"一带一路"合作谅解备忘录,凸显了中东欧国家积极参与"一带一路"建设的极大兴趣及其在"一带一路"建设中的重要性,通过经贸互动、投资协作、基础设施建设等多样化的合作机制,"中国—中东欧国家合作"也成了"一带一路"倡议融入欧洲经济圈的重要窗口。塞尔维亚第一副总理兼外交部部长伊维察·达契奇(Ivica Dacic)认为:"'一带一路'倡议是一项改变世界图景的倡议,将因其对所有参与国家的全球联系和经济发展的积极贡献而被铭记。"[1] 根据中国—中东欧研究院 2017 年民调显示,在回答"如何看待'一带一路'倡议今后 5 年对发展中国与自己国家的经贸关系的影响"问题时,34% 的民众认为会有积极影响,其中 14% 的民众认为会富有成效;5% 的民众认为对本国没有影响;51% 的民众持中立态度。认为会给中国与本国的双边经贸关系带来积极影响的民众比重最高的国家是立陶宛,达到 51% 以上。罗马尼亚、保加利亚、塞尔维亚、马其顿四国的民众比重达到 40% 以上。

海外研究者注意到"一带一路"倡议的地理覆盖范围及效应。丹麦学者李形指出,"一带一路"倡议涵盖了世界近 65% 的人口和世界近三分之一的国内生产总值。"一带"主要包括中国的周边邻国,特别是历史上跨欧亚大陆的"丝绸之路"经过的中亚、西亚、中东和欧洲国家。"一路"则将中国东南沿海港口与远至非洲的海岸相

---

[1] [塞]伊维察·达契奇:《"一带一路"倡议的历史角色》,载陈新主编《塞尔维亚看"一带一路"和中国—中东欧国家合作》,中国社会科学出版社 2019 年版,第 2 页。

连，并穿过红海进入地中海，与 15 世纪郑和下西洋的航海路线正相吻合。以"和平、发展、合作和互利"为宗旨，"一带一路"倡议涉及的中国主导投资项目数以亿计，包括高速公路、铁路、通信系统、能源管道、港口等基础设施项目，有助于加强中国与欧亚大陆、东非和 60 多个伙伴国家之间的经济互联和共同发展，为世界和平与发展注入新的积极能量。[1]

概言之，沿线国家和地区对"一带一路"的总体认知是正面的，认为"一带一路"能为本国和地区发展带来机遇，而这正符合中国推广"一带一路"倡议的初衷，即致力于造福沿线地区的百姓，实现各国家和地区人民共同发展和进步。有了沿线国家和地区对"一带一路"这份共同事业的支持，"一带一路"所展现的时代魅力和发展潜力必将继续得到释放。

二、西方国家对"一带一路"倡议的消极认知及解读

尽管"一带一路"倡议得到了沿线国家的大量支持和欢迎，但在海外社会也存在歪曲解读和误读的情况，主要体现在西方世界基于国际关系理论、经济学分析、"民主—自由"思想等对"一带一路"倡议的有效性发出消极论调。[2]

1. 地缘博弈论

西方国际关系领域的现实主义学者认为，人类社会中的国际关系行为受到"零和博弈"逻辑的主宰，历史上新兴大国的崛起，均

---

[1] [丹]李形主编：《聚焦"一带一路"倡议：以国际政治经济学为视角》，林宏宇译，天津人民出版社 2019 年版，第 6—7 页。
[2] 贺方彬：《海外精英对"一带一路"倡议的认知及启示》，《当代世界与社会主义》2019 年第 4 期。

伴随着与现存霸权国家的冲突。因此，中国的崛起也无法跳脱霸权过渡的历史路径。在此种想当然的思维惯性下，"一带一路"倡议被视为中国的产能和资本的对外扩张，最终将挑战全球"结构性权力"主导下的地缘政治、经济现状。[1] 此类学者还认为，该倡议"是人类历史上首次出现一个经济上庞大、政治上独立的国家试图将自己从半边缘国家提升至世界经济的核心"[2]。

这种传统地缘政治理论、冷战思维和零和思维逻辑，使得以美国为首的部分西方国家指责某些"一带一路"项目具有军事用途和战略目的，认为"一带一路"是中国的"马歇尔计划"，旨在扩大中国的地缘政治影响力，挑战现有的政治经济秩序，构成了地缘政治威胁。自2017年下半年以来，特朗普政府在诸多双边及多边国际场合，公开或私下抹黑中国"一带一路"倡议。2017年12月，特朗普政府发布首份《美国国家安全战略报告》，对"一带一路"倡议进行间接批评，认为"中国寻求取代美国在印太地区的地位，拓展其国家驱动经济模式的影响，以有利于本国的方式重新安排地区秩序"。同时，特朗普政府提出印太战略和印太经济倡议以应对中国的"一带一路"倡议，特别是"海上丝绸之路"。2017年10月，《时代》杂志刊登文章《港口、管道和地缘政治：中国新丝绸之路是华盛顿的挑战》，抹黑"一带一路"建设的意图。美国国家安全顾问约翰·博尔顿（John Bolton）2018年10月在传统基金会发表政策简

---

[1] ［丹］李形主编：《聚焦"一带一路"倡议：以国际政治经济学为视角》第二章，林宏宇译，天津人民出版社2019年版。
[2] Chubarov I., Kalashnikov D. "Belt and Road Initiative: Globalization Chinese Way？", *Mirovaya ekonomika i mezhdunarodnye otnosheniya*（World Economy and International Relations）, vol.62, No.1, 2018, pp.25—33.

报时称，中国"一带一路"的终极目的是扩大中国在全球的主导力。

由此可见，美国官方对"一带一路"倡议的关注带有强烈的战略竞争特征。可以说，"地缘博弈论"是20世纪90年代以来掀起的"中国威胁论"的最新变种，其本质是"中国威胁论"。另有学者解读道，"一带一路"倡议是一个战略选项，是应对美国全球战略东移"重返亚洲"的战略选项，[1]是对俄罗斯"欧亚联盟"建设的反应，[2]是新一轮全球经济再平衡、重塑全球新均势的有机组成部分，是中国大国外交自信的体现，是实现中国能源安全的途径。"一带一路"倡议是一个经济选项，是中国应对国内过剩产能、过剩资本的转移途径。[3]

对此，部分海外学者对如上观点予以驳斥，认为中国的"一带一路"倡议与"马歇尔计划"具有根本区别。马歇尔计划本质上是美国为了遏制苏联对欧洲影响的"冷战"战略考虑，带有意识形态的附加条件，具有明显的排他性，一定程度上造成了欧洲的分裂。"一带一路"是一个开放、包容、共赢的经济发展新倡议，是一条沟通中外、造福当地百姓的人文与商业通道，并不以意识形态划线。[4]"一带一路"参与国基于但不限于古丝绸之路的范围，各国和

---

[1] Lai-Ha Chan, "Soft balancing against the US 'pivot to Asia': China's geostrategic rationale fro establishing the Asian Infrastructure Investment Bank," *Australian Journal of International Affairs*, Vol.71, No.6, 2017, pp.568—590.

[2] Jeanne L.Wilson, "The Eurasian Economic Union and China's silk road: implications for the Russian-Chinese relationship," *European Politics and Society*, Vol.17, No.1, 2016, pp.113—132.

[3] Usman W.Chohan, "What Is One Belt One Road? A Surplus Recycling Mechanism Approach,"（June 13）2017, See: https://ssrn.com/abstract=2997650.

[4] Alek Chance, "The Belt and Road Initiative is not China's Marshell Plan. Why Not?" *The Diplomat*,（January 26）2016.

国际、地区组织均可参与，让共建成果惠及更广泛区域。"一带一路"也不是政府主导的战略，而是依靠市场化运作的倡议，投资主体是各类企业，充分发挥市场在资源中的决定性作用。

我们应如何看待海外学者的此类观点？从事实层面来看，吉布提港、希腊比雷埃夫斯港等备受"地缘博弈论"者指责的"一带一路"项目是开放包容、平等互利的经济合作项目，而不是政治或军事合作。比如，目前中国与吉布提开展的"一带一路"合作主要包括吉布提自贸区、吉布提—阿迪斯铁路、吉布提多哈雷码头扩建、新机场建设等项目，预计吉布提自贸区建成后，将成为非洲最大自贸区，帮助吉布提打造区域物流中心角色。吉布提驻华大使阿卜杜拉·米吉勒认为："'一带一路'倡议旨在全球互联互通，国际社会都能共享这一机遇。我们基于悠久的历史基础、互信互利、基本的价值观、双赢的合作理念。"[1] 比雷埃夫斯港是中国和希腊共建的"一带一路"旗舰项目。近年比雷埃夫斯港发展迅速，已经跃居为地中海第一、欧洲第四大港。2020 年第一季度，比雷埃夫斯港在逆境中实现了集装箱吞吐量同比增长 3.9% 的成绩。由此可见此类"地缘博弈论"的谬误。

2. 新殖民主义论

"新殖民主义论"由来已久，主要是西方国家针对中非合作提出的论调，认为中国开展的对非援助、经贸等活动是为了掠夺当地资源、扩大在当地的影响力。2006 年正值新中国开启对非洲外交关系 50 周年。是年 2 月，英国外交大臣杰克·斯特劳（Jack Straw）在

---

[1] 郭艳：《吉布提愿为"一带一路"倡议发挥重要作用——专访吉布提驻华大使阿卜杜拉·米吉勒》，《中国对外贸易》2017 年第 5 期。

访问尼日利亚时声称,"中国今天在非洲所做的,多数是150年前在非洲做的",影射中国在非洲活动具有"殖民"性质。2011年9月,美中经济与安全评估委员会发布了一份题为《中国对外援助概况及其对美国的启示》的报告。该报告认为过去十年,中国通过在发展中国家援建基础设施来满足其战略目标和经济需求,比如获取中国发展需要的石油、天然气等自然资源及产品市场准入。"一带一路"倡议提出后,随着中国对非洲贸易和投资的扩大,一些西方国家老调重弹,污蔑中国在非洲掠夺资源、倾销商品。

回顾历史事实可知,中国对非洲的援助真诚友好、成效显著。1956年,中国克服自身困难,开始向非洲国家提供援助,援建了以坦赞铁路为代表的一大批基础设施项目,为支持其争取民族独立和发展民族经济提供了最大限度的支持。[1] 正如海外学者所指出的那样,中国对外援助的"历史厚度和经验广度不亚于任何一种成熟的西方援助"[2]。

改革开放后,特别是进入21世纪以来,随着中国逐渐融入全球化,中非合作拓展至贸易和投资领域。有学者基于欧盟、中国、美国、印度和日本五个经济体与非洲国家之间的贸易和投资数据,通过数理模型和数据分析,得出中国"一带一路"倡议下的中非合作并非"新殖民主义",而是合作共赢、共同发展的关系,也是缓解全球化过程中发达国家与发展中国家之间不平等加剧的重要举措。[3] 在

---

[1] 国务院新闻办公室:《中国的对外援助》白皮书,2011年4月。
[2] Deborah Brautingam, *Chinese Aid and African Development: Exporting Green Revolution*, London: Macmillan Press, 1998, p.4.
[3] 周文、赵方:《中国"一带一路"倡议下的中非合作是"新殖民主义"吗?》,《马克思主义研究》2017年第1期;马艳、李俊、王琳:《论"一带一路"的逆不平等性:驳中国"新殖民主义"质疑》,《世界经济》2020年第1期。

2018年9月举行的中非合作论坛上,所谓"新殖民主义论"的对象国——非洲各国的政府首脑纷纷发声,批驳西方抹黑中非合作的"新殖民主义论"。非洲联盟主席、卢旺达总统保罗·卡加梅(Paul Kagame)称赞中国在非洲的援助和投资是"深刻变革"的源泉,认为中非之间的合作是建立在相互尊重的基础上实现共同发展。南非总统西里尔·拉马弗萨(Cyril Ramaphosa)也指出,"中国帮助非洲大陆发展,中国不是为了攫取资源而是非洲的伙伴,中国是非洲社会经济发展的伙伴,非洲所有国家以及中国都将获益"。纳米比亚总统哈格·根哥布(Hage Geingob)认为西方一些所谓"新殖民主义"的论调是不实的,双方合作的硕果就是最好例证。在中方的帮助下,非洲国家基础设施建设蓬勃发展,博兹瓦纳、赞比亚等不少非洲陆锁国有了出海口,有力推动了非洲区域一体化进程。

3. 债务陷阱论

"债务陷阱论"起源于印度学者布拉马·切拉尼(Brahma Chellaney)2017年1月发表的《中国的债务陷阱外交》。该学者以中国参与投资的斯里兰卡汉班托塔港口基建项目为例,认为中国在"一带一路"沿线一些地缘位置重要的国家投资基建项目,为当地政府提供无力偿还的大规模债务,使得这些国家陷入"债务陷阱",目的是扩大中国的地缘政治影响力,获取战略利益。汉班托塔港口项目就此成为"债务陷阱论"的导火索。随后,印度和一些西方国家不断炒作斯里兰卡、非洲等国家或地区的外债问题,一味指责中国制造或加重了"一带一路"沿线国家的债务危机。2018年10月美国副总统彭斯(Mike Pence)在官方发言中首次使用"债务外交"(debt diplomacy)一词指责中国利用债务压力将汉班托塔港口变成自己的军事基地。

对此，美国约翰·霍普金斯大学教授博黛蓉（Deborah Brautigam）曾撰文称，外界对汉班托塔港口"存在广泛的误解"。她援引两位经济学家的话说，"斯里兰卡的债务问题不是中国制造的"。另外，约翰·霍普金斯大学中非研究所和波士顿大学全球发展政策中心的研究发现，被 IMF 认定为面临风险的 17 个非洲国家中，多数债务的持有人并非中国借贷方，并且中国贷款绝大多数并未超过 IMF 的债务可持续性门槛。因此，"'一带一路'的风险常常被过于夸大或歪曲表述"。拉贾·罗兰（Roland Rajah）等在 2019 年的一项研究中考察了太平洋沿线"一带一路"项目的财务结构，指出"迄今为止，证据表明中国尚未在太平洋地区进行蓄意的债务陷阱外交"。兰德公司网站 2020 年 7 月 6 日发表文章称，"一带一路"倡议参与国的金融逻辑很简单。据亚洲开发银行估计，亚洲国家每年面临 4 590 亿美元的基础设施投资缺口。尽管发达国家拥有大量廉价资本，世界银行等国际组织也提供贷款，但大多数发展中国家无法获得这些资本，因此它们的基础设施极度匮乏。文章还认为，债务陷阱论不仅站不住脚，而且在受新冠疫情影响，各国主权债务偿付可能面临较大困难的情况下，中国还采取灵活办法，做出了缓债安排。在事实面前，"债务陷阱论"不攻自破。

那么，斯里兰卡、非洲等国家或地区外债的主要来源到底是什么？有研究认为，斯里兰卡外债问题主要由其生产、外贸、财政支出及债务管理等内部结构失衡所致，外部宏观环境及全球金融市场变化则进一步恶化了该国的增长、收入及偿债条件。2011 年以来斯里兰卡外债负担虽然不断扩大，但偿债风险预期可控，来自中国的贷款对斯里兰卡外债问题影响不大。汉班托塔港所谓的"债务问题"是斯里兰卡政府主导下按照商业惯例的债转股项目，斯里兰卡前总统拉贾帕克萨及前总理维克勒马辛哈都已对此作出正式澄清。[1] 英国皇家国际问题研究所近期发表的长篇报告持有同样的看法——通过对斯里兰卡和马来西亚"一带一路"项目的分析发现,债务来源方面,两国的债务问题主要来源于本国精英和西方主导的金融市场的失职,并且从"一带一路"的运行逻辑来看,"一带一路"项目遵循的是经济学逻辑,而非地缘政治。[2]

目前非洲国家的外债源于其经济发展结构和债务管理水平等内部因素,与外来直接投资下降和全球经济疲软等外部因素的共同作用。中国的投资与援助并没有显著地增加非洲国家的外债压力。[3] 肯尼亚总统肯雅塔(Kenyatta)曾表示,"肯尼亚贷款分别来自美国、日本等许多国家和国际多边机构,结构非常均衡健康"[4]。由此可见,有关"债务陷阱"的指责缺乏事实依据。

相反,"一带一路"倡议具有一定的降债效应。有专家通过对2010—2017年42个沿线国家以及65个非沿线国家相关数据进行实证分析后发现,"一带一路"倡议在使中国对沿线国家基础设施投资规模显著增长的同时,并没有导致沿线国家的债务水平显著上升,反而出现降债效应。[5] 与此同时,中国自身也在不断调整"一带一路"

---

[1] 李艳芳:《斯里兰卡外债问题的生成逻辑与争议辨析》,《国际展望》2020年第1期。
[2] Lee Jones and Shahar Hameiri, *Debuking the Myth of "Debt-trap Diplomacy": How Recipient Countries Shape China's Belt and Road Initiative*, Chatham House,(August)2020.
[3] 卢凌宇、古宝密:《怀璧其罪:中国在非洲推行"债务陷阱式外交"?》,《西亚非洲》2020年第1期。
[4] China isn't Kenya's only lender, Uhuru Kenyatta tells CNN,(December 19)2020. www.chinadaily.com.cn/a/201810/31/WS5bd9ab66a310eff303285c15.html.
[5] 蓝庆新、赵永超:《"一带一路"倡议导致沿线国家落入债务陷阱了吗?》,《西南民族大学学报》(人文社科版)2020年第8期。

倡议的具体细节。比如，2019年4月在北京举办的第二届"一带一路"国际合作高峰论坛特别强调高质量、高标准的建设，尤其强调债务的可持续性，用实际行动回应了西方国家针对透明度和债务的质疑，其中包括与有关国家、国际组织以及工商界学术界代表共同发起的《廉洁丝绸之路北京倡议》，强调增强政府信息的公开透明；发布《"一带一路"债务可持续性分析框架》，与共建"一带一路"国家共同提高债务管理水平，促进可持续融资，实现可持续、包容性增长。由此可见，"债务陷阱论"并不成立。

4. 其他消极解读

一是认为"一带一路"倡议不自由、非民主。美国国家民主基金会（NED）国际民主研究论坛主任香缇·卡拉提（Shanthi Kalathil）认为"一带一路"是对民主国家支持的规则和制度的直接打击，最终针对的是自由国际秩序。[1]"一带一路"发展的可能后果是自由国际秩序被巨大的、非自由的、中国为中心的、经济社会政治国家网络所替代。二是认为"一带一路"倡议具有分裂性。一些外国专家认为"一带一路"不仅是一个基础设施投资项目，还是中国大战略的一部分，即通过互联互通的基础设施来瓦解和改变全球价值链结构，进而影响世界经济。葡萄牙前欧洲事务部部长、卡内基研究人员布鲁诺·玛萨艾斯（Bruno Maçães）认为，"一带一路"将会改变组织全球经济的规则，并创造一系列政治和制度工具。这为中国重组全球价值链和建立全球经济规则做好准备。[2]一些欧洲政治精英认为"一带一路"具有政治冲击效应。欧洲对外关系委员会

---

1 Shanthi Kalathil, "Redefining Development," *Journal of Democracy*, Vol.29, No.2, 2018, pp.52—58.
2 Bruno Maçães, *Belt and Road: A Chinese World Order*, Hurst, 2019.

亚洲项目研究员安吉拉·施坦策尔（Angela Stanzel）表示欧盟机构和中国—中东欧国家合作框架外的欧盟国家担心中国利用"一带一路"倡议对欧盟分而治之，这体现在对欧盟经济指导方针和共同政治立场的冲击上。[1] 三是"一带一路"无效论。一些专家对"一带一路"的有效性持怀疑态度，认为实际效果不温不火，甚至存在大量烂尾和不成功的例子，称其为"一路一陷阱"。[2] 综上可知，部分国家对"一带一路"倡议持保守立场，怀疑、排斥，甚至攻击"一带一路"倡议，他们担心中国对国际秩序的真实意图，审慎应对"一带一路"倡议。[3]

通过西方国家的近现代资本主义急剧上升和第三世界国家的近代遭遇苦难这两种迥然相异的命运不难可知，对中国"一带一路"倡议的消极和负面认知是西方国家受现实利益冲突、历史文化差异、地缘政治等因素和意识形态偏见影响，误解甚至是抹黑"一带一路"，从而挑拨"一带一路"沿线国家对中国产生疑虑的"舆论抓手"，目的是要将具体问题全局化、经济问题政治化，从而混淆视听甚至是颠倒黑白，抹黑和妨碍中国的"一带一路"建设，破坏中国和沿线国家的友好经贸合作关系，从而维护某些国家在沿线国家的特权和霸权。由上分析亦可知，随着"一带一路"的推进，有很多

---

[1] Angela Stanzel, "China's BRI and Europe's Response," American Institute for Contemporary German Studies,（January 17）2019, https://www.aicgs.org/publication/chinas-bri-and-europes-response/.

[2] Dylan Gerstel, "It's a（Debt）Trap! Managing China-IMF Cooperation Across the Belt and Road," Center for Strategic and International Studies,（October 17）2018, https://www.csis.org/npfp/its-debt-trap-managing-china-imf-cooperation-across-belt-and-road.

[3] 赵惠冉、杨守明：《中法学术界对"一带一路"倡议的认知差异及原因探析》，《法国研究》2019年第4期。

国际组织和西方学者能从事实出发，以客观的立场和真实的数据解读"一带一路"，从而澄清误解、抨击误读。

三、结语

"一带一路"是经济全球化深入发展、世界经济格局变化以及中国自身发展模式转变共同作用的结果。20世纪以来西方大国主导的以"国际垄断资本霸权、普世价值霸权、强权军事霸权"为基础的资本主义经济全球化，自2017年以来，随着英国"脱欧"和特朗普当选美国总统两大关键事件的推动，日益承受"逆全球化"思潮的冲击；而中国倡导的以"人类命运共同体、人类共同价值、各国合作共赢"为基础的新型经济全球化正在兴起，"一带一路"倡议正是倡导和实践"新型全球化"的一个案例。[1]

"一带一路"倡议是中国面对日益复杂的国际社会的积极反应，更得到了丝路沿线国家对"一带一路"建设的欢迎。全球100多个国家和国际组织支持和参与"一带一路"建设，此外，联合国大会、联合国安理会等重要决议也纳入"一带一路"建设内容，这说明"一带一路"倡议从理念转化为行动，得到了国际社会的承认与认可。"一带一路"建设遇到负面评价可以理解，一方面说明"一带一路"这一全球性事件挑战了既有的权力格局和利益拼图，另一方面也说明中国方案反映了广大发展中国家的诉求，给现有国际秩序带来了有益补充，带来了国际关系理论和实践的新发展。

---

1 鲁品越、王永章：《从"普世价值"到"共同价值"：国际话语权的历史转换——兼论两种经济全球化》，《马克思主义研究》2017年第10期；刘卫东等：《"一带一路"倡议的理论论述——从新自由主义全球化到包容性全球化》，《地理科学进展》2017年第11期。

中国坚持"摸着石头过河"的政策模式,意味着"一带一路"建设并不是战略,而是倡议,在"一带一路"建设的过程中,不断将新的经验与教训反馈到"一带一路"倡议中。"一带一路"不同于现有基于条约的一体化结构与进程,因为它们的地理范围、伙伴国家、战略、原则和规则从一开始就有明确的界定。[1]"一带一路"倡议将不同的国内外政策与现有的新政治与经济合作机制以新的地理形式结合起来,这体现为"一带一路"建设不仅是一项多边进程,许多项目仍是双边层面的。反过来说,中西方的政策逻辑不同,导致西方国家认为"一带一路"项目是宏大、不明确的,继而产生对"一带一路"建设的质疑。但实际上,"一带一路"倡议具有公共产品属性和区域主义属性。公共产品是"一带一路"倡议推进的基础和关键,公共产品属性是"一带一路"推进国际秩序演变的基础,既带来国际关系理论与实践的发展,又带来国际秩序走向公平正义、稳定有效。

概言之,国际秩序正处于大发展大变革时期,国际社会对中国"一带一路"倡议的态度呈现出多元化、变化性与矛盾性的特点。中国提倡"对话而不对抗、结伴而不结盟"的国家交往新路,通过"一带一路"的"去中心化"倡议,与广大后发国家携手共建全球治理体系、共同走向现代化,不仅展现了负责任大国的担当,而且有助于突破世界的"中心—边缘"结构,超越传统国际秩序下"中心"国家为维护自身特权与霸权而对"边缘"国家实行的控制,推动更加公平合理的国际政治经济新秩序的建立。

---

[1] Gisela Grieger, *One Belt, One Road（OBOR）: China'regional integration initiative*, European Parliamentary Research Service,（July）2016.

后　记

　　本书是在王战教授为我院研究生、博士生授课的讲义《世界中国学刍论》的基础上补充完善而成。2013年9月，凭借对自身专业领域海外中国学的热爱，我与其他同仁一起，欣然参与了《世界与中国》讲稿的整理工作。2019年至今，我担任王战教授的"世界中国学概论"课程的助教，在王战教授指导下，承担了本书研究框架的补充完善和组织编写工作。

　　国内关于海外中国学的研究自开启至今一直处在发展之中，步入21世纪后，国内专事海外中国学研究的机构纷纷成立，各大学陆续开设海外中国学研究课程。学界亦在研究方法、进路等诸多基础理论问题上形成了颇有见地的各家之言。然而截至目前，国内尚未形成固定的中国学研究体系。

　　在传统文科的视域下，海外中国学是一个包罗万象的研究领域，意指海外关于中国各学科领域、各种主题的研究。然而面对海量且必须予以重视的海外中国研究成果，我们如何对其开展研究和对话？这无疑需要凭借系统综合的方法论工具，还需扎根中国本土经验，对中国历史和中国发展现象进行理论提炼和创新，对中国学研究之概论的需求也就成为必然。客观来讲，当前国内关于海外中国学的研究还是一门开放性、正在探索和发展着的学科。因此，对海外中国学研究的方法进行系统思考整理，并探索世界中国学作为新文科的研究体系，无疑是一个有益而且必要的开创性尝试。

我的导师朱政惠教授，是国内对海外中国学开展深入研究的初创者之一，他在中国学研究学科体系和方法论等方面的探索可谓国内中国学研究界的先驱，导师关于中国学研究理论的重要思想为本书相关章节的撰写起到了奠基作用。

感谢参与书稿最初形态的《世界与中国》讲义整理的老师，他们包括陆军荣、徐觉哉、郭进、潘玮琳、邵建。正是这些老师前期的努力，使讲义的本次补充完善更加顺利。

本轮书稿的补充完善与修订改正工作，以下诸位作了贡献，他们包括褚艳红（第一章第一和第三节、第二章、第三章、第四章）；褚艳红、罗澄洋（第一章第二节）；曹景文（第五章）；吴雪明（第六章）；褚艳红（第七章第一节）；潘玮琳、邹祎、张焮、贺之杲（第七章第二、第三节）。在此基础上，褚艳红对初稿进行再次修订完善，并完成全书的统稿。

周武教授为书稿的修订提供了大量中肯有益的建议。吴原元、叶卫华、唐磊等老师为书稿的修订提供了及时、专业的咨询指导。

本书的顺利出版，凝聚着我院相关研究所的主要科研力量，以及国内长期耕耘海外中国学研究的多位前辈和专家的智慧，也离不开院所领导的大力支持，谨向各位老师和同仁的鼓励与付出表示衷心感谢！同时对在本书出版过程中陈如江编审付出的诸多辛劳表示衷心感谢！

  由于学科与专业跨度大、中国问题涉及面广等因素，本书稿修订存在一定难度。因交稿在即，时间有限，疏漏与不足之处在所难免，恳请专家学者批评赐教。此外，近年来中国经济社会呈现出高质量、双循环的新发展格局，本书将于再版时予以完善增补。

褚艳红
2021年6月

图书在版编目(CIP)数据

世界中国学概论 / 王战等著. — 上海：上海社会科学院出版社，2021
 ISBN 978-7-5520-3647-3

Ⅰ. ①世… Ⅱ. ①王… Ⅲ. ①中国学—概论 Ⅳ. ①K207.8

中国版本图书馆 CIP 数据核字(2021)第 146944 号

世界中国学概论

著　　者：王　战　褚艳红
出 品 人：佘　凌
责任编辑：陈如江
封面设计：周清华
出版发行：上海社会科学院出版社
　　　　　上海顺昌路 622 号　邮编 200025
　　　　　电话总机 021-63315947　销售热线 021-53063735
　　　　　http://www.sassp.cn　E-mail:sassp@sassp.cn
照　　排：南京理工出版信息技术有限公司
印　　刷：苏州市越洋印刷有限公司
开　　本：635 毫米×1000 毫米　1/16
印　　张：21.25
插　　页：1
字　　数：244 千
版　　次：2021 年 9 月第 1 版　2021 年 9 月第 1 次印刷

ISBN 978-7-5520-3647-3/K·620　　　　　　　　　　　定价:88.00 元

版权所有　翻印必究